JING DE ZHEN TAO CI CHAN YE GAO ZHI LIANG FA ZHAN SHEN DU DIAO CHA YU AN LI YAN JIU

景德镇国家陶瓷文化传承与创新研究丛书

陈莎莉 著

景德镇陶瓷产业高质量发展深度调查与案例研究

华中科技大学出版社
http://press.hust.edu.cn
中国·武汉

内容提要

中国的管理实践及管理情境有其独特性,因此,在中国管理学研究的本土化方面进行深入探讨是必要且有益的。在这个过程中,研究者往往需要从发现值得关注的管理问题入手,即寻找他人难以察觉、西方理论难以诠释的有趣现象。这种现象驱动的研究要求研究者能够深刻理解现象所处的情境和发生的过程,回答"如何"和"为什么"的问题,构建萌芽理论。本书开篇首先介绍科学研究的一般过程与特点,重点介绍管理科学研究中的案例研究方法,然后分章介绍案例研究问题与文献综述、案例研究中的理论构建、单案例研究设计与多案例研究设计、案例研究的数据收集与数据分析、案例研究的模型表达等内容。建设好景德镇国家陶瓷文化传承创新试验区,打造对外交流新平台,是党中央和国务院赋予江西景德镇的重大任务。要在传承中创新、在创新中发展,保护好、传承好、利用好景德镇陶瓷文化,走出一条优秀传统文化引领经济社会创新发展的新路径。本书采用案例研究法归纳总结景德镇国家陶瓷文化传承创新试验区成立四年来陶瓷产业高质量发展的优秀案例,覆盖的企业均为国家级试验区企业创新实践的标杆,旨在凝练文化产业、遗产资源管理的理论,把论文写在祖国大地上。

图书在版编目(CIP)数据

景德镇陶瓷产业高质量发展深度调查与案例研究/陈莎莉著.—武汉:华中科技大学出版社,2023.9
(景德镇国家陶瓷文化传承与创新研究丛书)
ISBN 978-7-5680-6799-7

Ⅰ.①景… Ⅱ.①陈… Ⅲ.①陶瓷工业-产业发展-调查研究-景德镇 Ⅳ.①F426.71

中国国家版本馆CIP数据核字(2023)第179095号

景德镇陶瓷产业高质量发展深度调查与案例研究
Jingdezhen Taoci Chanye Gaozhiliang Fazhan Shendu Diaocha yu Anli Yanjiu

陈莎莉 著

策划编辑:王雅琪 汪 杭	
责任编辑:洪美员	
封面设计:廖亚萍	
责任校对:刘 竣	
责任监印:周治超	
出版发行:华中科技大学出版社(中国·武汉)	电话:(027)81321913
武汉市东湖新技术开发区华工科技园	邮编:430223
录 排:孙雅丽	
印 刷:武汉市洪林印务有限公司	
开 本:710mm×1000mm 1/16	
印 张:16.5	
字 数:321千字	
版 次:2023年9月第1版第1次印刷	
定 价:69.80元	

本书若有印装质量问题,请向出版社营销中心调换
全国免费服务热线:400-6679-118 竭诚为您服务
版权所有 侵权必究

前言 FOREWORD

党的二十大报告强调以中国式现代化全面推进中华民族伟大复兴,对文化领域的守正创新提出了明确要求。习近平总书记指出,"中华民族在几千年历史中创造和延续的中华优秀传统文化,是中华民族的根和魂",要"推动中华优秀传统文化创造性转化、创新性发展"。景德镇市自2019年7月全面推进国家陶瓷文化传承创新试验区(以下简称国家试验区)建设,聚焦"两地一中心"战略定位,把景德镇建设成为国家陶瓷文化保护传承创新基地、世界著名陶瓷文化旅游目的地、国际陶瓷文化交流合作交易中心,以陶瓷文化引领经济社会发展质量变革、效率变革与动力变革,为"文化强国"战略贡献力量。国家试验区成立四年来,处于经济转型和数字化转型变革期的景德镇陶瓷产业出现了大量新探索、新实践,取得了具有一定借鉴价值的经验。这些新现象是理论创新的机会,为案例研究者提供了不可多得的机遇。在以往的工业经济或制造业时代,中国企业基本是学习和模仿西方的管理理论和实践,通过做大规模、降低成本,实现成本领先,很多资深同行对管理研究忽略中国特色情境的现象表达了担忧。

近年来,案例研究方法逐渐得到国内工商管理学界较为普遍的认可,成为管理学研究的一种重要方案。研究贵在创新,案例研究特别适合新颖或罕见的现象,从中发现新见解、构建新理论,特别是单案例研究更加适合研究现象的演变过程。本书以景德镇陶瓷产业高质量发展的最佳实践为研究对象,采用深度调查与案例研究,探索推动产品、渠道、市场、模式创新典型企业的成功实践过程。其中的很多战略管理问题、创业与创新过程通常比较复杂,嵌入在各种情境中,难以用简单的、非黑即白的规律刻画,需要使用更多的变量和序贯性观察,从而换取研究深度和精准的理解。案例研究基本的特征是从现象中归纳理论,因而与管理实践天然密不可分,归纳出来的理论也是具体且扎根于实践的。

本书就案例研究的哲学基础、文献综述、数据收集、研究设计、单案例分析、多案例分析、结论及理论贡献等方面进行了系统的梳理,让初学者能够理解如何做一个规范性的案例研究,对有效提升景德镇陶瓷产业案例研究的质量将起到很好的辅导和启示作用。好的案例研究独具妙趣,既不是数据和文字的堆砌,也不是简单的理论演绎,而是能够找到一个有趣的理论问题,解构一个有趣的现象;需要"顶天立地","顶天"即有理论高度,而"立地"则要扎根于企业实践;更重要的是探索复杂现象背后的真理。目前,国内管理学研究的主流研究方法是大样本定量研究,质性和案例研究论文的比例大幅低于国际常态,这是案例研究者的机会,也是管理学研究未来的增长点。如果时间允许,每调研一个企业,都可以根据其最独特、最有启发性的知识点开发一个教学案例,再做案例研究,是很好的路径,能够真正的教学相长。

与大样本定量研究相比,案例研究有如下的劣势或挑战:

第一,案例研究允许有基于不同科学哲学的多种流派和数据分析方法,学习曲线较为陡峭,需要长时间的学习、揣摩和感悟。初学者往往会有盲人摸象、无章可循或无所适从的感受,最好的学习方法是"干中学"和多研讨。

第二,因为现象是驱动,案例研究在抽样和研究设计等方面有较大的不确定性,对研究者的悟性、慧眼和抽象能力要求较高,这不是每位学者都擅长的。

第三,每个案例项目间的共性相对较小、差异较大,因而文献和理论积累难以复用,缺乏快速复制能力,影响案例研究者的论文产出效率。

第四,案例研究周期较长,文献研读、数据收集与分析交织在一起,迭代进行,不是像大样本研究那样单向线性推进。

第五,案例研究者注定是学术圈中的少数派,很多时候成果会碰到外行评审,由此增加了发表和被认可的难度。为应对案例研究者面临的挑战,建立一个学术共同体非常重要,因此,学者们可以"抱团取暖",相互支持。

本书的出版离不开北京航空航天大学欧阳桃花教授、景德镇陶瓷大学刘冰峰教授的支持与帮助。在本书的写作过程中,景德镇陶瓷大学管理与经济学院2021级研究生吕玥珺、李鑫参与了资料的收集与整理,2022级研究生唐笑笑参与了图表绘制,付出了辛勤的劳动,在此一并感谢!

本书不可避免地存在一些值得深入探讨的问题,请读者们发现问题后拨冗反馈,作者将持续改进、不断完善!

陈莎莉
2023年8月25日

目录 CONTENTS

第一章　认识案例研究　1
 第一节　认识科学研究　1
 第二节　研究的分类　5
 第三节　科学研究的一般过程与特点　18
 第四节　认识扎根理论　25
 第五节　认识案例研究方法　29
 第六节　景德镇陶瓷产业高质量发展与案例研究　38

第二章　研究问题与文献综述　42
 第一节　认识管理学研究问题　42
 第二节　如何将一般问题转化为科学研究问题　52
 第三节　适合案例研究的问题　57
 第四节　提炼研究问题的思维过程　64
 第五节　如何识别景德镇陶瓷产业的案例研究机会　70

第三章　案例研究中的理论构建　75
 第一节　什么是理论　75
 第二节　理论建立的过程与方法　84
 第三节　参照理论　91
 第四节　实证研究的理论贡献　98

第四章　案例研究设计　111
 第一节　实证研究的哲学逻辑　111
 第二节　实证研究设计的目的与过程　118
 第三节　研究设计的目标　125
 第四节　案例研究设计的特征和原则　138
 第五节　单案例研究设计　148

第六节　多案例研究设计　150
第七节　景德镇陶瓷产业高质量发展的案例研究设计　155

第五章　案例研究的数据收集　162
第一节　案例数据收集前的准备阶段　162
第二节　案例数据收集的原则　165
第三节　数据收集的方法　170
第四节　数据收集的策略　181
第五节　景德镇陶瓷产业高质量发展案例的数据收集　185

第六章　案例研究的数据分析　189
第一节　单案例研究的数据分析　189
第二节　多案例研究的数据分析　201
第三节　高质量的案例研究实例　219
第四节　景德镇陶瓷产业高质量发展案例研究范例　228

第七章　案例研究中的模型表达　233
第一节　理论模型的价值　233
第二节　理论模型的类型　235
第三节　理论模型的设计与操作　241

参考文献　249

第一章 认识案例研究

第一节 认识科学研究

一、什么是科学?

科学(science)的词根是拉丁语scientia,即知识(knowledge)。学术界将科学定义为一个生产知识的过程。这个过程依赖于对现象的仔细观察,并通过理解那些观察而建构理论。知识的变革是不可避免的,因为新的观察总是会挑战盛行的理论。无论一个理论多好地解释了一系列观察结果,另一套理论也可能会同样好或更好,或者适用于范围更广的观察结果。在科学上,对理论的检验、改进和不断废弃一直都在发生着,它高度重视实证数据,遵循因有用而随时间流传下来的某些规范和实践。科学由研究者试图生成科学知识时采取的许多方法和开展的许多行动所组成,诸如描述、探究、解释、预测和控制等,这些行动能够回答研究问题或满足一个不断发展的研究领域的需要。科学是用来揭示和证明关于人、群体、组织和周围世界的描述和解释,不接受表面上看起来理所当然的知识(即我们设想的正确的事物)。在某种意义上,我们可以把"科学"和"研究"这两个术语看作同义词。

科学是渐进式的。"我们站在巨人的肩膀上",当研究者展开新的研究时,不是也不能完全从零开始,包括牛顿本人也不例外,他们总是以过去的发现和理解为基础,基于现有的研究理论和结果进行扩展。随着时间的流逝,科学成了特定发现、理论和其他知识的积累。科学是一个无止境的过程,包括理性的思考、对经验主义观察的依赖、持续的同行评议与批评,以及积极追求发现的创造力和动力。科学对有前途的新思想和新知识持开放的态度,不同研究者的研究路径不同,常常采用不同的、互补的研究方法来探究、描述、解释事物或现象。

科学研究是一种有组织、有系统地寻找问题答案的方法,验证和提炼现有知识并产生直接或间接影响工作实践的新知识的过程。系统化是指为了得到最准确的结果,因而要遵循一套明确的程序和步骤。有组织是指做研究有一个结构或方法,这是一个有计划的过程而不是自发的,它集中并局限于一个特定的范围。寻找答案是所有研究的重点,无论是一个假设的答案,还是一个简单问题的答案,当我们找到答案时,研究就是成功的。有时答案是否定的,但它仍是一个答案。研究集中在相关的、有用的和重要的问题上,没有问题,研究就没有重点、动力或目的。

为了能够开展日常的研究工作,研究者必须做出一些基本的假设(见表1-1)。

表1-1 研究的基本假设

序号	基本假设
1	有一个可被研究的世界,包括个体的内在世界
2	这个世界的一部分是独特的,一部分是有规律的或可预见的,同时大部分都是动态的、复杂的
3	这个世界的独特性、规律性和复杂性都是能被检验和研究
4	研究者应该尽力遵循一些得到共识的规范和实践
5	可以鉴别研究结果是否可信,研究是优是劣
6	科学不能为所有问题提供答案

资料来源:Johnson & Christensen(2014)。

第一,在最基本的层面,研究者假设有一个可被研究的世界,包括个体的内在世界。管理研究的目的是建立知识或解决与管理相关的问题,是一种搜集信息数据、了解手头问题并得出可以缓解问题的逻辑解决方案的机制,是以批判性、组织性、逻辑性和系统性的方式进行的分步活动。管理研究在组织环境中进行,研究背景限于组织、流程、客户或利益相关者,而组织可能会面临与财务、运营、战略、员工及客户相关的问题。当对一个问题的调查以一种关键的、有组织的和系统的方式进行时,所提出的解决方案将有助于决策者做出明智的决定。

第二,研究者假设这个世界的一部分是独特的,一部分是有规律的或者可预见的,同时大部分是动态的、复杂的。管理研究的一个重要任务是记录特定组织和群体的故事和经历;另一个重要任务是识别世界中可预见的部分,从而生成不止一个组织、一个情境的结论。可以想象,如果我们要对每一个组织个体进行研究的话,是多么困难!因为人类行为在一定程度上是可以预见的,理解这个世界可预见的部分使得研究者可以概念化其发现,并将其运用在该研究之外的组织或情境中。

第三，这个世界的独特性、规律性和复杂性都是能被检验和研究。换句话说，可发现性(discoverability)存在于我们的世界中，即可以记录其独特性、发现人类行为中的规律性、更好地理解人类行为的复杂性。但这并不意味着发现管理现象的本质是一件容易的事情，随着时间的推移，我们希望能找到待解决问题的更多线索，期待总有一天能解决更多的管理问题。

第四，研究者尽力遵循一些得到共识的规范和实践。其中包括选择需要关注的管理和商业问题、收集实证数据、公开讨论研究结果、诚信、有能力、系统调查、情感中立、尊重研究的参与者、对于结果和解释抱有合理的怀疑精神、对发现持有好奇心和开放的心态、积极寻找反面的证据(例如不符合你对某现象将给出或已给出的解释的例子)、仔细审查研究结果的其他解释、遵守证据准则。一个好的研究者试图搜集高质量的证据，并期望其他研究者也这样做。因为科学是一种人类活动，它也要受到研究者以及社会权力关系的影响(Lincoln & Guba, 2000)，这就是研究者必须努力遵守这些规范的原因。

第五，可以鉴别研究结果是否可信，研究是优是劣。在实证研究中，我们可以判断哪个理论最适合这些数据，从而选择恰当的理论；我们也可以检验研究策略与研究者得出每个结论所使用的证据，从而鉴别这一研究的水平。我们认为高水平的研究比低水平的研究更加可信或更加有效，因此，我们将在本书中解释如何识别和开展可信的、有效的、可靠的、站得住脚的研究。

第六，科学不能为所有问题提供答案。譬如，科学不能回答哲学类问题，如生命的意义何在、什么是德行、什么是美。科学不能回答哪个立场在伦理上是正确的，例如是否允许人类克隆；也不能解释诸如世界上善与恶的不同、人在死后是否存在灵魂这样的问题。很多重要的问题是在科学和实证范围之外的。

二、科学方法

科学不是一个完全有序的进程，它是一个动态的过程，包括了无数的活动。科学的几个关键特征是：①进行实证观察；②生成并检验假设(预见或有根据的猜想)；③生成或构建并检验理论(解释或解释性的体系)；④试图预见并影响这个世界，使之成为更好的居所。尽管科学不是一个完全有序的进程，但是采用一些普遍使用的科学方法作为研究起点是有益的。

三、研究目标

对科学和实证研究的讨论往往要聚焦于解释的重要性，研究要满足许多目的。其中，五个基本的目标分别为探索、描述、解释、预测和控制。根据研究的首要目标不同,研究被分为探索性研究、描述性研究和解释性研究等几种类型。

(一) 探索性研究

探索性研究(exploratory research)旨在探索研究问题,试图了解、生成与现象有关的理论,并不打算为现有问题提供最终的、结论性的解决方案。探索性研究通常用于满足三类目的:①满足研究者的好奇心和探究某事物的强烈欲望;②探讨对某议题进行细致研究的可行性;③发展后续研究中需要使用的方法。探索在研究的早期阶段尤为重要,从演绎理论开始的研究者通常事先知道基本的变量,而探索性研究要做的第一件事就是生成对现象的看法,确定那些可能相关的变量。因此在科学研究中,探索性研究是非常有价值的,尤其是研究者要开发新的研究领域时,常常借助探索性研究来获得新的观点。

要想判断探索是否为一项特定研究的目标,请回答以下问题:①研究者是否在研究先前知之甚少的一个现象或现象的某个方面?②研究者是否选择忽略先前的研究或解释,从而能够在没有任何偏见的情况下研究一个现象?③研究者是否试图为未来的研究"发现"重要的因素或"生产"新的观点?如果对以上任何一个问题的回答为"是",那么研究者可能就在运行研究的探索模式。

探索性研究的优势在于:①具有灵活性和适应变化的能力;②为将来的研究打下基础;③可以潜在地节省时间和其他资源来了解主题案例。

探索性研究最主要的缺点就是很少圆满地回答研究问题,尽管它可以为获得答案和寻求确切的研究方法提供线索。探索性研究之所以不能提供确切的答案,是因为它的代表性(representativeness)。因此,探索性研究可能存在的问题包括:①产生定性信息和可能的偏见;②导致错误的决定。

(二) 描述性研究

描述性研究(descriptive research)试图描述一个现象的特征,主要回答"是什么?在哪里?什么时间?如何进行?"等问题。许多社会科学研究的主要目的就是描述情况及事件,把观察到的事物或现象描述出来,由于科学观察仔细而谨慎,因此科学描述比一般描述要精准。描述性研究最好的例子就是全国人口普查。全国人口普查的目的是准确地描述全中国各省市人口的各种特征。还有,对产品进行市场调查的目的就是要描述使用或将会使用某些特定产品的人群。很多定性研究的基本目的就是描述,譬如人类学的民族志就是要详细描述一些史前社会特殊文化。

要想判断描述是否为一项特定研究的目标,请回答以下问题:①研究者是否描述了一个现象?②研究者是否记录了某个现象的特征?描述是最基本研究活动之一,它可能涉及观察一个现象并记录下所见之物。不过,研究活动并不仅限于描述,研究者通常还会探讨事物存在的理由及其所隐含的意义。

描述性研究的优势在于:①有效地分析非量化的主题和问题;②整合定性和定量数据收集方法的机会。

描述性研究的缺点在于:①不能从统计上检验或验证研究问题;②研究结果可能存在一定程度的偏差。

(三)解释性研究

解释性研究(explanatory research)试图呈现一种现象是如何以及为什么如此发生,主要回答"为什么?"的问题,也称"因果关系研究"(causal research),旨在确定因果关系的程度和性质。解释性研究在社会研究中的通则式因果关系有三个主要标准:①变量之间存在相关性(correlation),否则不能说存在因果关系;②时间序列,除非原因先于结果发生,否则不能说存在因果关系;③检验竞争性假说,该因果关系不能被第三个变量所解释。

虚假的因果关系,譬如,冰淇淋销售量和溺水死亡之间存在正相关:冰淇淋销售越多,溺水死亡人数越多,反之亦然。但是冰淇淋销售量和溺水死亡之间却没有什么直接关系,这里的第三个变量是季节或者温度,大多数溺水死亡都发生在夏季,也即冰淇淋销售的高峰期。当管理学研究者说存在因果关系时,是指:①两个变量存在统计上的相关性;②自变量变化发生在因变量变化之前;③不存在能够解释这种相关性的第三个变量。

解释性研究的优势在于:①在识别各种流程背后的原因方面发挥重要作用;②由于系统地选择主题,内部有效性更高。

解释性研究的缺点在于:①确定哪个变量是原因、哪个变量是影响,它可能是一项很难完成的任务;②虽然影响可以推断,但还不能非常肯定地证明。

第二节 研究的分类

一、截面研究和纵向研究

针对研究设计中的时间问题,可以将研究分为截面研究和纵向研究。

(一)截面研究

截面研究(cross-sectional study)是对一个代表某一时间点的总体或现象的样本或截面的观察。探索性研究和描述性研究通常都是截面研究,例如全国人口普查就是要描述某个时点的国家人口总数。长期以来,解释性的截面研究总存在一些问题,尽管研究结论大多是为了了解时间顺序上的因果过程,但研究结论的依据却是某个时点的观察,这个问题类似于以静止的照片为依据来判断某种高速运动物体的速度。边燕杰(1994)为了研究当代中国都市的社会阶层,对天津的工人进行了一项调查。尽管调查时间是1988年,但他关注的却是一系列重大事件所产生的社会影响,涉及时间从1949年到1988年。

(二)纵向研究

纵向研究(longitudinal study)是一种跨时段观察同一现象的研究方法。大多数实地研究项目,包括直接观察和深度访谈,都属于纵向研究。使用定量方法(如大规模的问卷调查)进行纵向研究比较困难,尽管如此,人们依然在使用。纵向研究又分为如下三类:趋势研究、世代研究和专题群体研究(即小样本多次访问研究)。趋势研究(trend study)是对一般总体内部历时变化的研究,着眼于研究对象在时间顺序上的变化。世代研究(cohort study)侧重于一代人的变化,如1932年时20—30岁的人,或1942年时30—40岁的人,或一个新的样本1952年时40—50岁的人。专题群体研究(panel study)是指每次访问的都是同一批受访者。

二、实证研究和非实证研究

根据研究中的"数据"是否来自现实中的经验性事实,常见的研究方法可以分为两大类:实证研究和非实证研究。实证研究(empirical research)是指研究者亲自收集观察资料,为提出理论假设或检验理论假设而展开的研究。它以"存在一个客观世界"的世界观为前提,研究者不断通过实证研究去接近这个客观的世界。实证主义推崇科学结论的客观性和普遍性,强调知识必须建立在观察和实验的经验事实上,通过经验观察的数据和实验研究的手段来揭示一般结论,并且要求这种结论在同一条件下具有可证性。

20世纪六七十年代之后,各种反实证主义和非实证主义的方法论纷纷出现,主要有现象学与理想方法、批判理论与建构主义。非实证主义并非本书试图探讨的领域,因此这里不再赘述。

实证研究以实践为研究起点,认为经验是科学的基础,知识必须建立在可观察的经验事实上,探究"世界是怎样的",而不是"世界应该是怎样的"。实证研究通过对研究对象大量的观察、实验和调查,获取客观材料,从个别到一般,归纳出事物的本质属性和发展规律。实证研究有狭义和广义之分。狭义的实证研究是指利用数量分析技术,分析和确定有关因素之间的相互作用方式和数量关系,它要求研究结论具有一定程度的广泛性。而广义的实证研究以实践为研究起点,泛指所有经验型研究方法,如案例研究法、调查研究法、实地研究法、统计分析法等,重视研究中的第一手资料,具体问题具体分析,并不刻意去研究普遍意义上的结论,研究结论只作为经验的积累。以下略举三个例子来具体说明什么是实证研究。

(一)自由落体实验

亚里士多德的理论认为,物体下落的快慢是由物体本身的重量决定的:物体越重,下落越快;反之,则下落越慢。而伽利略的理论认为,物体下落的速度不是由其重量决定的,自由落体运动的速度是匀速变化的。二者之间具有矛盾性,伽利略用比萨斜塔实验证明,轻重不同的物体,从同一高度坠落,加速度一样,它们将同时落地,从而推翻了亚里士多德的错误论断。

(二)引力波的发现

1915年爱因斯坦提出广义相对论,认为引力是大质量天体对周围时空产生的扭曲。一年之后,他在新论文中预言:一个大质量物体在发生摇晃时,会在周围的时空中产生"涟漪",即引力波(gravitational wave),并以光速向四周传播。引力波(由理论演绎得到的推论)到底是真实的存在,还是人造的数学概念,其他物理学家和爱因斯坦立刻展开了争论。爱因斯坦也摇摆不定,数次改变主意。

为了搜寻引力波,科学家们进行了长达一个世纪的实证观察。1969年,马里兰大学帕克分校的物理学家约瑟夫·韦伯宣称用自制的仪器发现了引力波。然而他的实验结果从未被其他人复制出来,没有人相信他真的找到了引力波。尽管如此,他的工作仍然给了该领域其他科学家很多参考。1974年,马萨诸塞大学阿默斯特分校的约瑟夫·泰勒和拉塞尔·赫尔斯发现了已知的首个脉冲双星,它包含两个中子星,在互相绕转的同时逐渐向内接近。根据爱因斯坦的理论,这是因为中子星运动的过程中向外发出引力波,不断损失能量,因此轨道半径减小,而该中子星螺旋向内运动的速率与广义相对论所预言的完全相同。该发现因此被视为对引力波的间接验证,泰勒与赫尔斯也因此获得了1993年的诺贝尔奖。美国国家科学基金会(NSF)于1990年批准了激光干涉引力波天文台(LIGO)计划,并于1992年确定了两座探测器的选址。1999年,探测器建设完工,2001年开始收集数据。然而之后的九年,LIGO什么都没有找到,于2010年关闭。2014年,位于南极的BICEP2设备宣称观测到了"B模"信号,这是一种微弱的微波信号,可能来自宇宙大爆炸时产生的原初引力波。然而,后续分析表明它来自银河系以内的星际尘埃。2015年,升级后重启的LIGO探测引力波的能力大大提升,并在刚刚开始运行的阶段就找到了来自两个正在并合的黑洞所产生的引力波,给引力波搜寻历史画上了圆满的句号。

(三) 元素周期表的发明

现代化学的元素周期律是1869年由俄国科学家门捷列夫首先提出的,他将当时已知的63种元素按照相对原子质量大小排列成表格的形式,制成元素周期表的雏形,初步完成了元素系统化的任务。据说,门捷列夫在开展研究的过程中,将每个已知元素及其特性记在一张小卡片上,并把这些卡片排来排去,排好了再打乱,打乱后再重新排列,不断调换卡片位置,从而试图在元素的复杂特性里捕捉其共性。这属于典型的归纳研究法。

门捷列夫发现,如果把所有当时已知的元素按照原子量递增的顺序排列起来,经过一定的间隔,元素的性质会呈现明显的周期性(识别并揭示已知现象的规律)。基于元素周期律,门捷列夫对已有理论或知识进行修正,指出当时一些公认的原子量(如金、锇、铱、铂)不准确;此外,他还对有待探索的现象进行预测,成功预测当时尚未发现的元素(如镓、钪、锗)的特性。

三、定量研究、定性研究和混合方法研究

研究范式(research paradigm)是一个研究群体所持有的研究视角,是建立在一系列共享的假设、概念、价值观和实践基础上的。简单来说,它是一种思考和开展研究的方法。从研究范式的角度,可将研究分为定量研究、定性研究和混合方法研究三种类型。定量、定性和混合方法研究的争论不只是方法问题,20世纪80年代早期,定量研究和定性研究的倡导者之间发生的"范式战争"达到新的高潮,许多研究者争论说他们的方法更高级,这些研究者中的一些人是"纯粹主义者",他们争辩说两种研究方法不能同时使用,因为与这两种方法有关的哲学世界观是不同的。这种只能二选一的观点,即研究者必须使用定量研究或定性研究,但不能同时使用,被称为"不相容论"(incompatibility thesis)。不相容的局限性在于,它没有认识到创造性地、考虑周到地将假设、思想和方法混合起来是非常有益的,是能产生第三种研究范式的。思想与方法的混合从古至今一直存在,因为混合或结合建立在我们所知的基础上,并提供了思考和研究这个世界的新方法。

在20世纪70年代至90年代早期,Egon G. Guba参与了这场"范式对话",强调研究范式有其独特的观点。①本体论(ontology,论述现实和真理的本质的哲学分支):可知事物的本质是什么,或者现实的本质是什么?②认识论(epistemology,论述知识及其正当性的哲学分支):探究者与可知事物的关系是什么,或范式的知

识论是什么？③方法论（methodology，研究方法的确认、研究与证明）：研究者应该如何着手获取知识，或者研究应该使用什么方法？后来，他又增加了另外两个范式的维度。一是价值论（axiology，论述价值与伦理的哲学分支）：探究过程中价值起什么作用？二是修辞（rhetoric，语言的艺术或科学以及口头、书面交流）：研究中应该使用哪种语言和交流方式？

从20世纪90年代开始，很多学者反对不相容论，开始倡导实用主义（pragmatism），提出定量研究和定性研究都非常重要，应该在一项研究中被合理地混合使用。根据实用主义的观点，最重要的是什么对实践有益，什么能促进社会正义，它关注的是我们渴望达到的目标。实用主义认为，研究设计应该以什么最能帮助人们回答研究问题为基础进行规划和实施，研究结果是实用性知识，应该把那些声称针对特定人群的理论、项目或者行动，看作目前对那类人群最有效的，因此实用主义又被称为"辩证的实用主义"。混合研究的哲学仔细聆听定性和定量研究，以及不同学科的视角、不同利益相关者和社会群体的观点、思想、假设和方法，认同这种研究方法的研究者的数量正在迅速增加。

方法论是指研究者在进行研究操作时所使用的方法。研究方法论的具体范畴包括以下三类：①与数据收集有关的方法，这些方法将用于现有数据不足以得出所需解决方案的地方；②在数据与未知之间建立相关性的统计技术；③用于评价研究结果准确性的方法。研究方法论是一种系统地解决研究问题的方法，可以理解为一门研究如何科学地进行研究的科学，包括研究者在探索研究问题时采用的各种步骤，以及它们背后的逻辑。研究者不仅要知道如何制定某些指标或测试，如何计算平均值、中位数或标准偏差，如何应用特定的研究技术，还要知道这些方法或技术中哪些是相关的、哪些是不相关的，以及它们意味着什么、表明什么、为什么。研究者要理解各种技术背后的假设，理解研究的标准，并依据这些标准决定某些技术和程序将适用于某些问题，而其他的不适用。

这一切，研究者必须为研究问题设计相应的方法论。方法论是一个比研究方法范畴更广的概念，当研究者讨论研究方法论时，不仅要讨论研究方法，还要讨论在特定研究背景下使用某种研究方法或技术暗含的逻辑，为什么进行一项研究，研究问题是如何定义的，以什么方式和为什么提出假设，收集了什么数据，采用了什么特定的方法，为什么使用特定的数据分析技术。在实施研究决策之前，研究者还要对研究方法进行评估，必须清楚、精确地说明为什么不使用其他方法或技术，以便其他研究者评估这些研究决策和研究结果。当我们讨论一个研究问题的研究方法时，许多类似的问题需要得到回答。

(一) 定性研究

1. 定性研究的概念

定性研究(qualitative research),也称为"质性研究",是一种探索和理解个人或群体对社会或人类问题的意义的方法。研究者运用历史回顾、文献分析、访问、观察、参与经验等方法获得教育研究的资料,并用非量化的手段对其进行分析、获得研究结论。定性研究具有探索性、诊断性和预测性等特点,它并不追求精确的结论,而只是了解问题之所在,摸清情况,得出感性认识。

2. 定性研究的特征及与定量研究的差别

定性研究和定量研究都属于社会科学研究方法。定性研究是定量研究的基本前提,定量研究是定性研究的进一步深化。由于方法论上的不同取向,导致了在实际应用中定性方法与定量方法存在明显的差别,主要体现在以下几个方面(Denzin & Lincoln, 2003)。

1) 哲学基础不同

定量研究是一种事实判断,它是建立在实证主义的方法论基础上的。实证主义源于经验主义哲学,其主要观点是:社会现象是独立存在的客观现实,不以人的主观意志为转移。在评价过程中,主体与客体是相互孤立的实体,事物内部和事物之间必定存在内在的逻辑因果关系。量的评价就是要找到、确定和验证这些数量关系。定性研究主要是一种价值判断,它建立在解释学、现象学和建构主义理论等人文主义的方法论基础上。其主要观点是:社会现象不像自然现象那样受因果关系的支配,社会现象与自然现象有着本质的不同。

2) 研究目的不同

定量研究认为所有人基本上都是相似的,其研究目的在于发现人类行为的一般规律,并对各种环境中的事物做出带有普遍性的解释。定性研究者则强调人的个性和人与人之间的差异,进而认为很难将人类简单地划归为几个类别(Bryman, 1988),其研究目的试图对特定情况或事物做特别的解释。换言之,定量研究着重社会现象量的方面,致力于拓展研究广度;定性研究着重社会现象质的方面,试图发掘研究深度。

3) 学科基础不同

定量研究是以概率论、社会统计学等为基础,而定性研究则以逻辑学、历史学为基础。定量研究主要依据调查得到现实资料数据,采用统计、数学或计算技术等方法来对社会现象进行系统性的经验考察,运用经验测量、统计分析和建立模型等方法。定性研究依据的则是大量历史事实和生活经验材料,主要运用逻辑推理、历史比较等方法。

4）研究过程不同

关于研究者的角色定位(role of the research)：定量研究者力求客观,脱离资料分析,定性研究者则是资料分析的一部分。对后者而言,没有研究者的积极参与,资料就不存在。关于研究设计(design)：定量研究中的设计在研究开始前就已确定,而定性研究中的计划则随着研究的进行而不断发展,并可加以调整和修改。关于研究环境(setting)：定量研究运用实验方法,尽可能地控制变数。定性研究则在实地和自然环境中进行,力求了解事物在常态下的发展变化,并不控制外在变数。关于测量工具(measurement)：定量研究中,测量工具相对独立于研究者之外,事实上研究者不一定亲自从事资料筹集工作。而在定性研究中,研究者本身就是测量工具,任何人都代替不了他。关于理论建构(theory building)：定量研究的目的在于检验理论的正确性,最终结果是支持或者反对假设。定性研究的理论则是研究过程的一部分,是资料分析的结果(data driven)。关于研究结果的表述形式：定量研究主要以数据、模式、图形等来表达,定性研究结论多以文字描述为主。定性研究是定量研究的基础,是它的指南；但只有同时运用定量研究,才能在精确定量的依据下准确定性。

使用定性方法的研究人员担心：我的数据编码正确吗？我是否以一种现实的方式捕捉到了这种情况？我描述的上下文是否足够详细？我成功地通过参与者的眼睛看世界了吗？我的方法是否灵活并能够改变？

(二) 定量研究

定量研究(quantitative research),也称为"量化研究",是一种通过检验变量之间的关系来检验理论的方法。一般是为了对特定研究对象的总体得出统计结果而进行的,结果通常是由大量的数据来表示的,研究设计是为了使研究者通过对这些数据的比较和分析做出有效的解释。最终的书面报告有一个固定的结构,包括介绍、文献和理论、方法、结果和讨论。

在定量研究中,信息都是用某种数字来表示的。概念化、操作化和测量之间的相互关联,使得研究能够围绕研究主题发展出一套在实际世界中用得上的、有效的测量。这一过程的实质是将用普通语言表述的相关含糊术语转化为精确的研究对象(被很好地界定并具有测量意义)。Kalan(1964)提出了科学家测量的三类事物：第一类是可以直接观察的事物,例如苹果的颜色、问卷上的答题标记等；第二类是那些不能直接观察的事物,"需要更细致、更复杂以及非直接的观察",例如历史书籍或公司会议记录提供了过去的管理行为；第三类建构的事物是理论的产物,来源于观察,却不能被直接或间接地观察,例如智商(IQ)。概念的构建来自思维想象(观念)上的共识,在科学研究中需要很清楚地知道我们正在测量的究竟是什么。

事实上,概念没有现实、正确和客观的含义,只有那些达成共识的概念才能够帮助我们组织、交流、理解现实存在的事物,从观察通向作为结构的概念,其桥梁就是概念化过程。概念化是对抽象概念的界定和详述,将模糊的、不精确的观念明确化、精确化的思维过程,这一过程包括描述指标和概念的不同方面(也即维度)。通过指定一个或多个指标,概念化赋予概念一个明确的意义。指标是指我们所选择的观察,它反映我们所要研究的变量。每个变量都包含两个要素:一是变量的属性具有完备性(exhaustive),即一个变量要对研究产生效用,组成该变量的属性就应该涵盖所有能观察到的情况;二是变量的各个属性应具有互斥性(mutually exclusive)。在对这些数字进行处理、分析时,首先要明确这些信息资料是依据何种属性进行测定、加工的。史蒂文斯(S. Stevens)根据变量不同的属性将测量分为四种类型,即定性测量、定序测量、定距测量和定比测量。

1. 定性测量

定性测量(nominal measures)是指只表达特征的名称或特征的标签。变量的属性只有完备性和排他性属性,如性别、政治面貌、出生地和专业等。"男性"和"女性"组成"性别"这个变量,虽然各自属性不同,并一起涵盖了所有人的性别,但它们并不具备后面提到的其他特征。

2. 定序测量

定序测量(ordinal measures)根据变量的属性沿着某个维度的排行序列,不同的属性代表了变量的相对多寡程度。这类变量包括社会阶层、保守态度、消费者满意度以及知识的成熟度等,例如,将社会阶层中的上层、中上层、中层、中下层、下层等分别标为"5、4、3、2、1"或者"3、2.5、2、1.5、1"就属于这一类。只是其中表示上层的"5"与表示中上层的"4"的差距,和表示中上层的"4"与表示中层的"3"的差距,并不一定是相等的。"5、4、3"等是任意加上去的符号,如果记为"100、50、10"也无妨。

3. 定距测量

定距测量(interval measures)所描述的变量属性可以排序,而且相邻属性之间的距离是相等的。摄氏温度量表就是一个例子,因为80 ℃和90 ℃之间的距离等于40 ℃和50 ℃之间的距离。所使用的数值,不仅表示测定对象所具有的量的多少,还表示它们大小的程度(即间隔的大小)。不过,这种尺度中的原点可以是任意设定的,但并不意味着该事物的量为"无"。例如,0 ℃为绝对温度273°K,华氏

32°F。定性测量和定序测量的数值是不能进行加减乘除的,而定距测量的数值是可以进行加减运算的。然而,由于原点是任意设定的,所以不能进行乘除运算。例如,5℃和10℃之间的差,可以说与15℃和20℃之间的差是相同的,都是5℃。但不能说20℃就是比5℃高3倍的温度。

4. 定比测量

定比测量(ratio measures)不仅描述了定性、定序和定距测量所提到过的属性,它还是建立在真实基础上的,是以"真实的零"为基础的(即原点0的含义为"无")。例如,长度、重量、时间、年龄、在某企业工作的时间、某地注册的企业数量、企业销售额等都是比例尺度测定的范围。定比测量值的差和比都是可以比较的。例如,5分钟与10分钟之间的差,和10分钟与15分钟之间的差都是5分钟,10分钟是2分钟的5倍。定比测量的数值是可以进行加减乘除运算的。

表1-2是以上四种测量类型的特征汇总表。在管理学研究中,很多内容或研究项目都不具备定距测量或定比测量的条件,应注意在处理这些问题时,不要出现失误。

表1-2 四种测量类型及其特征

尺度	允许的变量转换	允许的四则运算	允许的统计计算	在市场营销中的应用举例
定性	$y=f(x)$ $f(x)$为对应	—	百分比排列顺序卡方测定	给属于特定群体的事物编号(性别、职业、商店种类、产品种类、品牌、销售区域等)
定序	$y=f(x)$ $f(x)$只增加	—	中位数百分位顺序相关符号测定集合测定	对产品、企业的意见、态度(非常好、好、不好说、坏、非常坏),比较几种品牌的喜好程度,购买者的社会阶层等
定距	$y=a+bx$ $b>0$	加减	范围算术平均均差、标准差、t检验、F检验	利用五等级法、七等级法测量对产品或企业的意见、态度等
定比	$y=ax$ $a>0$	加减乘除	几何平均调和平均变动系数	消费者的年龄、收入、顾客量、销售数量、销售金额等

定量研究者担心的是:我的样本量够大吗?我测量事物的方式正确吗?我是否使用了正确的统计检验?我的研究结果是否可推广?我的结果/方法/结果是否可重现?

(三) 混合方法研究

混合方法研究(mixed methods research)是一种调查方法,涉及收集定量和定性数据,整合两种形式的数据,并使用可能涉及不同哲学假设和理论框架的设计。这种调查形式的核心假设是定性和定量数据的整合产生了超出定量或定性数据单独提供的信息的额外洞察力(Creswell,2003)。混合方法研究涉及在单个研究中收集或分析定量和定性数据,其中数据是同时或顺序收集的,被赋予优先级,并涉及在研究过程中的一个或多个阶段整合数据研究。定性数据往往是开放式的,没有事先确定的答复,而定量数据通常包括封闭式答复,如在调查问卷或心理工具中发现的答复。混合方法研究始于20世纪80年代中后期,而它的起源可以追溯到更远。Campbell & Fisk(1959)使用了多种方法来研究人们的心理特征,尽管他们的方法只是定量测量,但这促使其他人开始收集多种形式的数据,如传统调查的观察(Sieber,1973)和访谈(定性数据)。早期人们对多种方法价值进行思考,并认为所有方法都有偏见和弱点,而混合方法对定量和定性数据的收集中和了每种形式数据的缺点,于是一种新的寻求定性与定量方法融合的手段——三角测量数据源(triangulating data sources)产生了。到了20世纪90年代初,混合方法转向定量与定性数据的系统整合,通过不同类型的研究设计来组合数据的思想应运而生。2003年,在混合方法领域的手册中对其研究设计进行了广泛讨论,并于2010年重新发布(Tashakkori & Teddlie, 2010),发展了扩展混合方法的程序。尽管混合方法领域存在着许多设计,但本书仅聚焦于以下三个主要设计。

1. 收敛混合方法

收敛混合方法(convergent mixed methods)是研究者为了提供对研究问题的综合分析而对定量和定性数据进行收敛或合并的一种混合方法设计形式。在这种设计中,调查者通常在大致相同的时间收集两种形式的数据,然后在整体结果的解释中整合信息(如图1-1所示)。矛盾或不一致的发现将在本设计中得到解释或进一步探讨。

图1-1 定性和定量方法并行使用

2. 解释性序贯混合方法

解释性序贯混合方法(explanatory sequential mixed methods)是研究者先进行定量研究,对结果进行分析,然后在结果的基础上结合质性研究对其进行更详细的解释。它被认为是解释性的,因为最初的定量数据结果用定性数据进一步解释

(如图1-2所示)。它被认为是顺序的,因为最初的定量阶段后面跟着定性阶段。这种类型的设计在定量导向较强的领域很受欢迎,但它对进一步探讨量化研究结果和每个阶段不平等的样本量提出了挑战。

图1-2　用定性方法来支持定量研究

3. 探索性序贯混合方法

探索性序贯混合方法(exploratory sequential mixed methods)是解释性序贯设计的逆序。在探索性序贯方法中,研究者首先从定性研究阶段开始,探讨参与者的观点。然后对数据进行分析,并将所使用的信息构建成第二个量化阶段(如图1-3所示)。定性阶段可用于建立最适合研究样本的工具,确定在后续定量阶段使用的适当工具,为实验制定干预措施。设计应用程序或网站,或指定需要进入后续定量研究的变量,这种类型的设计挑战在于聚焦适当的定性研究结果和两个阶段研究的样本选择。

图1-3　用于发展定量测量的定性方法

这些基础设计或核心设计可以用于更复杂的混合方法策略。核心设计可以对实验进行补充,例如在实验后收集定性数据,以帮助解释定量结果。核心设计可以在案例研究框架内使用,以演绎的方式记录案例或生成用于进一步分析的案例。这些基本设计可以为从社会正义或权力中提取的理论研究提供信息,作为包含定量和定性数据的设计中的一个总体视角。核心设计还可以用于评估过程的不同阶段,从需求评估到程序或实验干预的测试。

四、基础研究、应用研究和评价研究

(一)基础研究

基础研究(basic research)是指为获得关于现象和可观察事实的基本原理及新知识而进行的实验性和理论性工作,它不以任何专门或特定的应用或使用为目的。基础研究的特点如下。

(1)以认识现象、发现和开拓新的知识领域为目的,即通过实验分析或理论性研究对事物的物性、结构和各种关系进行分析,加深对客观事物的认识,解释现象的本质,揭示物质运动的规律,或者提出和验证各种设想、理论或定律。

(2)没有任何特定的应用或使用目的,在进行研究时对其成果看不出、说不清有什么用处,或者虽然肯定会有用途,但并不确知达到应用目的的技术途径和方法。基础研究的首要目的就是为可靠的基本知识和理论找到稳固的根基,为未来的研究打下基础。

(3)基础研究通常采用严密控制实验条件的最严格的研究方法(如实验方法),一般由科学家承担,他们在确定研究专题以及安排工作上有很大程度的自由。

(4)研究结果通常具有一般的或普遍的正确性,成果常表现为一般的原则、理论或规律,并以论文的形式在科学期刊上发表或学术会议上交流。

因此,当研究是为了在最广泛的意义上对现象的更充分的认识,或是为了发现新的科学研究领域,而不考虑其直接的应用时,就被视为基础研究。基础研究又可以分为纯基础研究和定向基础研究。纯基础研究是为了推进知识的发展,不考虑长期的经济利益或社会效益,不致力于应用其成果于实际问题或把成果转移到负责应用的部门。定向基础研究的目的是期望能产生广泛的知识基础,为已看出或预料的当前、未来或可能发生的问题的解决提供资料。基础研究的示例:企业高管的成功与对成就的高度需求相关吗?高凝聚力团队的成员是否比较低凝聚力团队成员更满意?消费者在低参与度的情况下会经历认知失调吗?

(二)应用研究

应用研究(applied research)旨在为现实世界中的实际问题提供相当直接的解决办法,是一种为了获得解决问题的新知识而进行的创造性研究。应用研究的特点如下。

具有特定的实际目的或应用目标,为了确定基础研究成果可能的用途,或是为达到预定的目标探索应采取的新方法(原理性)或新途径。

在围绕特定目的或目标进行研究的过程中,获取新的知识,为解决实际问题提供科学依据。

研究结果一般只影响科学技术的有限范围,并具有专门的性质,针对具体的领域、问题或情况,其成果形式以科学论文、专著、原理性模型或发明专利为主。

总而言之,基础研究纯粹是为了好奇心和扩大知识范围的愿望,获取关于现象和事实的基本原理的知识,增进我们对周围世界的了解,而不直接参与解决实际问题;而应用研究通常在更加自然的环境(即更加现实的或实际的生活环境下)

进行,获得知识的过程中具有特定的应用目的,也就是将理论发展成为实际运用的形式(如表1-3所示)。应用研究旨在改进社会环境的干预和项目,其受众包括其他应用研究者,还包括政策制定者、企业管理者等。应用研究的示例:麦当劳应该在菜单上增加意大利通心粉套餐吗?宝洁应该在其产品线中增加一个高价的家用牙齿漂白套件吗?研究表明,佳洁士白条的零售价为44美元,会卖得更好。

表1-3 基础研究和应用研究的区别

基础研究	应用研究
目的: 扩展业务和管理流程的知识;产生与过程及其与结果的关系有关的普遍原则;发现对整个社会的意义和价值	目的: 提高对特定商业或管理问题的理解;能解决问题;新知识仅限于问题;对组织中管理者的实际相关性和价值的发现
内容: 由大学里的人承担;研究人员确定主题和目标的选择;时间灵活	内容: 由来自各种环境的人承担,包括组织和大学;与发起人协商目标;时间紧迫

资料来源:Easterby-Smith et al.(2002);Hedrick et al.(1993)。

(三)评价研究

当实施旨在改进各种环境的干预和社会、商业项目时,研究者通常开展评价研究来判断项目在现实环境中的实施效果以及应该如何改善。评价研究(evaluation research)是专门用来判断一个评价对象(如管理项目或商业项目)的价值、优点或质量的,要求对项目做出价值判断。例如:ABC是一个好项目,应该继续实施下去;XYZ是一个差项目,应该终止。评价对象(evaluand)是被评估的事物,包括项目、产品或人。一般地,评价按照目的被分为形成性评价和总结性评价两种类型。形成性评价(formative evaluation)的首要目的是判断如何改进一个项目,评价信息能够帮助项目开发者,并支持项目成员设计、实施和改进他们的项目,使项目发展得更好。总结性评价(summative evaluation)的首要目的是判断一个项目是否有效以及是否应该继续下去。当政策制定者和项目委托人做拨款决策以及考虑支持和淘汰哪个项目时,总结性评价的信息对他们来说非常重要。

评价常常被划分为五个领域或类型(Rossi et al.,2004),每个领域或类型都基于一个基本的评价问题。一是需求评估(needs assessment):是否需要这类项目?二是理论评估(theory assessment):此项目是否被正确地概念化?三是实施评估(implementation assessment):此项目是否按照计划得到了恰当的实施?四是影响评估(impact assessment):此项目是否对指定目标产生了影响?五是效率评估(efficiency assessment）：此项目是否物有所值？评价研究可以为政策制定者和项目委托人提供重要的信息，评价者通过搜集证据和提出建议，为商业、管理和社会其他项目决策提供重要参考。

第三节　科学研究的一般过程与特点

一、科学研究的一般过程

科学研究的一般过程是从发现问题、提出问题开始的。发现问题后，根据已有的知识和生活经验对问题的答案做出假设，并设计研究的方案，包括选择材料、设计方法步骤等。按照研究方案进行探索研究，得到结果，再分析所得的结果与假设是否相符，从而得出结论。并不是所有的问题都能够一次探究到正确的结论。有时，由于探究的方法不够完善，也可能得出错误的结论，因此在得出结论后，还需要对整个探究过程进行反思。科学研究的过程包括提出问题、做出假设、制定计划、实施计划、得出结论、表达和交流。从理论开始的研究被认为是演绎导向的假设检验研究（deductive hypotheses testing study），而从观察开始的研究则被认为是归纳导向的理论构建研究（inductive theory building study）。如图1-4所示，归纳导向的研究方法位于循环的左边，演绎导向的研究位于循环的右边。循环的

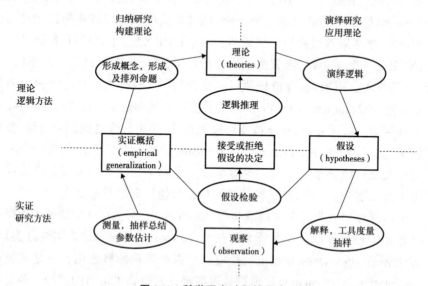

图1-4　科学研究过程的要素

资料来源：W. L. Wallace(1971)；陈晓萍、徐淑英和樊景立(2010)。

上半部分是理论逻辑方法,即通过归纳和演绎的逻辑实现理论化的过程,下半部分则是实证方法,即在研究方法的帮助下从事研究的过程。

科学研究过程既可以开始于理论,也可以终结于理论,它是一个涉及许多活动、不断循环的过程。科学研究过程中,假设研究者已经选择了一个有意义的研究问题,并且已经做了相关的文献回顾,一旦认为问题很重要、值得研究,而已有文献对该问题不能提供有意义的答案时,研究过程就可以从理论或者观察开始。正如前文有关搜寻引力波的讨论,这类传统科学模式运用的是演绎逻辑,研究者从带有普适性的理论解释出发,引出(演绎出)一个期望,最后是一个可供检验的假设,这一图式相当简洁干净。但在现实中,科学还会用到归纳推理,如元素周期表的发明。逻辑推理的科学准则是理论和研究之间的桥梁,实际的科学探索通常牵涉到演绎和归纳两种逻辑的交替使用。演绎法是先推论后观察,而归纳法则是从观察开始的。演绎法和归纳法都是构建理论的必经之路(如图1-5所示)。

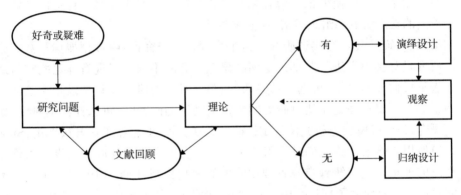

图1-5 科学研究过程的实践指南

资料来源:陈晓萍、徐淑英和樊景立(2010)。

科学研究过程有四个步骤:第一步是提出研究问题;第二步是文献回顾;第三步是找到理论并形成假设;第四步是设计并进行实证研究。根据研究是归纳性或演绎性,上述四个步骤不会总是按照单一的方向进行。

第一步:提出研究问题。研究问题是对某一现象或困惑的好奇,它陈述了两个或多个变量之间的潜在关系。它没有一个明显的答案,却提供了进行实证检验的可能性,又希望发现一些重要的东西,通常始于问"是什么""为什么""何时""如何"等问题。例如,在Chen(1995)的研究中,研究问题是"在对组织奖励分配的偏好上,中国员工如何不同于美国员工?"

第二步:文献回顾。一旦有了感兴趣且重要的研究问题,就需要进行广泛的文献阅读。全面的文献回顾能够帮助研究者评价研究问题是否已经得到回答,从而帮助研究者改进研究问题,甚至通过发现文献的不足或察觉未经检验的命题,使研究者彻底改变研究问题,使之变得有趣和重要。本质上,第一步和第二步之间是有回馈循环的。例如,Westphal(1999)研究董事会的组成结构对公司绩效的影响,发现在预测董事会对首席执行官社会关系的影响时,作为组织治理中的主流理论——代理理论与社会网络理论是相互冲突的。通过发现文献中的这些差距,Westphal将自己的研究定位在检测相互冲突的命题上,从而发现一些与直觉不同的结果。

第三步:找到理论并形成假设。理论解释了现象的"为什么"和"如何"的问题(Kaplan,1964;Whetten,2002),研究假设是对研究问题的暂时回答。理论包含具有清晰定义的构念,并使用清晰的逻辑解释这些构念为什么相关。现有的理论对于回答研究问题、产生有意义的假设至关重要。假设是对构念之间的可能关系的陈述,指引研究设计和数据收集的工作。例如,在员工组织关系的研究当中,Tsui(1997)应用了社会交换理论来解释相互投资的员工—组织关系为什么以及如何产生最高的员工绩效和组织承诺,并形成假设。

第四步:设计并进行实证研究。这个步骤包括研究设计、数据搜集和数据分析。研究设计会根据进行归纳还是演绎研究而有所不同。当现有理论能够帮助研究者形成假设的时候,可选演绎研究,与此对应的研究设计可以是实验或问卷调查等。当现有理论无法对研究问题提供满意的回答时,可选归纳研究,如案例研究、访谈或民族志研究法等定性研究方法。例如,根据承诺升级理论,Staw(1976)使用实验来检验人们对一组选定行动的态度和行为反应的假设。由于没有现成的理论来完全解释自我管理团队中的协和控制,Baker(1993)使用了案例研究对这个现象建立了理论。因此,在归纳研究中,实证研究先于理论和假设,于是第三步和第四步会颠倒过来。

二、科学研究的特点

科学研究的特点有如下八个。

(一)目的性

研究者必须有明确的研究目标或目的。如果研究的重点是增加员工的参与度,这将为减少员工流失率和缺勤提供证据,那么该研究就具有研究目的。

(二)严谨性

严谨的研究需要良好的理论基础和深思熟虑的研究方法。研究者不妨做如下反思:这项研究有坚实的理论基础吗?样本量是否足够大?样本是否代表总体？术语的定义是否清晰和一致？我们问了正确的问题吗？问题是否存在偏见？使用分析方法是否合适？

(三) 可检验性

逻辑发展的假设必须是可检验的,以查看数据是否支持提出的假设。可检验性要求变量的可操作化,以便它们是可测量的。

(四) 可复制性

当同一类型的研究在其他类似的情况下重复时,假设检验的结果应该得到反复的支持。如果确实发生了这种情况(即结果被复制或重复),我们将对研究结果具有科学性充满信心。

(五) 精确度和置信度

精确度指的是基于样本的研究结果与"真实"的接近程度,它关乎准确性与有效性。置信度指的是估计值正确的概率。比如,在95%的情况下,我们发现结论是正确的,而我们的结论只有5%的可能性是错误的,这也成为置信水平。

(六) 客观性

通过对数据分析结果的解释得出的结论应该是客观的。理论应该以实际数据的调查结果所产生的事实为依据,不应该基于我们自己的主观或者情感价值。

(七) 普遍性

能否把研究结果推广到其他人或其他环境中,就是研究结果的普遍性。研究产生的解决方案的适用性范围越广,研究对用户的用处就越大。

(八) 简约性

简单地解释所发生的现象或问题,并为问题生成解决方案,总是比复杂的研究框架更可取,因为研究框架考虑的参与者数量太多,难以管理。

好的研究(good research)具有如下特征:①明确定义的研究目的,必须包含研究问题、要做出的决定、范围、限制和关键术语的定义;②详细的研究过程,每个步骤都必须说明数据来源;③精心策划的研究设计,抽样和观察都必须是精心设计的;④高道德标准,确保受访者没有身体或情绪上的压力;⑤充分的分析,检查效度和信度;⑥明确的陈述,表达方式、语言和术语都必须简单明了;⑦结论合理,研究结论必须基于证据,而不是经验,不是"我觉得……";⑧没有完美的研究,强调不足之处是必要的;⑨证书,研究人员的经验和资历很重要。

不好的研究具有如下特点:①抄袭其他作品;②伪造/操纵数据;③提供不真实的信息;④误导受访者。

三、理论是如何产生的?

理论是使用科学方法建立知识的重要因素。理论解释了一个现象"是什么(what)""如何(how)""为什么(why)""何时(when)"以及"对谁(whom)"等问题。管理和组织主流理论中的例子包括代理理论、制度理论、资源依赖理论、社会网络理论以及社会交换理论等。每一个理论都有一系列的核心构念(是什么),并且阐明这些构念之间的关系(构念是如何关联的)。一般来说,它也包括这些关系在什么条件下(时间、地点以及人物)才是最有意义的。总而言之,理论是一个通过逻辑发展的、描述的命题网络或概念之间的关联。

(一)演绎式理论构建

建构演绎研究理论的第一步是选择一个感兴趣的题目,无论是什么题目,一定是你有兴趣研究并想加以解释的事情。在选好题目之后,应该整理既有的知识或想法。一方面,写下自己的观察和想法;另一方面,还要知道其他学者说过些什么。初次研究很有可能会发现其他学者早已发现的模式,这对构建自己的理论非常有帮助。虽然理论构建并不是用密集而连锁的步骤完成的,下面有关理论构建要素的清单可以帮助研究者有条不紊地进行理论建构。

(1)提出研究问题。研究者遇到了一个问题,或者被提出了一个问题,但研究者却没有答案。这个问题需要转化为适当的问题陈述,就像开题报告里记录的那样。

(2)提出研究假设。研究人员生成中间假设来描述问题的解决方案,但这充其量只是一个临时解决方案,因为目前还没有证据支持接受或拒绝这些假设。

(3)文献综述。查阅现有文献以确定是否已经有解决这个问题的方法。现有的解决方案并不总能够解释新的观察结果。

(4)文献评价。文献综述有可能为提出的问题提供了解决方案。不过,如果文献综述一无所获,那么额外的研究活动是合理的。

(5)获取数据。研究者开始收集与研究问题有关的数据,数据获取的方式往往会根据研究问题的类型而改变。

(6)数据分析。分析在上一步中收集的数据作为确定其含义的第一步,和以前一样,对数据的分析并不构成研究。

(7)数据解释。研究者解释新分析的数据并提出研究结论。这可能很难。

(8)假设支持。数据要么支持假设,要么不支持假设。这可能会导致研究者循环回到过程中的较早步骤,并重新开始一个新的假设。这是与科学方法相关的自我纠正机制之一。

在使用理论解释一个令人困惑的现象时(如实证检验一个理论),我们将构念转换成变量(variable)。变量是以一定刻度变化来反映构念的指标(indicator)。例如,两类变量或指标可用于测量"承诺"这一构念。一个是心理指标,如"员工想继续留在组织中的程度"(从1到7变化的态度量表,1表示弱,7表示非常强烈);另一个是行为指标,如"缺勤总次数",次数越少,员工对组织的承诺越强。

下面介绍理论模型中的五类变量:自变量(independent variables)、因变量(dependent variables)、调节变量(moderating variables)、中介变量(mediating variables)及控制变量(control variables)。自变量也叫"预测变量",是因变量的假定的原因。因变量也叫"校标"(criterion),是假定的效果。换句话说,自变量是前置变量,因变量是结果变量。自变量被假设为影响或者使因变量发生改变的变量。控制变量是指对因变量有影响,且其影响必须被排除的变量。在理论上,自变量和控制变量都是因变量的前置变量。自变量是我们关心的变量,而控制变量则是我们不想要却不能完全前置的变量(即不能实现随机化或不能消除)。

理解调节变量和中介变量的差别非常重要,它们对自变量和因变量关系的影响是不同的,并且检验它们存在的统计方法也不一样。调节变量影响自变量和因变量关系的方向、强度的类别或连续的变量(Baron & Kenny, 1986)。从统计学上看,调节变量可以通过检验调节变量和自变量的交互项(调节变量×自变量)对因变量的影响的显著性来发现。中介变量是介于自变量和因变量之间的变量。当中介变量满足以下条件时,其即存在:①自变量对中介变量的变化有显著影响;②中介变量对因变量的变化有显著影响;③当自变量对中介变量的影响以及中介变量对因变量的影响都受到控制时,自变量和因变量的关系显著降低。一个理论必须详细说明自变量、因变量、中介变量和调节变量的关系。理论提供了这些变量是如何以及为何相关联的理由与逻辑。如图1-6所示,在理论化的过程中,通常使用方框或箭头来显示和辅助思考这些变量"为什么""如何""何时"以及"与何人"相关联(Whetten, 2002)。缺乏理论和理论的逻辑,方框和箭头是没有意义的。只有当你有一个逻辑来说明为什么选择这些变量以及它们如何发生关联时,才可以检验这些关系。

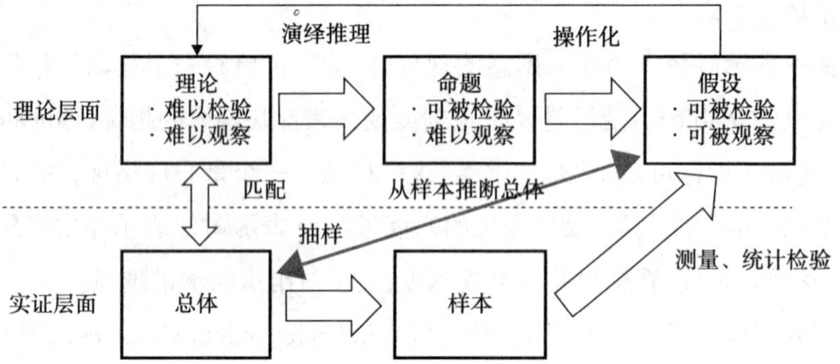

图 1-6　演绎式研究的过程

当获得相关的概念和相应的知识积累后,就可以发展用于解释研究主题的命题了。根据参考文献提出零假设(null hypothesis),尽管该假设认为正在被研究的变量之间不存在相关关系(技术性的,没有统计性显著相关),实际却隐含了假设检验。在统计上否定了零假设之后,就可以得出变量之间存在相关性的结论,也就证实了你的假设。如果假设得到了验证,那么理论成立的可能性增加了。不过,既有的推论并不是获得理论的全部保证,研究者就是用经验去检验每一个推论,看看哪一个推论在现实中(观察)言之成理(逻辑)。总之,表明两个变量之间存在相关性的数据分析不能自动地被解释为表明这些变量之间存在因果关系。此外,研究者还需要考虑的因素有:个人的感受和信念的影响(为什么要做研究? 做什么研究),获取数据、时间和其他资源,数据的有效性和可靠性,研究价值或贡献,以及伦理问题。

(二)归纳式理论构建

归纳式理论构建也是从观察生活开始,然后寻找可以建立普遍性原则的模式(如图 1-7 所示)。Glaser & Strauss(1967)创造了扎根理论(grounded theory),用来称呼运用归纳推理进行理论构建的方法。在通过观察进而发展理论的策略中,经常采用实地研究法(field research),人类学就有着丰富而悠久的实地研究传统。

在当代社会科学家中,Goffman(1974)认为,一种游戏(如下棋),创造了一种让参与者普遍遵守的规则,即在一个平面上,有一组角色,并有着数不完的情境,每个棋子通过这个规则显示特性和目的,直到把许许多多的状况化为一组互相独立、实用的规则。如果日常活动的意义也只是依赖于一组封闭的、有限的规则,那么对规则的解说就会为社会生活的分析提供一种有力的方法。Goffman(1961,1963)揭露了各种行为背后的规则,例如精神病医院的生活,处在瓦解中的"被破坏的认同"。在每一个例子中,Goffman 都深入观察了一些现象,并且检验了一些指导行为的规则,为定性实地研究提供了杰出的范例,并成为扎根理论的一个根源。定性实地研究并不是发展归纳式理论唯一的观察方法,Takeuchi(1974)在夏威夷大学所做的调查研究展示了如何运用定量方法发展归纳式理论。

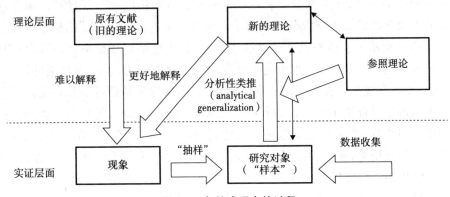

图 1-7 归纳式研究的过程

在传统的科学图景中,科学家是从理论开始,然后是操作化和观察。但这一图景却并不适合实际的科学研究。社会科学中,理论和研究的联结是通过演绎(deduction)和归纳(induction)两种逻辑方法实现的。演绎是从理论引出预期的结果或假设,归纳是从特定的观察发展出普适性通则。在实践中,科学是演绎和归纳交替的过程。在理论和研究之间存在很多可能的联结,也存在多种进行社会研究的方式。

第四节 认识扎根理论

常见的质性研究方法有扎根理论(grounded theory)、案例研究(case study research)、民族志(ethnography)、话语分析(discourse analysis)、行动研究(action research)等。本节详细介绍扎根理论,有关案例研究的介绍将另起一节。如前文所述,扎根理论由 Barney Glaser 和 Anselm Strauss 两位学者共同发展出来,是一种质性研究方法,旨在从经验资料的基础上建立理论。扎根理论创立的标志是 Glaser & Strauss 在 1967 年发表的文章 *The discovery of grounded theory: Strategies for qualitative research*。

一、扎根理论提出的背景

扎根理论的提出,是基于 Glaser & Strauss(1967)对当时美国社会科学界三种主要趋势的批评。第一,大部分学者习惯于照搬已有学术大师的宏大理论(grand theory),如韦伯的科层制理论,使用逻辑演绎的方法,通过自己的经验研究对其进行验证或局部修改。这样做的结果导致"理论资本主义"的形成,极少数学术大师垄断了理论的生产,而大部分学者则沦为验证这些理论的"无产阶级"。第二,绝大部分人类学和民族志研究仅仅局限于对研究现象进行"印象式"的描述,没有形成明确的理论阐述。这些文本虽然生动有趣,但研究结论稀松平常,难以与学术界其他理论对话。第三,一些研究虽然提出了不错的理论,但没有介绍理论生成的方法、步骤和过程。而扎根理论研究者认为,衡量理论是否可信和好用,在很大程度上依赖于对理论生产过程的判断。如果不知道这些理论是如何生成的,则很难判断其可信性,更不知如何运用。因此,扎根理论研究者希望在理论和资料的鸿沟之间架起桥梁,在经验资料、已有文献和研究者个人知识的基础上,通过系统的资料收集和资料分析生成理论。

扎根理论的理论基础是社会学中的符号互动论和哲学中的实用主义(Glaser & Strauss,1967)。前者认为,社会、现实和自我都是由人们的行动和互动构成的,因此需要通过行动者的视角理解他们的世界。后者认为,事实和价值是相互关联的,有用的知识才是真知识;世界是一个整体,而且丰富多变,需要通过观察、实验等系统的方法从变动不居的经验事实中提炼理论。根据Glaser(1978)的观点,扎根理论归根到底要做的就是呈现行动者在处理某个问题时的行为变异(variation),找到各种可能的行为模式(pattern),并将这些模式用理论的形式表达出来。

扎根理论并不是一种实体理论,而是一种研究的路径(approach)(潘慧玲,2005),或者说是一种研究方法论(methodology)(Corbin & Strauss,2014)。与民族志、现象学研究、叙事研究、话语分析、传记研究等质性研究路径的不同之处在于,扎根理论的研究目的是从经验资料(empirical data)中生成(generate)理论,而不只是描述和解释研究现象,或针对被研究者的叙事结构、话语特征或生活史进行分析。因此,研究者需要时刻保持生成理论的心态,采取理论抽样的标准,根据生成理论的需要选择研究对象,系统地收集和分析资料,从资料中发现、发展和检验理论。在生成扎根理论的过程中,研究者要借鉴学术界已有的理论,在经验研究、个人知识和前人理论之间形成对话。扎根理论是一种自下而上建立理论的方法,在研究开始之前一般没有理论假设,直接从原始资料中归纳出概念和理论。研究者在系统收集资料的基础上,寻找反映社会现象的核心概念,然后通过在这些概念之间建立起联系而形成理论。扎根理论研究的结果是对现实的理论呈现,因此需要研究者采用具有一定抽象程度和概括性的语言对结果进行表述。扎根理论一定要有经验证据的支持,但是它的主要特点不在其经验性,而在于它从经验事实中提炼出了新的概念和思想。

但是后来,两位创立者对扎根理论的看法产生了分歧。Glaser 更强调研究中的创造力和开放性,被称为"经典扎根理论"(the classic grounded theory, Glaserian);Strauss 更强调结构化的数据分析,被称为"程序化扎根理论"(the evolved grounded theory, Straussian)。还有一些研究者借鉴扎根理论的某些原则,提出了自己的质性研究方法论,例如 Eisenhardt(1989)在案例研究方法中借鉴了"理论抽样"的原则。由于扎根理论的数据编码策略较为结构化,易于模仿和操作,因此有的研究者只借用了扎根理论的数据分析技术。

二、扎根理论的主要原则

(一)涌现(emergence)原则

在扎根理论中,Glaser & Strauss 所建立的理论和研究过程都应该是自然涌现的。一方面,强调从数据中建立理论,认为只有对数据的深入分析,自下而上将数据不断地进行浓缩,才能逐步建立一定的理论,是一个归纳式理论构建的过程。另一方面,在研究过程中,还强调研究者不应该提前设定研究步骤和研究对象,并尽量避免受到已有理论的影响,而要在理论抽样和不断比较的过程中使得理论涌现出来。

(二)不断比较(constant comparison)原则

不断比较是扎根理论用于建立理论的主要策略。数据的收集、编码和分析同时进行,并且来回往复、不断迭代,也就是说,研究者要在上一轮数据收集与下一轮数据收集之间、数据收集和所涌现的理论之间、所涌现的理论和下一轮数据分析之间不断进行对比,这种对比贯穿于扎根理论研究的全过程。

(三)理论抽样(theoretical sampling)原则

理论抽样指的是在所涌现的理论的引导下进行抽样。研究者在进行数据收集时,应该以上一轮数据分析中初步生成的理论来指导下一轮数据收集标准,如应在什么时间、什么地方、向什么人、以什么方式、收集什么样的数据。这一过程应该贯穿于研究过程的始终,直到理论饱和为止。

三、扎根理论的数据分析:归纳式编码(inductive coding)

扎根理论在收集数据之前并不预设任何代码,代码是在研究者分析数据时逐渐涌现的,研究者让所搜集到的数据去"塑造"出代码系统。不管是 Glaserian 流派还是Straussian流派,都提出了包含多个步骤的归纳式编码来对数据进行压缩和精炼,并以建立理论为编码的目标。在这个过程中,研究者对代码进行命名,对数据中的相似代码进行分类和分组来理解研究数据,并通过不断比较的迭代过程来揭示所关注现象的理论基础,直到数据中的一致性和稳定性被识别出来。

Strauss & Corbin(1990)对扎根理论的资料编码进行了详细的阐述,不仅介绍了三级编码的步骤(开放编码、轴心编码、选择编码),而且还提供了一些提高研究者理论敏感性的技术。在轴心编码阶段,他们还提出了一个编码范式模式(paradigm model),将不同类属联结起来:(A)因果关系—(B)现象—(C)情境—(D)中介条件—(E)行动/互动/情感策略—(F)结果。此外,Corbin还引用了沙茨曼的"解释范式矩阵",使分析的层次更加丰富:

(从)视角

(属于)维度——属性

(在……中)情境(在……下)条件

(具有)结果的行动/过程

Glaser和Strauss的编码思路有所不同,只有两级,即开放编码和选择编码,分别对应两类代码,即实质代码和理论代码(Glaser,1978)。开放编码对研究领域内的经验实质进行概念化,形成实质代码;而选择编码则将实质代码通过假设联结起来,整合为理论。为了帮助研究者实时选择编码,Glaser根据社会学分析的一般通则,提供了18个理论代码家族。

也许是由于学界对扎根理论提出过于技术化、程序化的批评,也许是受到建构主义和后现代思潮的影响,Corbin对《质性研究的基础:形成扎根理论的程序与方法(第3版)》一书进行了大幅度修订,除了保留三级编码的概念定义,正文不再涉及具体编码的程序和技术,取而代之的是一系列灵活多样的备忘录,并介绍了对越南参战老兵进行研究的具体步骤、方法、过程和结果,内容分别是:形成概念,阐明分析过程,分析情境,将过程纳入分析,整合类属。Corbin主要通过撰写备忘录,对所收集到的资料进行"微分析",将研究一步步往前推进,不断对资料进行概念化、类属化,寻找类属的属性和维度,并在不同的类属之间建立联系。

探索性研究是为了更加清楚地理解研究者的问题是如何提出来的,指导哪些是合适的资料,形成什么是重要叙述线索的观念,以及根据研究者对生活的知识发展自己的概念工具。分析是赋予资料意义的行为,我们对分析的介绍涉及拆分资料、对其概念化以及根据其属性与维度形成概念,从而确定这些内容讲了哪些有关整体的东西。在研究的一开始,分析常常会更加详细或微观(microscopic),因为在进行任何解释之前,研究者想要探究各种可能性,然后分析往往会更加一般(general),以便充分形成验证性解释。在质性分析方法中,概念构成了分析的基础,而且是研究的基础,无论研究的目的是理论构建、描述或案例分析。

总之,描述就是描写(depicting)、讲故事,有时候是一个非常生动而细腻的故事,而没有大量的解释或试图解释某事为什么会发生。概念整理(conceptual ordering)是按照各种公开阐明的维度对资料进行分类,而不必在这些类别上建立联系或形成一个上位的解释构建(explanatory scheme),它通过关系的阐述系统地整合概念及其属性与维度。虽然研究发现是构建的结果,资料的解释也是通过研究者的眼睛看到的,质性研究仍然是一个有价值的尝试。它取决于研究者尽最大的努力,必要时将现有的分析放到一边,然后重新分析,而且要保持一种无休止的精神,而不仅仅是"感觉对了"。

第五节 认识案例研究方法

Elsbach(2010)全面剖析了案例研究的意义,诠释了进行案例研究与探索的必要性以及案例研究对于理论构建的重大意义。相对于其他研究方法,案例研究最重要的价值在于突出情境、展示过程和揭示关系。首先,案例研究对情境的关注,有助于研究者深入聚焦于管理现象,进而理解并应用学术研究的成果,回答"为什么"的问题。其次,案例研究对过程的展示突出了历史因素和时间因素的重要性,有助于实践者进行过程设计。最后,案例研究有助于揭示深藏于演化的、复杂的现象之后的各种关系,而横截面式研究难以挖掘这些关系。

一、案例研究的定义

由于案例研究的复杂性,在管理学界并没有一个得到普遍认可的定义。案例研究具有多方面的特征,其中哪些是最为核心的、能够凸显本质的特征,学者们的看法并不完全一致。Yin(2009)指出,案例研究是一种实证探究,它深入研究现实生活情境中当前正在发生的现象,尤其是待研究的现象与其所处情境之间的界限并不十分明显时。案例研究处理有待研究的变量比数据点还多的特殊情况,所以依赖于多种来源的资料,并需要把所有数据以三角验证的方式汇聚在一起,因此事先发展理论命题将有益于指导数据收集和分析。

案例研究是一种质性方法,研究者随着时间推移,通过详尽而深入的,包括多种来源信息(如观察、访谈、音频视频材料、文档和报告)的数据收集,探索现实生活中的、当前时间下的一个或多个有边界的系统(即案例),并对案例描述和案例主题进行报告(Creswell,2012)。管理领域中的案例研究使用来自一个或多个组织的经验性证据,试图研究某个情境中的主题,通常使用多种来源的资料,其中绝大多数资料来自访谈和文档(Myers,2009)。这个定义体现了三个特点:首先,不管研究主题是什么,商务和管理领域的案例研究几乎都会涉及公司或组织;其次,通常情况下,案例研究并不总是需要参与式观察和田野调查,而更多依赖访谈和文档资料;最后,这个定义从科学哲学上来讲是中立的,案例研究既可以是实证主义的,也可以是诠释主义或者批判主义的。

二、案例研究的特点

(一)案例研究是一种实证研究方法

在实证研究中,研究者通过各种不同的工具和方式(如量表、访谈、文档资料、观察等)收集关于管理实践的一手或二手经验性资料,并直接使用这些资料作为数据分析对象。从这个意义上来说,案例研究是一种实证研究方法。

(二)研究对象以当前正在发生的事件为主,也可以回溯历史性事件的来龙去脉

按照Yin(2009)的定义,案例研究适合于针对当前现象(contemporary phenomenon)开展研究,这指的是研究目前或最近发生的事件,不追溯已经"死亡"的过去事件,因为研究者既无法直接观察这些事件,也无法对这些事件的亲历者进行访谈。而Eisenhardt & Graebner(2007)认为,虽然案例研究更多的是对当前事件的描述,但也可以是历史性回顾。国际一流学术期刊上也有多篇研究采用了历史性案例研究(historical case study)的方法。如Weick(1993)针对1949年美国曼恩峡谷森林火灾惨痛教训的研究;Quinn & Worline(2008)以2001年美国"9·11"事件中坠毁的联航93号班机为案例研究对象;Hargadon & Douglas(2001)探讨了100多年前爱迪生发明电灯的案例,数据来源包括编著的书籍、报纸的报道、其他的二手资料等;Murmann(2013)以1850—1914年的合成染料行业和化学学科为案例研究对象,数据来源包括历史文档、数据库资料等。在回溯性(retrospective)案例设计中,研究者通常已经知道了现象的结果,从而试图去理解这一结果形成的过程,以及为什么会形成,这使得研究者可以缩小所关注现象的范围,数据收集和分析的目的更加明确。历史性回溯研究的数据一般来自文档资料。文档资料通常覆盖面广、时间跨度长,可以涵盖多个事件、多个场景,而且包含以往事件中资料的细节,这些细节相对精确并可以量化,因而可以帮助研究者对历史性的案例实践进行深入剖析。

（三）研究问题的类型是"如何"和"为什么"

"如何（how）"和"为什么（why）"的研究问题富有解释性，要回答这两类问题，需要按时间顺序追溯相互关联的各种事件，并找出它们之间的联系，这正是案例研究所擅长的。案例研究不适合探讨频率、次数、因素作用强度、调节变量作用大小、不同构念的相对实证重要性等"是什么（what）"和"有多少（how much）"的问题。

"如何"的研究问题往往涉及现象所发生的模式。例如：现象在某种特定情境中是如何发生的？现象中的各个阶段是如何演变发展的？现象与其所处的情境是如何交织在一起的？要回答这样的研究问题，研究者需要对现象中的事件、活动、阶段等要素进行理论描述，通过案例研究突出情境、展示过程和揭示关系，这对于解释现象至关重要。

"为什么"的研究问题往往涉及现象所发生的机制（mechanism）。例如：为什么现象会在某种情境中发生？为什么各个阶段发生的顺序是这样的？为什么现象中的事件以某种方式交织在一起？研究者回答"为什么"的研究问题，本质上就是通过案例研究对产生现象模式的内在原因进行解释，探究模式下隐含的理论机制。只有揭示模式背后隐含的机制，研究者和读者才能更深刻地理解现象以某种特定方式发生和演变的因果逻辑。

（四）案例研究在自然情境下对现象开展研究，研究者不对现象进行控制或进行极低程度的控制，与实验室研究形成鲜明对比

在实验室实验中，研究者刻意把现象从其情境中分离出来，对其他因素严格加以控制，并改变自变量的取值，监测因变量的变化，从而推断自变量与因变量之间的因果关系。案例研究所关注的现象发生在自然的情境中，现象与情境之间的界限并不十分明显，这使得研究者有机会把自己的观察和一系列与情境相关的事实、事件或观点联系在一起，从而在更大的框架下理解研究现象（Rousseau & Fried，2001）。有时，研究者并非"不能"对现象进行干涉和控制，而是有机会与实践者进行合作，用提供管理咨询等方式来帮助解决出现的实际问题，这对开展行动研究提供了绝佳的机会。在行动研究中，研究者与实践者合作对企业中出现的问题进行诊断，研究者基于管理学理论提出解决这些问题的建议与方案，并由实践者来具体实施这些方案，再由双方合作对解决方案的实施结果进行评估（Myers，2009）。如果在这个过程中，存在对管理学进行检验、修正或拓展的机会，研究者就可以通过行动研究的方式对管理学理论发展做出贡献。而在案例研究中，研究者对当前实际发生的管理实践进行探索、描述和解释，其直接目的是以此为基

础来发展理论,而非解决管理中实践中的问题。

(五) 通过多种来源收集数据,以质性数据为主,也包含定量数据

没有任何一种单独来源的数据能够完全优于其他来源,因此多种来源的数据将起到取长补短、相互补充的作用。案例研究一般会综合运用多种数据收集方法,从多种来源收集数据,其中主要的来源是通过访谈、文档资料、观察等方式收集质性数据;也可以通过问卷调查、文档资料等方式收集定量数据。从案例研究的严谨性来说,多种来源的数据有利于提升研究的信度和效度(Yin,2009)。为了提高案例研究的构念效度,研究者有必要对多种来源的数据进行三角验证(triangulation),并在这些数据间建立具有连贯性且符合一定逻辑的证据链;此外,多种来源的数据有利于构建更加丰富的研究资料库,这些资料库包括访谈录音、誊写的访谈文稿、各种来源的文档资料(如新闻报道、公司年报、政府文件等)、现场笔记、照片和录像文件等,从而有助于案例研究的信度。

三、为什么案例研究要讲述好的故事?

就管理学研究而言,好的研究应该能"讲述一个好的故事"(Daft,1983、1985;Huff,1999;陈昭全和张志学,2008)。虽然,将案例研究等同于"讲故事"是对案例研究的误解,但不可否认,有影响、能引起读者兴趣的案例研究,往往就是那些讲出好的故事的文章。一项研究如果能像讲故事一样阐述其理论,将给人留下深刻的印象(陈昭全和张志学,2008)。Dutton & Dukerich(1991)被提名为最有趣研究之一,得到了如下的评价:"我读过的最精美的扎根研究作品之一,将讲故事与理论开发完美地融为一体,太迷人了"(Bartunek et al.,2006)。甚至有学者认为在案例研究中,讲述好的故事比创建好的构念更加重要(Dyer & Wilkins,1991)。基于Elsbach(2010)的框架,本书将探讨案例研究(尤其是单案例研究)如何能够通过突出情境、展示过程和揭示关系,来讲述引人入胜的故事。

(一) 突出情境

Cappelli & Sherer(1991)认为,情境(context)是围绕特定现象、发挥着直接或间接影响作用的因素,也特指高于现有研究中分析层次的解释因素。Mowday & Sutton(1993)认为,情境是和被研究对象处于不同分析层次的外部环境因素,或是环境中影响组织行为和变量之间功能关系的形成,以及它们的意义的条件和约束(Johns,2006)。Johns将情境区分为两大类:普遍性情境(如职业、地理位置、研究实施的时间、研究的原理)和独立性情境(如组织任务的特性、社会因素以及物理

因素)。情境是指形成情景、环境或问题本质的结构条件,个人通过行动/互动/情绪对其做出反应。情境条件范围很广,从宏观到微观。情境并不决定经历或既定的行动(course action),但它确实提供了各种条件(conditions),问题/情景(situations)都在其中出现,而个体通过某种形式的行动/互动/情绪对其做出反应。在个体这样做的时候,它带来的后果反过来可能又会影响条件。案例研究适用于"在现实生活情境下研究当前的现象"(Yin,2003),这是其他研究方法难以实现的。实验法可以把现象从其情境中分割出来(在实验室环境中进行控制),而问卷调查法虽然可以同时考察现象及其情境,但探讨情境的能力极其有限(需要尽量限制问卷中变量的数量)。

情境在管理学研究中越来越重要,主要有以下几个方面的原因。首先,情境有助于研究者回答研究中"为什么"的问题。例如:为什么一项战略在某些组织中可以成功,而在另外的组织中则难以奏效?为什么组织没有按照我们设想的那样采取行动?为什么组织中的某些个人有非理性的行为?通过检验这些战略、组织行为、个人行为所处的情境,可以帮助研究者深入探究现象背后的原因。其次,情境有助于研究者聚焦研究的关注点。通过关注情境,可以发现现象中最有趣的部分,识别最相关的事件,从而有所取舍。最后,情境有助于研究者把研究发现更好地传达给管理者(Johns,2006)。通过更好地描述组织情境,使企业管理者易于理解,有助于研究成果在实践中付诸实施;而丰富的描述、直接观察和分析情境效应,可以帮助研究者突出研究情境(Rousseau & Fried,2001)。

(二) 展示过程

在管理学研究中,研究者不仅需要关注现象中各变量之间的关系(例如更高程度的 X 和 Y 会导致更高程度的 Z),也需要关注事件是如何随时间演变,以及为何以这种方式演变(例如,发生了事件 A,然后采取了行动 B,最后出现了结果 C)(Langley,1999)。通过对现象中先后发生的事件提供解释,研究者可以构建过程理论(process theory)(Mohr,1982;Van de Ven & Huber,1990)。过程是用来对情景或问题做出回应的进行中的行为/互动/情绪,通常有实现一个目标或处理问题的目的。行为/互动/情绪随时间出现,涉及不同活动和互动的序列以及情感反应,而且有一种目的感和连续感。结构(情境)和过程是相关的,因为个体通过行动来回应某事,事件包括议题、问题、情景以及目标。结果和过程之间的关系非常复杂,从而使行为/互动/情绪反应的强度、类型和时间上有着无限的变化。对目标成就感、情景、事件或特定环境的任何行为/互动/情绪反应都取决于个体或组织如何对它进行界定或认识,以及他们赋予这些情境的意义。

与过程相关的现象通常与组织情境高度相关,数据涵盖多个分析层次和单元,边界比较模糊,具有高度的复杂性和动态性,难以分析和处理(Chiles,2003;Langley,1999)。研究者在为过程而分析资料时可能会提出以下问题:这里发生了什么？参与者界定的问题或情景是什么？引起那些情景的结构条件是什么？它们是如何随着时间而变化的？行为/互动和情绪是一致的还是不一致的？什么条件/活动将一个事件序列连接到另一个序列的？当条件变化时,行为/互动/情绪反应的形式、流程、连续性和节奏会发生什么变化？也就是说,由于偶然性(条件中计划之外的或意料之外的变化)它们就变得不一致,或它们被打断了,或中断了吗？用来对问题或偶然性做出响应的行为/互动/情绪结果是如何进入下一系列行为/互动/情绪中发挥作用的？后面一个问题非常重要,因为它让研究者明白行为/互动/情绪有怎样的结果,以及这些结果通常会成为条件背景的一部分,后面一系列行为/互动/情绪反应就在其中发生。反馈到原来的背景或情境中的结果可能改变行为/互动/情绪,从而维持现状或打破现状。现象和过程的区别是什么？这一问题令人相当困惑。对研究者而言,现象代表整个资料中包含的话题、事件、事情、目标或主要观念(类别或主题),过程则代表获取这些的手段。

长期以来,因素理论(variance theory)在管理学研究中占据了主流地位,而对过程的研究往往被学者所忽视(Chiles,2003)。因素理论可以清楚地展示组织现象中的因果关系(如图1-8所示),但难以真实观察到前因变量是如何与结果变量连接在一起的,因而变量之间的"黑匣子"还有待打开。从实践的角度看,因素理论忽视了组织中管理活动常常会带来非线性影响,使得实践者过于强调影响组织绩效水平的前因条件,从而忽视为了达成高绩效水平而所需的复杂过程。过程理论不仅可以使读者理解复杂的组织现象中包含的模式、机制,还更忠实地反映了组织中实际发生的事件和采取的管理活动,因而对实践者来说有更重要的意义。

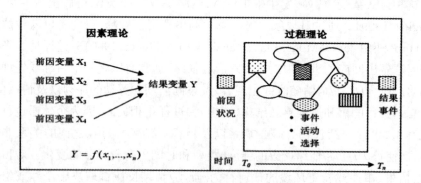

图1-8　因素理论与过程理论的对比

资料来源:Langley(1999);Mohr(1982)。

(三) 揭示关系

在案例研究中，关系隐藏在纷繁复杂的现象和数据背后，研究者需要通过对经验数据的解释与阐释达到揭示关系的目的。相比定量研究，案例研究对关系的展示更加生动直观，能够给出更有现实依据和说服力的解释。首先，案例研究来源于实践，没有经过理论的抽象与精简，能全面、真实地描绘现实情境下所研究问题的来龙去脉。比如依据某种理论，构念A导致了结果B的出现，对于不熟悉该现象的读者而言，"构念A在生活中指的是什么"以及"如何确保这个构念真的概括了现实中的A"等，这些都可能成为研究者与读者进行沟通的障碍。案例研究则给出了每个构念的具体例子，读者将概念论述直接映射到现实中，因而更容易理解研究者的观点。其次，许多理论研究给出的都是推测性的假设，缺少现实基础。案例研究可以清晰地回答"怎么样"和"为什么"的问题，既有助于研究者把握事件的本质，也有利于说服读者。比如，研究者提出A通过因素X、Y、Z的作用导致了B，结论可能也通过了显著性检验，但这种理论上的推理是否合理仍需读者来判断。案例研究则可以给出具体例子，如果因素X、Y、Z确实在A到B的关系中发挥了作用，读者就可以获得较为直观的认识。

相比大样本研究，案例研究在展示动态过程、关系网络、人际互动等现象时有先天优势，能深入揭示其中的关系逻辑和触发情境，有利于读者更深刻地理解理论和现实（Elsbach，2010）。同时，案例研究也不是单纯地讲故事，然后把结论塞给读者，而是采用了必要的理论视角和概念串起整个故事，做出独特的理论贡献（毛基业和李晓燕，2010）。正因为如此，越来越多的学者开始使用案例方法进行关注情境与过程的纵向研究（Siggelkow，2007）。

四、案例研究的常见分类

案例研究的一种常见分类方式是单案例研究和多案例研究。顾名思义，单案例研究的对象是单个案例，而多案例研究的对象则是两个及两个以上的案例。虽然两者最直观的区别在于案例数量的多少，但从本质上讲，单案例研究和多案例研究体现了两种不同的研究设计，两者各有所长，也各有不足。

(一) 单案例研究

单案例研究的抽样原则通常要求研究者选择极端性案例、极具启示性的案例、纵贯案例或者能够批驳现有理论的案例（Eisenhardt & Graebner，2007；Yin，2009）。单案例研究的优势之一就是通过纵向案例（longitudinal case）来展示现象随着时间的变化而发生变化的过程(Yin,2003)。与大样本的实证研究相比,案例研究可以更贴近理论建构,通过对现象的细节进行深描(thick description),即详细展示现象的细节、所处的情境、偶然性的事件,以及现象中参与者的思想和感觉、行为或语言体现出的意义。通过在描述和分析中寻求平衡,研究者能够深入地探究动态、复杂的现象,灵活处理涉及多个分析层次的数据,告诉读者"黑匣子"中到底发生了什么,了解随着时间的演变,现象背后隐含的动态机制是如何起作用的。

通过单案例设计开展过程研究、构建过程理论是一种比较理想的方法。在以往研究中,学者们已经开发出了用于分析和展示过程的多种策略。Yin(2003)总结了在案例研究中进行时序分析的技术,即找出特定的指标,划分合适的时间段,并提出先后出现的事件之间可能存在的因果关系。此外,编制大事年表也是案例研究中常用的技巧。Miles & Huberman(1994)汇总了多种用于展示资料的时间排序图表,例如事件清单、关键事件图、时间排序表等。Langley(1999)总结了叙事分析、扎根理论、时序区间(temporal bracketing)等多种用于分析过程数据的策略,并比较了这些策略在理论化的准确性、普适性和简单性三个方面的优势和不足。

(二) 多案例研究

从抽样的原则来说,多案例研究遵从复制逻辑,即挑选出来的案例要么能够原样复制(literal replication),要么能够理论复制(theoretical replication)(Yin, 2009)。基于一定的理论框架,通过跨案例比较发现,在某些可以预知的条件下关注的现象,在几个案例中出现了相同的结果,而在另外几个案例中出现了不同的结果,从而可以澄清现象中各项要素之间的因果逻辑关系,并进一步确认某项发现是单个案例所独有的还是可以被多个案例所复制的。因此,从多个案例中推导出的结论往往被认为更有说服力,整个研究也更经得起推敲(Eisenhardt & Graebner,2007)。

由于理论抽样的原则不同,适用于单案例研究的场合通常并不适用于多案例研究。尽管有学者认为单案例研究在普适性方面相对较弱,更推荐使用多案例研究,但并不是说多案例研究一定优于单案例研究。事实上,研究者对案例个数的取舍通常取决于研究目的、研究问题、可以利用的研究资源等多方面因素,尤其是取决于研究者在案例的深度和广度间的权衡,案例越多,每个案例所能展示的数据就越单薄,深入程度也就越低。在做出高水平研究方面,单案例研究并不弱于多案例研究。

五、案例研究的一般过程

为了避免陷入纷繁复杂的实地现象和"数据海洋"之中,走出案例研究难以聚焦理论的困境,潘善琳和崔丽丽(2016)结合自身的案例研究经历与经验,总结了"结构—实务—情境"(SPS)案例研究模型。该研究模型的基本操作流程共由8个步骤组成,其中又贯穿了两个重要循环:设计循环与提升循环(如图1-9所示)。

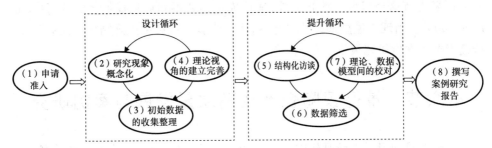

图1-9　SPS案例研究方法的基本流程

资料来源:潘善琳和崔丽丽(2016)。

第一个步骤是以案例企业的特色管理实践为起点,与企业进行准入性协商。当获得研究许可后,研究者将进入到设计循环。在这个循环的初始阶段,研究者需要收集相关的背景资料(Strauss & Corbin,1998),这是为了让研究者在正式收集数据之前大致了解研究现象。这些背景资料包括与研究现象相关的报告、案例企业(即被研究的对象)的背景材料,以及与研究现象有关的理论材料(Walsham,2006),理论材料将有助于之后的建模过程。

在掌握了背景资料之后,研究者可以着手与案例企业的高层人员进行访谈(Hallen & Eisenhardt,2008),所得信息将被整理成为初始数据。先将初始数据归纳为一个核心概念,在此基础上引入相关的指导理论来建立一个"理论视角"(Klein & Myers,1999)。这个视角可以用来指导下一步数据收集的方向,新数据也可以用来修改并拓展此视角,这是一个循环往复的过程。然后借助理论视角,以实践进程和理论模式为主线,将分析单位放在过程的细节,关注"过程是如何发展的,核心概念在不同的过程中是如何演进的,为什么这些过程导致了最终的结果"。通过数据与理论视角的融合,研究者会得到一个初步的理论框架。当新数据的出现不再对理论框架造成影响时,研究者即达到了"理论饱和点"。到达这个点之后,理论框架基本成熟,可以被运用到案例研究具体实践中,设计循环结束,进入提升循环。

提升循环开始于结构化访谈。针对新的访谈数据,研究人员可以利用一系列定性数据分析的策略(Langley,1999),将它们编码、整理和分析。这些新数据,可以验证并充实理论框架,从而将理论框架构造成一个内容丰富的理论模型。理论模型要与实际数据以及现有文献吻合。这个吻合的过程不是一蹴而就的,而是需要研究者反复地进行"理论—数据—模型"校准,研究迭代。在这个过程中,理论模型将不断地被丰富与完善(Eisenhardt,1989),直至模型达到理论饱和的状态(Glaser & Strauss,1967),即所得到的模型可以充分解释案例数据,且不再需要额外数据来支持这个模型。除此之外,理论模型还要得到信息提供者的认可(Neuman,2005)。当理论模型通过认可之后,研究者就可以结束提升循环。最后一步,研究者撰写案例研究报告。

第六节　景德镇陶瓷产业高质量发展与案例研究

为深入贯彻习近平新时代中国特色社会主义思想,全面落实习近平总书记关于中华优秀传统文化传承创新特别是景德镇御窑遗址保护的两次重要指示精神,弘扬丝路精神,打造"一带一路"文化交流与经贸合作的重要节点城市,景德镇市自2019年7月全面推进国家陶瓷文化传承创新试验区(以下简称国家试验区)建设,聚焦"两地一中心"战略定位,把景德镇建设成为国家陶瓷文化保护传承创新基地、世界著名陶瓷文化旅游目的地、国际陶瓷文化交流合作交易中心,以陶瓷文化引领经济社会发展质量变革、效率变革与动力变革,为"文化强国"战略贡献力量。

一、习近平总书记关于"文化强国"战略的讲话

2014年10月15日,习近平总书记在文艺工作座谈会上指出,中华优秀传统文化是中华民族的精神命脉,是涵养社会主义核心价值观的重要源泉,也是我们在世界文化激荡中站稳脚跟的坚实根基。

2015年12月20日,习近平总书记在中央城市工作会议上指出,城市是一个民族文化和情感记忆的载体,历史文化是城市魅力之关键。要结合自己的历史传承、区域文化、时代要求,打造自己的城市精神,对外树立形象,对内凝聚人心。

2016年5月17日,习近平总书记在哲学社会科学工作座谈会上指出,中华民族有着深厚文化传统,形成了富有特色的思想体系,体现了中国人几千年来积累的知识智慧和理性思辨。这是我国的独特优势。

2016年7月1日,习近平总书记在庆祝中国共产党成立九十五周年大会上的讲话:文化自信,是更基础、更广泛、更深厚的自信,是更基本、更深沉、更持久的力量。在5000多年文明发展中孕育的中华优秀传统文化,积淀着中华民族最深层的精神追求,代表着中华民族独特的精神标识。

2017年10月18日,习近平总书记在中国共产党第十九次全国代表大会上的报告:文化兴国运兴,文化强民族强。没有高度的文化自信,没有文化的繁荣兴盛,就没有中华民族伟大复兴。

2018年8月21日,习近平总书记在全国宣传思想工作会议上指出,要推动文化产业高质量发展,健全现代文化产业体系和市场体系,推动各类文化市场主体发展壮大,培育新型文化业态和文化消费模式,以高质量文化供给增强人们的文化获得感、幸福感。

2019年3月4日,习近平总书记在参加全国政协十三届二次会议文化艺术界、社会科学界委员联组会时指出,坚定文化自信,把握时代脉搏,聆听时代声音,承担记录新时代、书写新时代、讴歌新时代的使命,勇于回答时代课题,从当代中国的伟大创造中发现创作的主题、捕捉创新的灵感,深刻反映我们这个时代的历史巨变,描绘我们这个时代的精神图谱,为时代画像、为时代立传、为时代明德。

2020年9月28日,习近平总书记在十九届中央政治局第二十三次集体学习时指出,中国有坚定的道路自信、理论自信、制度自信,其本质是建立在5000多年文明传承基础上的文化自信。

2021年12月14日,习近平总书记在中国文联第十一次全国代表大会、中国作协第十次全国代表大会开幕时的讲话:要挖掘中华优秀传统文化的思想观念、人文精神、道德规范,把艺术创造力和中华文化价值融合起来,把中华美学精神和当代审美追求结合起来,激活中华文化生命力。

2022年4月8日,习近平总书记在北京冬奥会、冬残奥会总结表彰大会上的讲话:自信开放,就是雍容大度、开放包容,坚持中国特色社会主义道路自信、理论自信、制度自信、文化自信,以创造性转化、创新性发展传递深厚文化底蕴。

二、"十四五"时期推进社会主义文化强国建设目标

把提高社会文明程度作为建设文化强国的重大任务,坚持重在建设、以立为本,坚持久久为功、持之以恒,努力推动形成适应新时代要求的思想观念、精神面貌、文明风尚、行为规范。

推动文化发展、建设文化强国,从根本上说就是为了更好地满足人民日益增长的精神文化生活需要,不断丰富人民精神世界、增强人民精神力量。

要顺应数字产业化和产业数字化发展趋势,实施文化产业数字化战略,加快发展新型文化企业、文化业态、文化消费模式,改造提升传统文化业态,推动文化产业全面转型升级,提高质量效益和核心竞争力。

要以讲好中国故事为着力点,介绍阐释中国理念、中国道路、中国主张,展现真实、立体、全面的中国,不断增进理解、扩大认同。

三、2035年建成文化强国的远景目标

坚守崇高的文化理想,更好担负起新的文化使命,加快建设与我国深厚文化底蕴和丰富文化资源相匹配、与新时代中国特色社会主义事业总体布局和战略布局相适应、与建设富强民主文明和谐美丽的社会主义现代化强国相承接的社会主义文化强国。

精神文明和物质文明协调发展、依法治国和以德治国有机结合,加强社会主义精神文明建设,弘扬社会主义核心价值观,繁荣发展文化事业和文化产业,不断丰富人民精神文化生活,促进国民素质和社会文明程度达到新高度,显著增强国家文化软实力,充分发挥文化引领风尚、教育人民、服务社会、推动发展的作用。

牢牢把握中华民族伟大复兴战略全局,增强文化自觉,坚定文化自信,弘扬中华优秀传统文化,继承革命文化,发展社会主义先进文化,不断铸就中华文化新辉煌,建设好中华民族共有精神家园,增强全民族的凝聚力、向心力、创造力。

不断提升中华文化影响力,积极借鉴世界优秀文化成果,坚定维护世界文明多样性,推动人类命运共同体理念更加深入人心,为人类文明进步做出新的更大贡献。

党的十八大以来,习近平总书记对"讲好中国故事"的论述逐渐深入具体。《中华人民共和国国民经济和社会发展第十四个五年规划和2035年远景目标纲要》提出,要以讲好中国故事为着力点,介绍阐释中国理念、中国道路、中国主张,展现真实、立体、全面的中国,不断增进理解、扩大认同。以CSSCI来源期刊论文为研究对象,对2013年以来的"讲好中国故事"的研究进行分析发现,现有研究主要围绕为什么要"讲好中国故事"、讲哪些中国故事和如何"讲好中国故事"等主题展开。管理学界借助企业管理案例开发与应用探索如何"讲好中国故事",经过十余年的不懈努力,取得了非常丰硕的成果:2007年大连理工大学成立"中国管理案例共享中心",围绕教学案例采编、评选、共享、科研、教学等全流程开展活动,目前收录管理教学案例6400余篇;北京华图新天科技有限公司建成全球案例发现系统(GCDS),为从事案例开发和案例教学的高等院校提供案例全文、案例素材和案例索引的一站式检索与传送服务。在"讲好中国故事"背景下,我们总结改革开放40多年来陶瓷行业摸索积累的经验教训,通过校企合作开发具有行业特色的管理教学案例与研究案例,讲述中华优秀传统文化传承与创新的景德镇故事,讲述陶瓷工业遗产转型升级的故事,讲述陶瓷文创产品规模化定制价值链重构的故事,讲

述大学生在陶瓷文创领域创新创业的故事,讲述陶瓷装备制造业如何解决"卡脖子"技术的故事,讲述陶瓷企业如何实现智能制造、如何"走出去"的故事,运用科学规范的研究方法将优秀企业的实践经验归纳提炼为管理学理论,打造具有中国特色的陶瓷行业工商管理案例体系。

四、如何讲好景德镇故事?

一城瓷器半城窑,四面青山一江水。景德镇是一座因瓷而生、因瓷而兴、因瓷而名的城市。陶瓷是景德镇这座历史文化名城最厚重的底色、最宝贵的财富。作为第一批国家历史文化名城,景德镇拥有2000多年冶陶史、1000多年的官窑史、600多年的御窑史和中华人民共和国成立70多年来的陶瓷工业生产史,手工制瓷工艺体系传承有序。景德镇是我国海上丝绸之路的主要起点城市,从广东"南海一号"南宋沉船遗址、西沙群岛"华光礁一号"南宋沉船遗址、韩国新安元代沉船遗址、菲律宾马尼拉湾1600年西班牙"圣迭戈号"沉船、瑞典海域1745年"哥德堡号"沉船等,都发现了大量来自景德镇窑的瓷器。陶瓷在中国对外贸易史、文化交流史上扮演了重要角色,是世界认识中国、中国走向世界的重要符号。景德镇现拥有世界级陶瓷文化遗迹30多处,全国重点文物保护单位9处,国家工业遗产3处,2项国家非物质文化遗产,24项省级非物质文化遗产。目前,城区近70%的面积保留着传统肌理,留存有包括明清御窑厂在内的一大批文物保护单位,三闾庙、彭家弄等6个历史文化街区格局完整。这些区域同时也是城市功能的核心区,人口密集、社会活动密集,尤其是近40年的城市建设,对这些文化遗产的保存与传承构成了巨大威胁,景德镇市为保护这些历史文化遗产付出了艰苦的努力,在城市更新中将文化遗产作为更新改善资源点,成就了一批兼具社会与经济双重效益的项目。2019年7月,国务院正式批复景德镇国家陶瓷文化传承创新试验区(以下简称国家试验区)建设方案。不同于被全国大多数城市模仿借鉴的以房地产为主导产业,以及拼产业、拼GDP的"深圳模式",景德镇在改革开放40多年来一直致力于保护好、传承好、利用好中国陶瓷文化,在传承中创新,在创新中发展,努力探索一条以优秀传统文化引领经济社会发展的新路径,现拥有各类陶瓷技能型人才(工匠)4.5万人,陶瓷从业人员总数高达15万人,占城区人口36%。星罗棋布的陶瓷物质文化遗产与非物质文化遗产正转化为世界"读懂景德镇"的一扇文化窗口,也是研究中华优秀传统文化传承与创新发展的案例资源"宝库",大量实践经验为开发景德镇陶瓷产业高质量发展案例提供了充足的素材。

第二章 研究问题与文献综述

中国的管理实践及管理情境有其独特性,因此在中国管理学研究的本土化方面进行深入探讨是必要且有益的(Tsui,2006)。在这个过程中,研究者往往需要从发现值得关注的管理问题入手,即寻找他人难以察觉、西方理论难以诠释的有趣现象(Cheng et al.,2009)。这种现象驱动的研究要求研究者能够深刻理解现象所处的情境和发生的过程,回答"如何"和"为什么"的问题,构建萌芽理论(Edmondson & Mcmanus,2007)。

第一节 认识管理学研究问题

著名管理大师彼得·德鲁克曾经说过,管理学研究者的任务不是解答问题,而是提出问题。正是他独到的提问视角,让众多管理实践者如杰克·韦尔奇、安迪·格罗夫等受益匪浅,创造出各种管理企业的良方,使企业取得卓越成就。提问的意义由此可见一斑。

问题的提出对于科学研究具有同样重要的意义,它不仅能够指导研究方向,还能够决定研究路径。例如有关个体的决策,如果提出的问题是:个体应该如何决策以达到利益最大化?那么研究就会朝着建立理性模型的方向发展,并且假设各种各样的理想情境来实现这些理性模型。经济学中的大部分理论都属于这种。但如果提出的问题为:个体究竟是如何做决策的?那么研究就会朝着观察个体决策过程的方向努力,比如个体如何搜集信息、如何整理信息、如何整合信息、如何做出判断的认知过程和心理过程,以及在这些过程中可能出现的各种心理偏差和理性局限。在这个问题引导下的研究成果就可能是对人类各种决策现象的总结,比如诺贝尔经济学奖得主 Herbert Simon 提出人类只具备有限理性(bounded rationality),因此遵循的是决策的满意模型,而非完全理性模型。2002年,诺贝尔物理学奖得主卡尔曼和2017年诺贝尔经济学奖得主理查德·塞勒在这个问题的引导下发现了不同人在做决策时使用的直觉(启发)或者无意识的偏差。

再如关于企业的运作战略,如果提出的问题为:哪些战略可以帮助一个企业开发新产品?那么研究的着重点就在于寻找与开发新产品有关的种种方法和手段,比如建立研发办公室、鼓励员工大胆尝试新的方法和流程、允许员工犯错的空间、建立跨部门工作团队等。最终的研究结果可能会回到March & Simon(1958)所提出的开发和探索上,因为一切产品的开发战略都不过是这两种方法的不同表现。但如果提出的问题是:在产品的不同发展阶段,企业应该用什么样的战略取得成功?那么研究者就会关注在产品不同发展时期企业可能使用的不同战略,然后通过其成功率的比较来得出结论。这时,研究结果可能是Porter(1980)的"产品开发期—差异化"和"产品成熟期—低成本"战略。做学术研究的原动力其实来自寻找问题的答案和探索事物的真相,而问题的提出则是这一旅程的起点。

一、好的研究问题

鉴于提出问题对于研究过程和结果的重要性,所以在开始研究之前,我们必须提出好的研究问题。那么如何来判断一个研究问题的好坏呢?许多管理学的顶尖杂志(如OBHDP、AMJ)在要求论文评审人判断一篇论文质量的时候,常常包括以下标准:研究问题的重要性、研究问题的新颖性和趣味性、研究问题与现有理论的相关性、研究问题与管理实践的相关性、研究结果对理论和实践的贡献程度。

(一)问题的重要性和新颖性

许多论文通过强调以前没有任何学者研究过这个问题来说明其重要性和新颖性。虽然"第一个吃螃蟹"听起来与"新颖"的意思相近,但仔细分析,用这个理由来说明研究问题的重要性,其逻辑十分牵强。原因有以下两点。

第一,其他学者都不曾研究过的问题不见得就一定是重要的问题,有可能恰恰是他们认为不重要,才不去做研究。比如,天气对员工工作绩效的影响这个问题,可能在最近的30年中都没有一个学者对此进行过研究。为什么呢?就是因为它不重要。在大多数的工厂、公司里,一年四季不管刮风下雨,其工作场所的物理环境都不会改变太多,因此天气对大部分员工工作绩效的影响可谓微乎其微,并不值得研究。但如果选择天气中的独特现象,比如雾霾如何影响员工的短期心理、行为和长期绩效,就可能成为一个值得研究的问题。

第二,不曾被研究过的问题也未必就是新颖的问题,有可能只是一个旧问题的改头换面而已,其实质已经被许多理论点破。比如,为什么让员工自由选择福利项目(如个人休假、集体度假、幼儿入托费用、老人看护费用、额外人寿保险等)对员工有激励作用这个问题,貌似新颖,但其实只是组织行为学中最早研究的激励问题的翻版,可以用需要理论(Maslow,1968)、参与决策理论(Vroom & Yetton,1973)、期望效价理论(Vroom,1964)等众多激励理论共同解释和说明。

那么,什么样的研究问题才是重要且新颖的呢?在市场竞争激烈的今天,对任何一个公司来说,最宝贵的资源就是人才,由于其不可替代性,人力资源常常构成一个企业的独特竞争优势。优秀人才离开公司另谋高就,无疑是公司的切肤之痛,这就为"员工离职"问题奠定了重要地位,在过去的几十年中,学者对此问题趋之若鹜(Hom & Griffeth,1995;Griffeth et al.,2000)。重要的研究问题常常是被许多学者研究的问题;而正因为已经被那么多人研究,要推陈出新就不那么容易。Lee和Mitchell对员工离职问题有持续不断的研究,在这个已经硕果累累的领域重新提出了一个根本性的问题:员工在进入公司之后究竟是什么原因使他们产生离职的念头和行为?每个员工在进入公司时都有一定的期待,如果之后发生的一切都与期待接近的话,那么他们就不可能选择离开。但是假如之后发生的事件(发生在自己身上或别人身上)与他们原先的期待相距甚远的话,这些事件就会构成冲击(shock)。在这样的冲击下,员工可以选择应对的路径,其中一条就是离职,因此,Lee和Mitchell提出了有别于前人的员工离职展开模型(the unfolding model of employee turnover),对不同类型的冲击和路径进行分析(Lee et al.,1996;Mitchell & Lee,1999),此模型可以解释90%以上的员工离职行为。正在大家都认为已经无可研究的时候,他们却从另外一个视角开始思考,两人从自己在华盛顿大学一待就是几十年的经历中得到灵感,开始反思员工离职的现象,进而提出了另一个研究问题:什么因素会影响一个员工从一而终?从这个问题出发,他们提出了一个全新的工作陷入概念(job embeddedness)(Mitchell & Lee,2001;Mitchell et al.,2001),然后进行实证研究,展现这个概念对员工留任的重要作用,重新开启了一条研究路线,发表了一系列论文。由此可知,研究问题的重要性体现在它对我们加深理解重要管理现象的意义上,而新颖性体现在它看待重要现象的视角与众不同。这与该问题是否被前人研究过没有直接关系。

(二) 问题与理论和实践的相关性

一个重要又新颖的研究问题必须兼具理论和实践的相关性。理论相关性指的是这个研究问题在某种程度上可以用现有的某些理论加以阐释,即可以与现有理论挂上钩,但现有理论又不能完全解答该问题,需要研究者通过研究提出更加合适的逻辑和答案。所以,该研究问题能够帮助我们拓展前人的理论,填补过去理论中的漏洞,因此具备了理论相关性。寻找、分析研究问题理论相关性的途径是回顾已有文献(literature review)。而如何通过文献回顾来寻找、分析问题的理论相关性,对许多研究者来说是一个挑战,常见的问题有:一是回顾的文献过于陈旧,研究者没有掌握该领域最新发表的研究成果,以为自己的研究问题能够对现有理论做出贡献,其实别人早已回答了这个问题。二是回顾的文献有偏差,只回顾支持自己假设的文献,而忽略那些得到了与自己的研究假设相反结论的文献。论文评审人一般都是该领域的专家,通常一眼就能看出破绽。三是为了回顾文献而回顾文献,把所有有关该领域的文献都洋洋洒洒回顾一遍,虽然全面,但是与目前的研究问题并无直接联系,让人看了不得要领。除此之外,同时用几个理论作为依据来对研究问题进行推论假设,而这几个理论之间又有互相矛盾之处,难以确定现有的研究结果究竟对什么理论做出了贡献。

总之,文献回顾可以说是一门艺术,既要全面平衡,又要简明扼要、突出重点;既要表现现有理论对研究问题的指导作用,又要指出现有理论的不足之处。无论如何,通过文献回顾来建立研究问题的理论相关性是非常重要的方法。

同时,管理学期刊还非常看重研究问题的实践相关性。如果一个问题对管理实践没有任何启发意义和指导作用,要在管理学期刊上发表就非常困难。对这个问题的阐述可以放在篇首,也可以放在对研究结果的讨论部分。通常它不是"为什么要选择此研究问题"的最重要依据。一般来说,只要能够把研究的结果在实际中的具体表现和使用方式清晰明确地阐述出来,实践相关性就可以成立了。

二、发现研究问题的方法

研究的问题可以来自对日常生活的观察,对工作中出现问题的思考,对自身经历的反思,对社会现象的探究;也可能来自对文献的阅读,对新闻报道的反应,对传奇故事的追问;甚至可能来自与同事的闲聊,与学生的对话,或者别人的提问。作为一个管理研究者,最大的乐趣就是可以选择自己感兴趣的题目,并且孜孜不倦地研究下去,在此过程中既可以满足自己的好奇心又可以同时得到社会的认可。当然,学者在确定研究问题上也有不同的路子,具体有现象驱动法、方法驱动法、灵感驱动法和文献驱动法等。

(一)由现象驱动的问题:打破砂锅问到底

伊利诺伊大学的 Davis 对研究问题的选择基本上属于这种类型。他对团队决策现象很感兴趣,针对该现象提出各种各样的研究问题,尽其一生的时间去把这个现象研究透彻。他发现,在人们的社会生活和工作生活中,许多直接关系到个人生活品质的决定都是由各种委员会(团队的一种表现方式)做出的,如分房委员会、招聘委员会、职称评审委员会等。越来越多的现代企业使用比较扁平的组织结构,或者以跨部门小组、项目小组的方式来组织和运作。为什么会出现这样的现象？究竟是什么原因使人们更愿意使用团队来决定重要的事项？团队到底是如何做决策的？与个体比较,团队决策有什么优势和劣势？

Davis本人曾经担任过许多委员会的主席或者成员,观察到团队决策过程中的种种有趣现象;他对美国的陪审团制度着迷,经常去法庭观看并观察各种案子的审判过程,因此对陪审团做决策的过程有深刻的了解和感悟。他首先发现团队成员的数量会对决策的结果(如讨论的时间长短、决策的质量等)产生影响,因此决定将这个变量引入团队决策的研究。同时,他还发现团队决策的规则(如少数服从多数、三分之二或全体通过)也会影响决策的过程和结果。少数服从多数的原则与全体通过的原则相比,能加速团队决策的进程,但有时会使团队忽略一些少数成员的意见而降低决策的质量。因此,他又决定把这个变量引进团队决策研究。因为这两个变量直白明了,没有什么复杂之处,所以他戏称它们为"垃圾变量"(poopy variables),自嘲无趣。但是,经过对这两个变量进行的若干年的系统研究,并在反复思考其研究结果的基础上,他个人关于团队决策的理论模型开始现出雏形,后来形成著名的社会决策模式理论(theory of social decision scheme)。这个理论试图描述群体决策的过程,以团队成员在讨论开始前各自对某一问题的观点作为起始值,以团队成员的数量和决策原则作为中间变量,来预测团队最后的决策(Davis,1973)。

在这个模型得到越来越多的数据支持之后,Davis重新回到对团队决策问题的原初观察和思考,又开始探讨团队决策中的其他过程变量对决策结果的影响。他的一个观察是,如果团队的领导事先知道团队成员们对某一问题的基本倾向,并据此在讨论程序上做出一定的安排的话,那么团队最后的决策就可能事先被控制。比如在一个六人团队中,有三个人对决议持支持的观点,另外三个人持反对意见,假如领导希望最后决议能够通过,那么他就可以有意让三个持支持观点的成员先发表意见。这样,当轮到第四个成员发言时,因为前面三个人都表示了支持,那么很可能那个本来持反对意见的成员会改变自己的态度(因为从众的压力),也表示支持。这样自然而然,团队最后的决策就变成通过了决议。相反,如果领导希望决议被否决,他可以先安排让那三个持反对意见的成员先发言。这个观察导致的结果就是后来Davis及同事们对团队决策程序的一系列研究,包括预表决(straw poll)对最终决策结果的影响、强制决策的顺序对决策结果的影响等,取得了关于团队决策的相当有价值的研究成果(Davis et al.,1989、1993、1997)。

(二)由方法驱动的问题:多层次、纵向、跨文化

由方法驱动的研究问题主要涉及以下两种形式。

一种是对研究方法本身的兴趣引申而来的研究问题。这类学者不断思考现

有研究方法(包括数据搜集的方法和数据统计分析方法)存在的缺陷,然后提出更能够减少偏差的新方法以弥补现有方法的不足。从这个角度来看,Podsakoff et al.(2003)对搜集数据中存在同源误差(common method error)问题的确认、分析和提出应对措施是一个比较典型的例子。Edwards & Lambert(2007)针对研究中更为复杂的模型,如调节中介模型(moderated mediation)、中介调节模型(mediated moderation)研究设计和数据分析方式的讨论,也是由研究方法驱动提出研究问题的典范。

另一种由研究方法驱动而形成研究问题的方式,注重应用目前最新提出来的研究方法去研究管理现象。对某个现象穷追不舍的学者关心的是如何能够最准确地理解和解释现象,任何研究方法,不管是新还是旧,不管是初级还是高级,只要对理解这个现象有帮助,就可以使用。例如Chen et al.(2009)对创业者激情的研究,研究问题是创业者展现激情是否对他们得到风险投资有影响,首先界定创业者激情这个构念的内涵和外延,然后用质性研究方法(如访谈、问卷)开发对这个构念操作和测量的工具(Hinkin,1995、1998),并在此基础上用实证研究方法检验它与风险投资之间的关系。采用实验室研究(lab experiment)方法,请演员来扮演创业者,即一个用充满激情的方式阐述自己的创业计划书,另一个用没有激情的方式阐述同样一份创业计划书,然后观察投资者的投资决定。实地研究(field study)方法,即在创业者向投资者阐述创业计划书的时候,测量他们的激情程度,然后看投资者最后决定投资的项目是否与该项目创业者表现的激情有关。在这里,方法是为理解现象服务的,方法本身不是驱动研究问题的动力。

方法驱动法的特点是:研究者对某一研究方法感兴趣,然后从该方法出发,去挑选合适的研究问题。如近年来比较热门的跨层次研究方法(cross-level or multi-level research)。如果对多层次方法研究管理问题的理论意义深信不疑(Hitt et al.,2007),对该方法在研究设计上的要求、统计方法及软件都熟悉(Raudenbush et al.,2004),就可能为了使用这个方法而去选择研究问题。Liu et al.(2011)采用该方法同时研究团队层面的因素和个体层面的因素怎样影响员工工作创造力。团队层面的自主工作氛围(group support for autonomy)和个体层面的自主性导向(autonomy orientation)互相作用,影响员工对工作的激情和他们的创造力。用该方法也可以研究企业层面的因素是如何与个体层面的因素相结合而影响员工工作绩效的。Chen et al.(2012)研究公司层面的文化多元化程度(cultural diversity climate)与个体层面的员工的文化智商水平是如何相互作用并影响个体的跨文化工作绩效的。Liao et al.(2009)研究公司层面,管理层对高绩效人力资源系统(high performance human resource system)的认知,怎样与员工的认知相互作用影响员工的服务质量。Liao et al.(2012)研究辱虐型领导(abusive leadership)的效果是如何一层一层传递下去最后影响员工的工作创意的。

采用方法驱动的方式寻找研究问题的好处如下：其一是至少在方法上该研究的新颖性可以得到保证，严谨性也有保障（如果严格按照其方法的要求操作）；其二是在一个新方法刚被提出时，大家都对该方法不太熟悉，因此特别期待能够看见应用该方法所发表的研究论文，相对来说，发表的可能性会增加。20世纪80年代，管理领域对元分析(meta-analysis)方法的热衷，以及那个年代所发表的论文，就可以发现这个趋势。这并不意味着今天用元分析方法做研究就过时了。2000年之后，越来越多的研究者使用跨层次设计(multilevel)及其分析方法多层线性模型(hierarchical linear modeling, HLM)，也是这种趋势的表现。但是，用这个方式寻找研究问题也有几个坏处：首先，学者个人的专题研究领域比较难以确认。随着潮流方法的改变而随之改变自己的研究课题，容易让自己和他人产生困惑，不确定自己的学者身份(scholar identity)究竟应该如何定义。其次是需要不断地关注和学习研究方法最前沿的进展，以便自己使用的方法保持在最新最前沿(cutting-edge)的状态。这样的一个可能性是：在方法中迷失自己，为方法而方法，忘记研究的初衷和本质。

这些年来，在用问卷进行研究的方法上，学者们不断有新的进展，而用实验研究的方法基本上没有太多改变，关键原因可能在于通过问卷法得到的数据难以用来呈现因果关系，而且自我报告的数据难免有真实性的疑问，所以必须在统计方法上想办法来剔除无关因素，找到因果关系的证明。从目前的方法趋势来看，除了多源(multi-source)、跨层次(multilevel)，还需要使用纵向(longitudinal)数据搜集方式；如果考虑到文化差异可能对人们认知产生的影响，还需要加上跨文化(cross-cultural)的数据搜集。这当然会大大增加数据搜集的难度，但只有这样，采用此种研究设计方法，才能提高问卷研究的信度和效度。

（三）由灵感驱动的问题：深入思考，与他人交流

大部分研究问题的来源都是个人观察和思考的结果。对于有心者，任何现象都可以成为研究问题的素材。如果没有对某问题持久专注的激情，就不可能产生对该问题的深刻思考和观察，不可能提出有洞见的理论和假设，难以对此研究领域做出重要贡献。例如，在社会困境情境中，当个体的利益最大化与集体的利益最大化选择发生冲突时，到底有什么办法可以诱导群体成员为集体利益的最大化做出贡献？当观察事物的时候，学者们开始越来越多地用这个视角去分析，而且越来越发现这个视角分析问题的深刻性和透彻性，对许多问题都有了豁然开朗的领悟。比如，团队合作的问题、空气污染的问题、过度砍伐森林的问题、草原变沙

漠的问题、人口增长的问题、贪污腐败的问题、企业之间联盟和竞争的问题,甚至国家之间的战争问题等,无不可从社会困境的角度去解读。思索这个问题于是变成了研究者大脑中的一个自动程序,它自己就在那儿转动着,就是这种"痴迷"和对这个问题的深入思考,使研究者产生了许许多多独特的想法,从而引发了后续的一系列实验研究。学者陈晓萍的硕士、博士论文研究的都是社会困境中的团队合作问题(Au et al., 1998; Chen, 1996; Chen et al., 1996; Chen & Bachrach, 2003; Chen & Komorita, 1994; Zeng & Chen, 2003)。研究的灵感也可以来自与他人的沟通交流,包括以下三类人群:学生、客户、学术界的同仁。与这些人的交流虽然方式不同、内容不同、角色不同,但都可以给研究课题带来灵感。

1. 与学生交流

虽然上课是传授知识,但如果采用互动式的教学方式,在课堂上可以对许多有争议的问题进行讨论,并在讨论的过程中擦出思想火花,产生新颖的视角和念头。尤其是上MBA或EMBA的课,这些学生都有相当年份的工作经验积累,而且对管理工作有深切的体验和思考,带到课堂上来的困惑和问题也比较多、比较实际。对这些困惑和问题的讨论就常常会产生新意,成为未来研究的课题。与此同时,教师在研究中发现的问题也可以拿到课堂上与学生讨论,让他们提供解释和看法,开阔自己的视野,或求证自己的观点。与博士生交流是产生好的研究想法的重要途径。博士生本来就对研究带有浓厚兴趣,又是喜欢观察思考的人,而且把做研究当作自己未来的终身事业与他们交流,常常会有"心有灵犀一点通"的感觉,很容易谈得投机,让想法源源不断地冒出来。在美国的大学里,导师和博士生有相对平等的地位,他们以"同仁"相待,讨论问题时平起平坐,不存在谁听谁的问题,因此博士生都敢于畅所欲言。

2. 与用户交流

与用户交流能使研究立足于实际之中,并检验理论的应用价值。这里的用户是指除学生之外的服务对象,通常是政府、机关或企业。中国大部分教授手中都有一些为企业咨询的项目,比如为企业设计一套公司治理机制、人力资源规划,或薪酬分配制度等。一些重视研发的企业会提出一些目前遇到的棘手问题,让学者进入企业搜集数据,并在此基础上提供解决方案,这都是相当好的机会。公司遇到的问题很有可能是新出现的尚未被前人研究过的问题,能给学术思想带来新的挑战。同时,公司可以提供的数据又能帮助学者检验对该问题的见解,在帮助公司解决实际问题的同时完成自己的研究项目。对一个学者来说,做咨询项目应该不是仅仅为了解决一个实际的问题,更重要的是,如何把这一个实际问题抽象出来,并把这些抽象出来的概念之间的联系挖掘出来。这样就能够一举两得,不浪费科研的时间。

事实上,目前中国企业的多姿多彩及它们所处的特殊成长期都为中国管理学者提供了很好的研究场地。中国企业现有的多种不同所有制类型就为研究公司治理结构如何影响公司业绩提供了丰富的素材:不同所有制结构的公司如何获取经济支持和人力资源?为什么某些公司比其他公司更愿意参与全球竞争?再比如,近几年来风起云涌的创业现象也是非常值得中国管理学者关注的,民间创业是一些经济发展较成功的省份的驱动力量(如江苏省和浙江省),但是在被过度激励之后出现"畸形",就像共享单车的恶性发展,造成资源的极大浪费,这些现象应如何从创业管理的角度解读?这些问题为学者研究企业提供了难得的机会。

3. 与学术界同仁交流

与学术界同仁交流是产生思想火花的另一个重要渠道。很多好的论文都是与同行交流思想的结果,比如去管理学会开年会时的几十分钟的交流,一拍即合,产生后来好的合作研究。

(四)由文献驱动的问题:广泛阅读

除了从个人的观察和思考中获取灵感,发现研究问题,也有许多人通过阅读以往的文献来发现某领域近期的研究热点,或挖掘值得研究的题目。比如在组织行为学领域,搜索一下近五年来发表的研究论文,就可能发现几个热门的题目:比如公正理论((justice theory),包括结果公正(distributive justice)、程序公正(procedural justice)、人际交往公正(interactive justice);比如组织公民行为(organizational citizenship behavior),又称情境行为(contextual behavior)、角色外行为(extra-role behavior),还有在团队层面的群体公民行为(group citizenship behavior);比如领导行为,尤其是变革型领导行为(transformational leadership theory)。另外,对回报行为(reciprocity)的研究正在升温(Flynn, 2003、2005; Wu et al., 2006);而关于创造力和创新行为的研究(creativity & innovation),以及跨文化管理(cross-cultural management)研究方兴未艾。

从阅读文献中得到启示并发现值得研究的问题有以下几个好处。

第一是研究风险相对缩小,这里的研究风险指的是课题被其他研究同行认可及论文被发表的可能性。如果研究课题纯粹因为个人兴趣,而诸如此类的问题从来没有被其他学者研究,一个可能性是别人都不认为该研究课题有价值,这样,即使你个人觉得它无比重要,但是要想发表也会非常困难。另外,这当然也可能是因为其他学者都不曾想到过这一点(过往学者视区的盲点),而被你"慧眼识英雄",那样的话,你也担负着需要扭转别人视角的工作,要发表论文也会比较困难。而从目前正在热烈讨论的问题中选择一个来进行研究的话,这个课题自然而然本身就有了合法性(legitimacy),而别人也就自然而然让你参与进他们的"对话"。

通过阅读文献来寻找问题的第二个好处是,能为研究找到比较扎实的理论基础及研究工具,而不需要一切从头做起(starting from scratch)。已经在学术期刊上反复出现的研究问题一般都已经奠定了一定的理论基础,这样就能够避免论文缺乏理论指导的缺陷。国内许多论文在假设提出之前基本就没有什么理论的叙述和铺垫,也没有从理论到假设之间的逻辑推理,往往很突兀地就把假设提了出来,让读者摸不着头脑。假如你的研究问题是在阅读他人文献的基础上产生的,那么原来那些文章中的理论模型基本上就可能成为指导你研究的理论基础,你只要做一些修正,或者增减一些变量之间的链接就可以了。

此外,通过阅读文献还能了解做该类研究使用的一般方法,从而使自己的研究有路可循。比方说研究组织公民行为一般都用问卷法,研究者直接从企业中抽取样本来进行调查,并且用不同的样本来搜集自变量和因变量的数据。也就是说,如果预测员工的组织承诺度和工作满意度是决定他们组织公民行为的关键因素,那么就必须从员工那儿搜集他们组织承诺度和工作满意度的数据,但是要从员工的上司或者同事那儿搜集员工的组织公民行为数据。然后计算这两组来源不同的数据之间的相关关系。只有如此,才能避免"同源误差"(common method variance)。同时,根据文献中已经使用过的方法来进行自己的研究也能增加论文被接受发表的可能性。

当然,在阅读文献的基础上形成自己的研究问题也存在一些不足之处。最大的问题之一就是研究题目新意不足,有"炒冷饭"之嫌。比如,别人已经研究了几十年的领导行为,现在你来研究,大的理论框架不动,只增加一两个变量。大量的关于变革型领导行为的研究都把它与企业公民行为相联系,而你只增加一个变量,那就是员工对领导的信任。假设变革型领导行为会促使员工增加对领导的信任,而正是这种信任使员工更愿意为企业的发展做出贡献,于是主动去做大量的组织公民行为。这里,唯一增加的就是"信任"这个中介变量,别的框架保持不变。这样的研究固然有其递增价值(incremental value),但是创意甚微。通过阅读文献提出研究问题的另一个风险在于,当该题目一旦过时,就得另起炉灶寻找新的题目。这样的话,个人的研究方向会随着他人或学术界研究兴趣的变化而变化,无法形成自己的研究体系和轨迹,缺乏个性色彩,变成学术界的跟风派。

以上主要讨论了寻找好的研究问题的四种方法,事实上这四种方法互不排斥,也未穷尽所有的可能性。还有其他很多发现问题的方法。对于有心者来说,可能一转身、一抬头都能看见可以研究的问题,关键在于保持心灵的敏锐和视角的独特。

第二节　如何将一般问题转化为科学研究问题

　　国内学者常常倾向于宏大的问题,比如"什么因素会影响企业绩效""究竟怎样才能提高员工的工作积极性"这样的大问题,生怕问题小了让别人感到鸡毛蒜皮、微不足道。而美国伊利诺伊大学管理学院每位教授的研究内容都非常独特、细致入微,都有几十年积累下来的理论和研究成果,而且与别人的研究没有任何重叠之处。如 Martin Fishbein 有关态度的研究,从态度的定义、组成成分、影响因素,到态度与行为之间的关系、理论模型、对理论模型的实证研究,以及预测态度和行为变化之间的计算公式。仅"态度"这个问题就可以耗尽一个人一辈子的研究精力,研究得越深越细,对理论的贡献和实际的意义就越大。Patrick Laughlin 研究群体推理过程和规律、群体在解决一些疑难问题的时候,如何把大家各自手头的线索串起来,形成对问题的假设,并且在某些现象发生的时候去证实或证伪原先提出的假设,从而使假设一步步逼近真理(问题的真实答案),最后得出正确的结论。他还发明了自己的纸牌游戏,专门研究集体推理的过程。James Davis 的陪审团研究有关群体决策的种种现象及其社会决策模式理论,包括 Samual 的同盟形成理论(coalition formation theory)和社会困境研究、谈判研究、Harry Triandis 的集体主义—个体主义研究、Hali 员工离职研究、Prite Drasgow 的项目反应理论(item),以及人在决策中的过度自信现象研究等。其实,不需研究大问题也可以为管理科学研究做出贡献,也可以成为一流的学者。

一、化大为小,化抽象为具体

　　要将"大而无当"的问题转化成真正可以操作、可以研究的问题,关键就是要清醒认识一个人和一个研究的局限性:一个人不可能在一个研究中为如此宏大的问题提供答案,因此,必须将大问题分解、分解再分解,直到对问题中涉及的概念能够准确定义、操作、测量,并且直到能够把概念和概念之间的关系通过实际的数据加以检验为止。

　　比如说"什么因素会影响企业绩效"的大问题,其实可以有许许多多的答案。这个问题可以从金融、财会、系统设备、物流分析、市场战略、技术创新、企业战略、企业管理等各个领域入手。往下一层,在企业管理领域,也可以分为宏观管理或微观管理。再往下一层,在企业宏观管理领域,也可以从许多方面去分析,如企业横向联盟、企业产品创新、企业经营战略与方法,甚至企业在行业关系网中的位置都可能会对其业绩产生影响。而企业本身的年龄、规模大小、所在的地点、产品发展周期等也会影响企业的业绩。从企业微观管理的角度,企业组织架构、运作流程,企业员工的选拔、招聘、培训、绩效考核、薪酬分配等激励措施,以及企业领导的风格、公司文化等也都会影响企业最终业绩。如此看来,要回答"什么因素会影响企业绩效"这个问题,一个人就是花一生的时间去研究也不可能找到全面的答案。在这种情况下,就只能先分解问题,确定自己可以入手的领域,然后再对那个领域中的各种因素进行选择,找出与企业业绩关系最密切并有代表性的变量来开始研究的第一步。假如觉得企业领导的行为对一个企业文化的形成有至关重要的作用,而企业文化又无时无刻不影响着员工的行为,员工的行为又对企业最终绩效产生重要的影响,那么就可以以领导行为研究作为这个大问题的切入点来开展自己的研究,然后一步一步深入下去,把领导行为、公司文化、员工行为和企业绩效这四个变量之间的关系研究个水落石出,从而在研究基础上构建自己的理论框架。

当把问题分解到这个层次的时候,研究中的每一个变量几乎就都可以被比较准确地定义。当然,上述的四大变量还是停留在比较抽象的层面上。如领导行为,根据以往的研究,就已经可以有无数种表现:任务导向型行为、关系导向型行为(Fiedler,1993);指导型行为、顾问式行为、说教型行为、放权行为(House,1978);变革型行为、交换型行为(Bass,1985;Bums,1978);魅力型领导(Conger & Kanungo,1987、1998)、服务型领导(Greenleaf,1977)、谦逊型领导(Ouea,2014;Owes & Hekman,2012)等。是用这些理论中的一种来指导自己的研究,还是从头做起?如果觉得魅力型领导对公司文化影响最大,就可以选择用魅力型领导的理论作为自己的研究基础,预测它在中国企业中的表现和影响。

现在让我们把研究问题变得更加具体一些,比如:究竟是平易近人的领导风格还是高高在上的领导风格更为有效?平易近人的领导风格会导致怎样的公司文化?高高在上的领导风格又会滋生出什么样的公司文化?因为前人的研究中不曾提到过这样的领导行为,你就需要对这两种领导风格进行定义,这样分解下来你的问题就变成:平易近人领导风格的具体表现是什么?高高在上的领导风格的具体表现又是什么?然后根据搜集的数据开发出相应的具有高信度、效度的量表,以便准确测量和鉴定这两种领导风格。与此同时,你对公司文化的概念要有明确的定义,并且也要找到合适的测量工具。在对这两个变量的具体操作测量手段都确定之后,才可能为你的问题找到比较可靠的答案。

最后,你想看的是由于领导风格不同造成的不同公司文化最后对企业业绩的影响。这时,就要对企业的业绩进行定义并分解。企业的业绩可以从销售额、利润率、市场占有率等硬性指标去衡量,也可以用现有员工的技能水平、业绩表现、员工离职率、工作满意度、员工创新意识等软性指标去衡量。选择的指标不同,结论就可能不同。所以笼而统之地问问题,与非常具体地问问题之间,反映的是思维方式的不同。而要进行实证式研究,就要把问题问得很具体,才可能更好地进行。

二、化研究问题为研究变量和假设

要把一般问题转化为研究问题,还有一个重要的步骤就是要确定问题中涉及的变量,以及这些变量之间可能存在的联系。假如我有一个谁都不曾研究过的问题:企业领导的行为会不会影响一个企业的创新能力?怎么把这个问题转化为研究变量和假设呢?我们首先需要确定这两个变量是否会有联系(相关关系)。如果有,那么下一个问题就是:领导行为如何影响企业创新能力?"如何"二字就是要探索这种影响发生的机制,揭开"黑箱"中的变量。根据前人研究的结果和本书作者的观察思考,本书作者认为领导行为影响企业的创新能力是通过以下几个步骤实现的:其一,领导行为尤其是支持创新的行为,如鼓励员工不断学习、不断挑战自己的思维习惯,并且鼓励员工尝试采用新方法解决问题,设立奖励机制鼓励员工提出合理化改进建议等,会在企业中形成一种创新的气氛和文化。其二,这种创新氛围会促使员工愿意冒险、愿意创造,而员工的不断创新就会直接影响整个企业的创新能力。因此,这一个问题中就包含了几个变量:①领导支持创新的行为;②企业的创新文化氛围;③员工的创新行为;④企业的创新能力。很明显,在这个研究中,领导行为是自变量(independent variable,IV),企业创新能力是因变量(dependent variable,DV),而企业创新氛围和员工创新行为则是两个中介变量(mediating variables)。具体可以用图2-1表示。

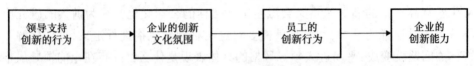

图 2-1 领导支持创新的行为与企业创新能力的多层次中介模型

当然,这只是一种可能性。另一种可能性是领导支持创新的行为直接对员工的创新行为发生影响。与此同时,我们也可以假设同样的领导行为在不同的员工身上会产生不同的作用。比如,领导要求员工不断挑战自己的思维习惯,经常指出员工需要改进之处,这样的行为在不同的员工身上就会有不同的反应。那些具有学习目标导向(learning goal orientation)的员工可能会很容易接受这样的领导行为,因为他们本来就认为人需要不断学习、不断进步;但那些具有绩效目标导向(performance goal orientation)的员工可能就不容易接受这样的领导行为,因为在他们看来,如果领导要求他们改进自己,那就是对他们能力的否定,有相当负面的影响。员工个人在这方面的倾向,在以往的文献中被称为目标导向(goal orientation)(Dweck,1986、1999)。因此,还可以在这个研究中再加上一个调节变量(moderating variable),那就是员工个人的目标导向。该研究变量之间的关系假设于是可以用图2-2表示。

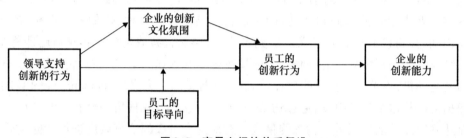

图 2-2 变量之间的关系假设

将这些研究变量和它们之间的关系界定下来之后,就可以写出该研究的主要假设:

假设1:领导支持创新的行为会直接影响企业的创新文化氛围(a)和员工的创新行为(b)。

假设2:员工的创新行为会直接影响企业的创新能力。

假设3:领导支持创新的行为与员工的创新行为之间的关系部分会被企业的创新文化氛围中介。

假设4:领导支持创新的行为与企业的创新能力之间的关系会被员工的创新行为中介。

假设5:员工的目标导向会调节领导支持创新的行为与员工的创新行为之间的关系。即当领导出现支持创新的行为时,那些具有学习目标导向的员工更有可能表现出创新行为,而那些具有绩效目标导向的员工则更不可能表现出创新行为。

三、化研究问题为研究设计

在研究问题和假设基本确定下来之后,下一步就是要选择合适的研究设计来检验假设。研究方法的选择主要取决于研究的问题和假设。一般而言,如果研究假设的变量关系之间具有因果联系,那么就需要通过精心设计的实验室实验来加以检验,因为在实验中可以通过严格控制自变量的变化程度来观察因变量的变化(陈晓萍,2017)。相反,如果研究假设的变量关系只是相关关系的话,那么就可以通过问卷法、档案法、个案法等非实验的方法来进行检验。下面简要地举例描述一下研究方法选择的基本原则。

(一)用定性方法(qualitative approach)研究全新的问题和构念

如果研究问题从来没有人研究过,那么就需要用定性的方法从头开始做起。例如,Chen et al.(2009)对创业者激情(entrepreneur passion)的研究就是如此:首先界定创业者激情的内涵和外延,确定该构念与以往研究构念(如内在动机)的不同、它的独特价值和研究意义。研究者认为,创业者激情是创业者对自己即将或已经成立的公司所具有的一种强烈的情感体验和入迷的认知状态,它有别于一般的内在动机,不仅具有极强的目标针对性,而且更与个人身份(personal identity)密切相关。从这个定义出发,通过访谈、开放式问卷的方式搜集与之有关的条目,从而开发出能够准确测量该构念的量表。在对这个量表的信度效度进行检验之后,再搜集数据去发现该构念对创业者能否得到风险投资的影响,以验证这个构念在创业实践中的重要性。

对工作中同事之间人际关系的研究,Chen & Peng(2008)也采用了类似的方法。虽然以往的文献中有大量的与之有关的研究,但大部分都停留在理论层面,没有具体的测量工具。究竟什么样的关系被称为"好关系"?就这个问题,研究者用定性的方法进行了探索:首先对良好的关系进行定义,然后让企业中的员工和管理人员找出一个与他们具有良好关系的同事,举例说明他们会有什么的行为表现,会一起做什么样的事等。对收集上来的条目经过反复斟酌整理后,研究者发现有九种行为能反映工作中两个同事之间的良好关系,包含两个维度(dimension)的内容,即工具性维度和情感性维度。然后,研究者又问:什么样的行为能促进或损坏工作中同事之间的关系?同样用定性研究的方法对这个问题进行研究,结果发现,有27种行为会直接增进或破坏工作中同事之间的关系,其中包括与工作有关的正/负面行为,以及与工作无关的正/负面行为。

(二)用实验法(experiment)研究具有因果关系的假设

当研究变量之间的关系具有因果联结的时候,就需要采用严密控制的实验室实验来进行检验。比如,研究者假设群体决策过程中领导发言顺序对决策结果会直接产生影响:在领导先发言的群体中,群体成员对决策结果的满意度较低,而在领导后发言的群体中,群体成员对决策结果的满意度较高。这个假设很难在现实中进行检验,因为除了领导发言的顺序,还有许多因素都可能影响群体成员对决策结果的满意度,而那些因素我们在实际情况中无法控制。实验就不同了。我们可以保持实验情境中所有的因素都一样,唯独变化领导发言的顺序来测量群体成员对决策的满意度。也就是说在这个实验中,唯一的自变量就是群体领导的发言顺序。最简单的方法是设计两个实验情境:在确定了群体领导的人选和地位之后,在一个实验情境中,我们要求领导第一个发言;而在另一个实验情境中,我们要求领导最后一个发言。假设在这两个实验情境中,我们事先都告诉领导他们应该持有的观点,并且故意让该观点与我们告知群体成员应该持有的观点相悖,那么就能够检验领导发言顺序对群体决策结果的影响。与此同时,如果要系统地来研究领导发言顺序对群体成员对决策结果满意度的影响的话,在确定好群体人数之后,就可以设计情境让领导第一个发言、第二个发言、第三个发言……如果我们还想看一看群体人数多少与领导发言顺序之间的关系,那就可以再加进一个自变量——群体规模,来设计实验。

(三) 用问卷研究的方法/调查法(survey)来检验相关性假设

大部分的管理学研究都是用问卷法完成的,因为在现实中,变化的因素很多,在变量之间建立起相关的联系对我们理解现象的发生很有意义。问卷研究法中通常有两种:一种是横向研究法(cross-sectional approach),另一种是纵向研究法(longitudinal approach)。横向研究法是指在同一个时间段内,对研究的所有变量搜集大样本的数据,这些样本通常跨越部门、企业甚至国家。纵向研究则是指对确定的样本和变量,在不同的时间段内去搜集数据,可以是相隔几个月、几年甚至几十年。如果一个研究中的变量不涉及时间维度,而且没有任何隐含的因果关系假设,那么横向研究法应该是最合适的选择。比如,Xie et al.(2004)对国企员工工作复杂性、压力源及缓解方法的研究,采用的就是横向研究法。但是,如果一个研究中的假设涉及时间因素,或者在某种意义上隐含了因果关系的话,那么就需要采用纵向研究的方法。Chen(2005)研究领导行为与员工离职之间的关系时,因为离职行为应该出现在领导行为之后,所以采用了纵向研究法;Chatman(1991)研究员工价值与企业价值一致性时,因为涉及员工入职前后价值观的变化,也采用了纵向研究法。

第三节 适合案例研究的问题

作为管理学研究方法的一个重要分支,案例研究注重回答"如何(how)"和"为什么(why)"式的研究问题,强调现象所处的现实情境并能够对其进行丰富描述(Eisenhardt,1989;Eisenhardt & Graebner,2007;Yin,2003),因此特别适合凸显本土文化特色的管理学研究(陈晓萍等,2008)。高质量的案例研究,其研究问题不仅需要具备上述五个特征,还需要注意案例研究本身特定的适用范围。案例研究者在寻找研究问题时,可以参照以下内容,判定自己的研究问题是否适合采用案例研究方法。

一、案例研究方法适用的研究问题

案例研究方法适用于探讨缺乏已有理论的新研究问题。案例研究方法通常基于归纳逻辑,适于创造新观点,以解决或解释"如何(How)"和"为什么(Why)"式的研究问题。与演绎逻辑不同,案例研究常采用归纳逻辑,从一个研究问题开始,没有预设构念与理论关系,通过分析质性数据产生新观点。这是因为案例研究常采用意想不到的视角,探索不同寻常的情境,并不受先前假设的约束,采用更为开放的设计与归纳推理,以便提出新颖的想法,构建新理论。例如在20世纪80年代,微型电脑行业处在快速变化的环境中,管理者需要快速地制定决策,当时的管理理论体系还没有探讨如何快速决策,Eisenhardt(1989)运用案例研究进行了探讨。

案例研究方法适用于现有理论不能充分回答或者现有理论存在缺口的研究问题。高质量的案例研究,经常基于现有理论不能充分回答或现有文献存在缺口,寻找"如何(How)"和"为什么(Why)"式的研究问题,进而针对这些研究问题,给出有意义的解释。例如,研究者发现关于企业家获取合作伙伴的文献都是从大企业或者知名企业家的角度,缺乏对年轻企业家或是小企业如何获取合作伙伴的探讨,采用案例研究填补了相关文献的缺口(Ozcan & Eisenhardt,2009)。

案例研究方法适用于探讨复杂的管理问题与构建过程理论的研究问题。案例研究方法常采用归纳逻辑,具有"凸显情境,呈现过程,解释规律"的优势(黄江明等,2011),擅长探讨复杂的过程问题,有利于研究人员使用混合数据,深入分析一个或多个案例,进而探明演变过程,解释变量之间的关系与机制。如果研究问题是要探讨某管理现象随时间展开的过程,那么案例研究很适合构建过程模型。过程模型不仅包括纯过程模型(process model),即探讨管理现象的具体流程机制;也包括过程—因素模型(process-variance model),即探讨管理现象发展过程中不同因素变异水平(level of variance)相互之间的影响(毛基业和陈诚,2017)。

案例研究方法适用于核心构念难以测量的研究问题。研究问题涉及悖论或身份认同等难以测量的构念,研究者采用案例或质性研究就较为合适。案例研究的目标是构建理论(Eisenhardt,1989),所构建的理论是由构念、构念间的关系所形成的命题、命题背后的理论依据这三个要素组成的。然而,许多新提出的构念缺少有效的测量方法,难以采用演绎方法研究相关问题,构念测量阻碍了许多推理演绎研究的顺利开展。而案例研究需要深度沉浸于现象中(deep immersion in phenomena),它是从数据到理论的归纳过程,适用于解构并测量新构念,分析构念的形成,以及构念间的相互关系。

案例研究方法适用于需要深入挖掘极端现象的研究问题。极端现象提供了研究的机会,因为极端现象具有独特性,样本量小且不具备代表性,传统理论难以对其进行解释。然而,极端现象就像是"会说话的猪",具有自身独特的价值,能够对已有研究提出挑战,使人们对这些案例与问题具有更广泛的认识。总的来说,案例研究适用于探讨过程,即"如何(how)"和"为什么(why)"式的研究问题,而并不适合于探讨因素作用强度、调节变量作用大小等"what"和"how much"式的问题。

开展研究的第一步是明确研究主题,然后是明确需要解决的研究问题。虽然初级研究者在确定研究问题时会感到困难,但管理领域中存在大量需要解决的问题。为了明确研究问题,需要培养一种好奇的态度并提出问题。一旦养成了这种思维模式,明确研究问题就相对容易了。案例研究的问题来源主要有四个:日常生活、实践问题、既往研究以及理论。尽管案例研究适用于"如何(how)"和"为什么(why)"式的研究问题,有的研究问题始于理论文献,有的始于实践现象(Eisenhardt & Graebner,2007),在理论文献与实践现象的共同作用下形成了案例研究的问题。

二、如何形成案例研究的问题

(一)理论驱动提出研究问题

理论驱动的研究问题,是指研究者根据现有研究,在现有理论框架下提出研究问题(Lee et al., 1999)。理论驱动的研究问题受到现有理论框架的严格限定,其拓展依赖于质性数据提供的对复杂社会化过程的洞察,而定量数据很难揭示复杂的过程。例如,运用质性数据,研究会计专业领域的精英企业,探讨核心人员如何推动制度变革,通过质性数据展示核心人员推动变革的复杂过程,以扩展制度理论(Greenwood & Suddaby, 2006)。

高质量的实证研究往往以坚实的文献作为基础,从中发现研究缺口,并提出研究问题,以弥补现有研究的不足。研究者可以通过阅读文献,发现其中相互矛盾或是研究空白之处,从而得到研究问题。例如,在关于合成染料工业进化的研究中,研究者通过阅读文献发现:关于产业进化的研究,都只是在一个国家内部收集统计数据。然而,在不同的国家中,产业是否都有相同的进化模式?制度因素是否是造成差异的原因?基于此,研究者提出了理论驱动的研究问题,并应用质性数据开展研究(Murmann,2013)。需要注意的是,理论驱动的研究问题可能由于受到严格的限定,拥有理论意义而丧失现实意义,研究者需要考察以理论驱动为主的研究问题是否具有实践价值。

(二) 现象驱动提出研究问题

现象驱动的研究问题,是指研究者需要根据现象的重要性与现有理论的不足来构建研究框架。基于现象驱动的研究问题范围较宽广,这给予研究者更多的灵活性。例如,研究者通过观察发现,在国际化发展中,企业的学习是一个无处不在的过程,然而已有文献却忽视了学习的内容,而使用案例进行理论构建研究能够更好地回答企业的学习过程与学习内容(Bingham & Eisenhardt,2011)。Siggelkow(2002)追踪调查一家大型组织20年的发展,之所以选择这家组织,是因为它符合"会说话的猪"这样的标准(Siggelkow,2007)。当第一次对这家组织进行观察时,Siggelkow就发现它关于什么要素能成为其核心的决策非常独特。

现象驱动的研究问题,能够给研究者带来更多的灵活性,但相关的研究问题范围较为宽广,一些研究者难以从中提炼出具体的、明确的研究问题,这是案例研究者需要特别注意的,研究者需要不断聚焦,再聚焦,需要不断在"沙里淘金"。此外,案例研究者通常能够从现象中发现有趣且理论研究未探讨的研究问题,但需要注意这些现象或问题未必具有重要的理论研究价值,研究者还必须思考这些研究问题所具备的理论意义。案例研究实际开展的过程中,研究问题的提出是一个涌现(emergent)的过程,而不是受到理论或现象单方面决定的。

三、识别研究机会的三种策略

文献是案例研究者识别研究机会、总结提炼研究问题的重要来源。然而,学术文献浩如烟海,研究者需要"提纲挈领"式地切入其中。基于实际开展案例研究的经验,本书将介绍三种从文献中识别研究机会进而提炼研究问题的策略(见图2-3)。需要强调的是,研究者不管采用哪种策略,都应该在此基础上开展扎实的文献综述工作,并通过有说服力的方式进行写作。

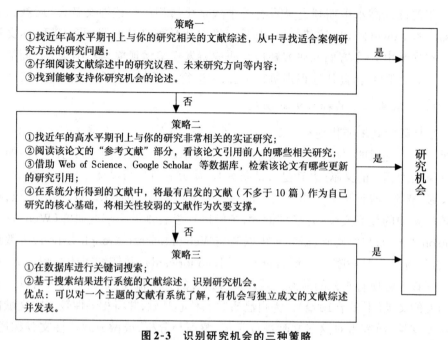

图 2-3 识别研究机会的三种策略

资料来源：李亮、刘洋和冯永春（2020）。

（一）从高水平综述性文章切入

要想快速了解一个研究主题，较好的方式就是阅读与其相关的综述性文章，这也可以帮助研究者快速识别研究机会。研究者可以根据自己感兴趣的研究主题，在高水平期刊上搜索近几年发表的综述性文章，并仔细阅读其中的研究议程（research agenda）、未来研究方向（future directions）等内容。如果能够找到与案例现象相契合的论述，那就可以以此为线索，快速聚焦研究机会，并提出研究问题。

这种策略的优点是简单直接，工作量较小，不需要花费太多时间和精力。应用这种策略时，研究者需要注意以下几点：①如果找到的综述性文章过于陈旧，那么其中指出的研究缺口可能已经不复存在。因此，建议多关注近三年发表的综述性文章，尽量不要超过五年。②如果综述性文章的质量不高，那么关于未来研究方向的论述就会缺乏说服力，因此我们建议多关注发表在高水平期刊上的综述性文章。③研究者应该把通过这种方式识别的研究机会作为提出研究问题的"线索"，并在此基础上进行扎实的文献梳理工作，而不能拿已发表的综述性文章来代替自己的文献综述工作。

研究者在实际开展案例研究的过程中，经常运用这种策略。例如，在 Li et al.（2018）案例研究中，研究者先以"digital transformation"为关键词，在数据库中搜索近三年的国际高水平期刊上是否有关于数字化转型的综述性文章,然后找到了Besson & Rowe(2012)这篇文章,基于对数字化转型文章的回顾和梳理,该文指出已有文献中10个方面的研究缺口。研究者发现案例现象与其中2个方面的研究缺口极为契合,因此快速识别研究机会,并进行了更有针对性的文献梳理工作。

(二)从高水平的标杆文献切入

如果研究者未能找到有帮助的综述性文章,那么还可以尝试从高水平的标杆文献切入。这里的"标杆文献",是指近年发表在高水平期刊上的、与所关注的案例现象最为相关的文献(尤其是实证研究)。研究者首先可以阅读标杆文献的"参考文献"部分,看该论文引用了前人的哪些相关研究(go backward),追根溯源,找到该论文中的核心文献,并仔细阅读,了解以往学者都做了哪些研究(Webster & Watson,2002);与此同时,研究者可以利用Web of Science、Google Scholar等数据库,查询标杆文献被哪些最新的研究引用(go forward),并仔细阅读这些论文,从而找到该主题现有研究的前沿问题。通过这样的脉络梳理,案例研究者可以将最有启发的文献(不多于10篇)作为自己研究的核心基础,并将相关性较弱的文献作为次要支撑;研究者对这些文献进行阅读、整理与分析,或做成叙述性文献综述,从中寻找研究机会。

这种策略的优点是所需要的工作量相对较小(相对于第三种策略工作量而言),初学者也容易掌握,可以较为迅速地梳理该主题的主要文献,进而寻找"如何(How)"和"为什么(Why)"式的研究问题开展案例研究。然而,这种策略也有一定的局限性,初学者有时很难找准近年来发表在高水平期刊上的标杆文献,因为相关的文章可能会很多,相互交织时间难以准确定位。这时候研究者可以稍微多研究2—3篇该主题的高水平论文,从而对该主题有更为全面的了解。

(三)自己开展文献综述切入

研究者自己做文献综述,并从中寻找研究机会,需要较大的工作量。研究者可以在数据库中进行关键词检索,并基于检索结果进行系统的文献综述,识别研究机会。研究者在自己做文献综述时,可以通过构建理论故事线(theorized storyline),从中开展缺口发现(gap spotting),或开展问题化(problematization)以质疑假定(Sandberg & Alvesson,2011)。这种方法的优点在于研究者能够较为全面、深入地掌握该主题的相关研究,能够书写出相关主题的文献综述,并寻求发表或应用到学位论文中,有助于研究者开展案例研究。文献综述能为增加新知识、发展理论打下基础;同时,这种方法有助于作者寻找并创造研究缺口,开展一系列的研究,有助于研究者紧跟并引用相关研究前沿,并有利于研究者申请相关的基金支持。此外,这种方法还能帮助研究者建立"护城河"或"壁垒",使其他研究者难以与之竞争。这种方法的缺点是投入与付出较高,初学者难以写出高质量的文献综述,需要长时间的积累,不断修改完善。

四、既往研究激发新研究想法的途径

已有的研究文献是研究想法的一个非常好的来源,甚至可能是大多数研究想法产生的来源。这听起来似乎很矛盾,因为研究就是为回答研究问题而设计的,但是研究常常会产生比答案还要多的问题。在大学课堂上阅读或评论期刊文章时,常常会发现文章中存在的问题,你在评论文章时所提出的问题可以作为一个非常好的研究起点,可以基于这些文献展开另一项与之紧密相关的研究。尽管每一项精心设计的研究的确能增进知识,但是现象是由多种因素决定的。譬如,任何定量研究都只能调查有限的几个变量,调查的变量可能会产生关于其他变量的假设。总之,既往研究能够提供研究想法,通过评论文章而提出自己的研究想法是一个相对简单的方法(如表2-1所示)。

表2-1 既往研究激发新研究想法的途径

方法	理论
重复研究	你可能会决定重复做一项研究,看看是否能得到相同的结论,因为你认为作者的结论有重要的管理意义,你想去验证它们
检验研究的外部效度(推广性)	你可能阅读了一项基于实验室的研究,如功能性磁共振成像、脑电波和眼动追踪技术等神经科学技术应用于消费者行为预测的最新研究成果,为一些重要的问题提供了建议,你想验证实验室条件下的方法在产品选择、体验偏好和广告效果方面是否同样适用
提高研究的内部效度(因果关系的准确性)	在阅读一项研究时,你可能注意到该研究没有控制一个或多个重要的变量,对于这些变量缺乏控制会导致对研究结论解释的模糊性
协调有冲突的结论	在阅读某个主题的文献时,你可能会发现研究结论相互矛盾,可能会引发一项新研究来试图解决这个矛盾。这一矛盾可能是由于这些研究采取了不同的方法、使用了不同的测量工具,或者选择了不同的参与者。当研究相互矛盾的时候,你需要找出这些研究中的任何一个不同点,因为这些不同点可能就是这些矛盾产生的原因

续表

方法	理论
关于未来研究的建议	从既往研究中产生研究想法的简单方法之一就是查找作者为未来研究所提出的建议。多数情况下,尤其在综述性文章中,作者会对未来的研究方向提供建议。这些建议通常非常有效,是产生研究想法非常好的来源
论文	论文通常会用一个部分来描述未来的研究,该部分会明确指出作者认为接下来需要完成的研究。

资料来源:Johnson & Christensen(2000)以及本书作者总结。

第四节 提炼研究问题的思维过程

文献综述是研究者总结提炼问题的重要来源,要想从中提炼具有重要意义的研究问题,需要在文献阅读和梳理过程中保持敏感性,洞察具有潜在理论贡献的研究问题。这种敏感性离不开对文献的深入理解,是一种重要的思维能力。本节首先介绍定位研究缺口的一般原则,然后介绍思维方式。

一、定位研究缺口的一般原则

(一)细化聚焦

研究者提炼研究问题,是一个从研究领域(research area)到研究主题(research topic),再到研究问题的逐渐细化聚焦过程,这可以用图2-4来表示。

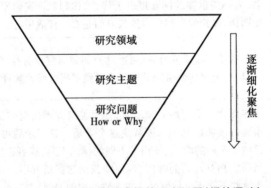

图2-4 逐渐细化聚焦以提炼研究问题(提炼漏斗)

研究领域一般是指研究课题所在的学术领域;研究主题是对研究领域的进一步收敛;研究问题是在研究主题的范围内,确定自己需要研究的具体问题。尽管多种因素会影响初学者研究领域与研究主题的选择,但在提炼研究问题的过程中,我们可以通过相关文献或现象分析出:我们想要研究的理论文献或现象隶属于哪一领域?哪些学者关注该现象?该领域下有哪些研究主题?每个主题下面都有哪些值得研究的问题?基于此,我们再选择那些适合采用案例研究方法的"How"或"Why"式的问题进行分析研究。

例如,学者们通过企业调研发现,中国企业国际化过程中,许多企业在海外履行了大量的企业社会责任,期望获得当地认同、降低投资风险,以便在国际社会中树立负责任的企业形象,提升国际影响力和竞争力。然而,现实是许多身在国内的中国人,知道中国企业在海外履行了许多社会责任,而东道国当地民众却不知道。东道国政府与媒体也没有责任与动力对中资企业履行的社会责任进行广泛宣扬,致使当地许多民众误以为这些社会责任是东道国政府履行的。这一现象表明中国企业树立海外形象的能力较弱,存在严重的"只会做,不会说"的问题。通过对"中国企业在国际市场中的形象塑造"进行文献梳理后发现,社会学领域的学者更关注该现象,其中新闻传播学的研究者对这一现象的研究较为充分,并将其纳入传播学的研究领域,基于传播学视角给出了许多对策与建议。而管理学领域的研究者对这一现象的关注较少,但该现象也适合采用管理学视角进行研究。因每个管理学者的学科背景、知识储备和研究方向各不相同,可以从战略管理、组织行为学、市场营销、信息系统等方向对该现象进行研究,每个研究方向都能总结和提炼出多个研究问题,进而在这些问题中寻找到那些适合采用案例研究方法的"How"或"Why"式的问题。在此过程中,研究者需要不断细化聚焦,并结合实际情况来选择适合自己的研究问题。

(二)反复对比

寻找研究缺口本质上是一个反复对比的过程。案例研究的研究问题可能来自文献研读(即文献和文献的反复对比),也可能来自实际管理现象(即现象和文献的反复对比)(毛基业和李高勇,2014)。如果是前者,研究者需要通过文献研究,发现针对某个有趣的管理现象有哪些已知和未知的东西,进而提出研究问题;再根据理论抽样原则,选取案例进行研究。如果研究问题来自实践,那么研究过程则表现为,研究者发现一个有趣的实践现象(比如持续而深入地对某个行业、典型企业进行跟踪调研,长期阅读行业报道、媒体杂志,与企业家和高管交流等),检索和研读相关文献,得出文献(现有理论)中关于该现象有哪些已知和未知的东西;通过现象与文献的反复比较,进而聚焦到某一具体研究问题。需要注意的是,为了能够获得高质量的研究问题,我们有必要进行研究问题的评估,检验该研究问题可能的理论贡献与实践贡献,并对多个研究问题进行分析与比较,反复迭代,进而明确聚焦研究问题(见图2-5)。

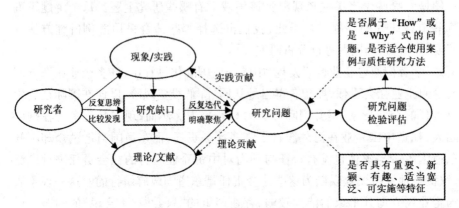

图 2-5 研究问题的提出与检验评估

资料来源:李亮、刘洋和冯永春(2020)。

(三)思辨批判

尽管许多案例研究的研究问题是实践与理论相结合产生的,但也有许多研究问题是从文献综述中提炼的。然而,从文献中提炼出研究问题,特别需要研究者具有批判性思维。研究者在研读文献时,需要不断进行思辨,从中找到可能的研究问题。一方面,研究者在思辨过程中,需要思考并寻找哪些是空白点、薄弱点、矛盾点等,哪些是值得深入研究的"理论缺口",进而基于新研究问题,开展研究创新;另一方面,研究者还需要"刻意"挑战那些貌似已被大家公认,或早已达成共识的观点,因为这些貌似不可能突破的观点中,往往蕴藏着潜在的研究问题,其研究价值更高,值得研究者进一步深入思考与研究。每个研究领域或研究主题都有核心问题,是研究者需要解决的主要矛盾,前人已经在"正面"做了许多工作,突围难度大,任务尤为艰巨,许多人不愿从正面寻求突破;然而,从正面突围,容易抓住主要矛盾,找到大家关心的核心问题,进而开展案例研究,重塑或革新已有观点的贡献是巨大的。研究者要敢于"反其道而思之",让思维向对立面的方向发展,从问题的反面深入地进行探索,树立新思想。

二、定位研究缺口的思维方式

案例研究者经常通过文献综述,发现缺口或挑战假定,寻找或创造适合案例研究方法的研究问题,进而发展已有理论或构建新理论,以做出理论贡献。

(一) 发现缺口

研究者通常会采用问题化方式构建研究问题,探寻现有研究中是否存在不完全(incomplete)、不充分(inadequacy)、不成立(incommensurability)等缺口,从而提炼出那些被忽视的或令人困惑的研究问题,以创造新知识。

1. 不完全

现有文献不完整,本研究将进一步深化现有问题。例如,EIsbach & Kramer(2003)在引言中写道,尽管现有文献关于组织决策者评价别人创造力潜力已经认识到会使用主观的印象,但是这些评价背后的核心基础没有被组织研究者给予系统关注。

2. 不充分

现有文献忽略了一些重要的视角,这些视角能够帮助我们更好地理解和解释现有现象。通过指出所忽略的点,引出新的视角或框架,进而做出贡献。Corley & Gioia(2004)在引言中写道:"对大多数企业分拆的研究采用了绝对的财务和经济视角……对诸如公司分立等缩减性组织变革过程的实证理论研究并不充分。因此,我们通过质性和诠释性的研究方法……"

3. 不成立

现有文献不只是忽略了不同的视角,更重要的是文献是错的,贡献点在于指出这些错误并且纠正它。例如,在急速变化的环境下高层管理团队怎样制定战略决策?以往研究(Cyret & March,1963;Mintzberg,1973;Fredrickson & Mitchell,1984)认为,在急速变化的环境下,高绩效的公司会采用渐进式的方法制定战略决策,而且在不确定和信息缺乏的条件下,决策者制订战略计划时,不能应用系统化的考虑和分析方法。然而,Eisenhardt(1989b)的研究则发现,随着环境变化的速度加快,有效的高层管理团队会通过系统化的分析,应对其所面临的极不确定的环境。

此外,Sandberg & Alvesson(2011)将研究缺口归纳为3个类别。

第一,困惑式缺口(confusion spotting)。这通常是指现有研究中存在矛盾(或悖论)。通过文献综述,研究者可以发现这些矛盾,并设法解决这些矛盾,以做出理论贡献。已有研究中对某一问题或现象可能存在"竞争性解释"(Sandberg & Aleson,2011),这为案例研究者提供了研究机会,可以探讨为何存在竞争性解释,以及如何化解该矛盾。

通过回顾以往文献,研究者发现对于制造商开发并提供服务解决方案所带来的结果,现有研究存在明显分歧(Forkmann et al.,2017;Valtakoski,2017;Bohm et al.,2017)。为有效解决研究中的"服务化悖论"问题,研究者需要清晰界定解决方案创造的价值及创造价值的层次,也需要通过长期追踪,探讨制造商与客户如何实现价值共创。基于此,研究者可以采用案例研究方法,通过理论抽样,分析制造企业服务化所创造的不同层次的价值,探讨并解决为何出现服务化悖论问题。

第二,忽略式缺口(neglect spotting)。这主要是指识别出一个没有(好的)研究成果的主题或领域,这是知识地图中的空白地。主要包括被忽视的领域(overlooked area)、研究不充分的领域(under-researched area)以及缺乏实证支撑的领域(lack of empirical support)(Sandberg & Alvesson,2011)。如领域组织间信任(interorganizational trust)是组织和管理领域学者研究的重点领域。以往研究主要关注的是在长期联盟情境下的信任,尤其是买方和供应商之间的长期关系。已经有学者研究信任是怎么在联盟伙伴之间产生的,如何影响联盟伙伴选择,如何影响治理结构、信息共享、伙伴关系满意度和财务绩效。然而,并购情境下的组织间信任一直没有得到多少关注,但并购是一种重要的组织间交易。在信任相关的文献中,研究极少关注并购情境;在并购相关的文献中,信任也极少受到关注。基于此,Graebner(2009)发现了一个被忽视的研究领域,进而开展案例研究,发现并购双方间的信任可能是不对称的。

同样,研究者还可以在文献综述中发现研究不充分和缺乏实证支撑的领域。例如,Siggelkow(2002)发现在组织研究的文献中,虽然核心和非核心要素的划分已经很普遍,但对于这些要素的系统性辨认至今还没有多少进展,并利用未充分研究的领域开展案例研究。通过文献综述,Huang(2018)发现,尽管已有研究者提出投资者会利用直觉进行投资,却没有实证支撑,故研究者开展案例调研打开了投资人如何利用直觉进行投资的"黑箱"。

第三,申请式缺口(application spotting)。这是针对某个特定领域,提出存在的问题,而后提供一个新视角来增加我们对该领域的理解(Sandberg & Alesson,2011)。如Watson(2004)通过文献回顾发现,以往的人力资源管理文献主要是规范性的,缺乏一个更具批判性的视角,故研究者申请采用批判性理论视角来研究人力资源管理。尽管案例研究者较少采用申请式缺口探讨相关的研究问题,但申请式缺口却能够帮助研究者采用更新的视角分析特定领域内的研究问题。

在寻找缺口的过程中,有两个重要问题需要关注。

第一,寻找缺口是一个极具挑战和需要创造力的过程,这是因为发现缺口是建立在对文献进行创造性整合的基础上的。具体而言,在文献综述的基础上,研究者需要针对研究问题给读者一个清晰的"现有研究进展的文献网络",它可以通过整合不同流派的方式,也可以通过阐述进程的方式。整合不同流派的方式,需要研究者识别关于研究问题有几个主要的观点,并详细分析不同流派背后所持有的共同假设。阐述进程则重点关注某些理论视角的研究是如何逐步展开的,重点需要展示知识累积和增长的过程,以及这些研究者共识形成的过程。这两种横向和纵向的文献阐述是寻找缺口的根基,同时要求研究者在对文献深入理解的基础上,进行重新诠释而形成文献网络(Locke & Golden-Biddle,1997)。

第二,尽管发现缺口的方式是现有文献中的主流,也对理论发展有很大的帮助,但学者们(例如:Sandberg & Alvesson,2011;Alvessona & Sandberg,2011)都在质疑这种方式是否阻碍了有趣理论的诞生。这种方式是以渐进式创新的方式进行,并未挑战现有文献的核心假设。

(二) 挑战假定

挑战假定的方式是指某个理论视角或者研究领域的范式假定存在问题。为此,研究者通过质疑假定,提出新的假定以做出贡献(Alvesson & Sandberg,2011;Sandberg & Alvesson,2011)。由于挑战了现有文献特别是核心理论的基本假定——尽管极具挑战性,但是这种方式更有可能构建出有趣且重要的新理论。目前,研究者通常采用理论演绎方法,挑战原有理论的基本假定,重新定义或解构原有概念(Feldman & Pentland,2003)。但对案例研究者而言,在熟练掌握理论文献或实际调研到与理论不相符的现象时,也可以利用归纳逻辑,基于理论文献与实践现象,挑战原有理论的基本假定,进而开展案例研究并构建新理论。案例研究者需要学会如何利用挑战假定,开展案例研究,进而构建高价值的新理论。那么,怎么做呢?研究者首先需要确定有哪些假定可以被质疑。

(1) 内部假定是指特定思想流派内部的假定,如并购的研究中有一个流派的学者假定资源互补是并购成功的前提。

(2) 根隐喻假定是指现有文献特定主题的广泛映像,如组织文化这一主题的研究可能有一个广泛的隐含假设,即组织文化是相对稳定的。

(3) 范式假定是指支撑现有文献的本体论、认识论和方法论假定,如实证主义范式和诠释主义范式。

(4) 意识形态假定是指现有文献有关政治、道德和性别的假定。

(5) 场域假定是指特定主题的跨理论流派假定。

根据Alvesson & Sandberg(2011)的建议,我们常对前三类的假定进行质疑与挑战,即挑战内部假定、根隐喻假定和范式假定。

质疑与挑战假定的过程可以分为三步。

第一步,明确文献的领域,并识别关键文献,深入阅读。

第二步,识别和阐述这一文献领域的核心假定。

① 内部假定可以通过仔细审查内部争论以及经常被提及的特定作者和相邻研究领域的作者之间的相同点和差异点。例如，Graebner & Eisenhardt(2004)发现，有关并购研究的文献中，有一个流派的学者是基于买方的视角进行产出的，并识别出了这些学者背后隐含的假设：出售方处于弱势且不重要。

② 隐喻假定可以通过两种方式被识别和阐述：一是识别一个流派认为的社会事实中的基本映象或隐喻；二是识别或者产生其他可能有相反意义(对抗意义)的隐喻。

③ 范式假定的识别需要研究者对另一个可替代的世界观有所了解。例如，Gioia & Chittipeddi(1991)讲道："研究这些变革流程的方法必须是非侵入式、长期的且能追踪逐渐显现的变化……这样的研究本质上必须是诠释性的，这就暗含了另一种战略变革研究的范式。"因此，这篇文章挑战了实证主义视角下研究战略变革的范式，而从诠释主义的角度出发，探究了战略变革的起始阶段。

第三步，评估这些假定，并在质疑的基础上提出新的假定。质疑假定的研究者必须通过询问自己"挑战这个特定假定的理论潜力是什么"，来判断被识别出的假定是否值得挑战。总之，质疑假定的方式有利于做出更新颖的理论却充满挑战。案例研究者应该更多地去考虑这种方式，因为案例研究本身的优势就在于更加适合构建有趣的新理论。

研究问题的确定是一个复杂的思维过程，是一个由研究领域到研究主题，再到研究问题，逐步细化聚焦的思维过程，这个过程往往是非线性的，经常出现"意外"。同样，案例研究的过程往往也是非线性的，有些时候研究问题可能是自然涌现的，甚至是在"意外"中偶然发现的。研究问题是一个开放的或者别人暂未涉及的问题，其来源可以是现象，也可以是文献。然而，研究问题的提炼，更多是在理论与现象的交互作用下形成的，通过文献与现象的对话与反复对比，研究者能够发现现有研究的缺口，进而提炼出研究问题。案例研究的问题往往是一个较为开放的主题，可以在进入企业和阅读文献后逐步打磨，不断聚焦。

第五节　如何识别景德镇陶瓷产业的案例研究机会

改革开放40多年以来，景德镇一直致力于保护好、传承好、利用好中国陶瓷文化，在传承中创新，在创新中发展，努力探索一条以优秀传统文化引领经济社会发展的新路径。在数字经济时代，对传统文化资源的保护利用方式将更为多元，产生一系列新的文化消费与文化生产结构。本书的实践意义在于通过典型案例研究，努力探索一条具有世界意义、中国价值、新时代特征、景德镇特点的优秀文传承创新发展新路子。一方面,服务于国家试验区建设,促进景德镇陶瓷产业高质量发展;另一方面,为推动中华优秀传统文化创造性转化、创新性发展提供可借鉴的文化资源管理经验,以独特的资源和能力创造新的产业价值链,实现新价值与用户需求双向匹配。以下略举几个例子,共同探索如何识别景德镇陶瓷产业的案例研究机会。

一、陶瓷文创产品与用户匹配案例

当前,我国传统文化产业增长乏力与新兴文化产业成长受阻的结构性问题凸显,小微文化企业占据了全国文化企业总数的80%以上,富含精神价值的文创产品如何与用户需求匹配是众多文创创业者在产品开发阶段面临的一大难题。"练摊"是传统手工艺制作者在寻求产品与市场匹配、与用户对话的古老方式,以面对面沟通的方式获取客户的真实看法。而在数字化时代,用户有了更多的选择,众多文创企业应采取何种方式,找到产品与市场的匹配点,并最终从地摊做起,发展成有规模化生产能力、生命力持久的现代化企业呢?

宇弦陶瓷是景德镇国家陶瓷文化传承创新试验区中一家小而美的文创企业,它开创的半个性化定制产品已经获得市场认可,同行竞相模仿却难以超越。其探索传统文创产品与用户匹配的艰难历程,代表了行业中具有相同特征的初创企业开发新产品时遇到的普遍困惑,体现了案例选取的重要性和代表性。

已有文献对文创产品独特性与匹配难度关注不足,因此,以宇弦陶瓷文创产品与用户匹配的过程为分析单元,探索蕴含物质、精神双重价值的传统文创产品如何与用户匹配,有助于丰富传统文创产品创业理论。可以通过纵向单案例研究方法,深入挖掘传统文化产业情境独特性背后的价值,探讨互联网情境下宇弦陶瓷传统文创产品与用户匹配的复杂过程,构建出蕴含精神价值的传统文创产品与用户匹配的机制模型。因此,可以基于以上选题论证,细化案例的研究问题,通过访谈、现场参观、公开数据收集等方式对宇弦陶瓷在产品开发阶段的产品与服务创新过程进行全方位梳理,在对案例信息进行分析验证的基础上,将案例分析与相关理论进行反复对接,确定案例主体框架和理论基础,完成案例正文和教学说明的写作。通过反复课堂验证,优化案例正文和案例教学说明。基于上述内容,还可以进一步编写研究型案例。研究型案例需要突出学理价值,重视实践总结,强调理论凝练与创新,鼓励创新研究范式,探索撰写案例研究论文,实现同一主题案例的深度开发和研究。

二、陶瓷文创产品价值链重构案例

近年来,在消费需求、政策引导、科技变革等多重作用力下,文化产业呈现出价值链延伸等发展趋势。打造完整的文化产业价值链需要整合创意人才、文化资源、资金、高新技术、商业生态系统等多项要素,价值链上各环节之间相互关联、相互影响,将原创性的文化创意规模化、产业化,最终实现经济效益。这是一个价值不断创新、传递和增值的过程。经历过20世纪末十大瓷器厂倒闭的"阵痛",景德镇正走在文化产业复兴的道路上。全面建设国家陶瓷文化传承创新试验区,使得景德镇陶瓷文化产业在"新阶段"实现新发展,产业结构不断优化升级。当前,景德镇陶瓷文化产业面临的痛点是"企业规模普遍偏小,知名品牌较少",还存在生产周期长、定制产品设计研发成本高、做工精美但价格令人望而却步,以及忽略消费者需求和市场竞争格局等问题,景德镇陶瓷企业因而陷入"做不大""一大就倒"的怪圈。因此,以瑞牛文创探索陶瓷文创产品规模化定制服务的过程为案例主线,通过洞察景德镇日用陶瓷产业价值链特征,分析产业存在的短板问题:瓶颈是什么?瑞牛文创如何重新进行价值定位?如何重构价值链,才能实现陶瓷文创产品的规模化定制?可以沿着这一脉络,探讨数字经济背景下传承与创新中华优秀文化的企业如何获取竞争优势,破解个性化与规模化对立、产业柔性与效率对立的悖论。

案例分析的关键点如下:①为什么重构价值链?基于不同的产业属性假设,会有不同的企业发展方向,传统陶瓷文创产业价值链的混搭属性特征即策略制定的出发点。②重构价值链的定位及风险是什么?界定该价值定位是何种业务层战略价值定位,在实施过程中有哪些风险点?③如何重构价值链?瑞牛文创通过重构价值链,是否/如何突破了产业中的制约因素?④瑞牛文创重构价值链背后的价值创造/增长逻辑是什么?

三、工业遗产转型为文创新平台案例

工业遗产是工业文明的见证,是工业文化的载体,是人类文化遗产的重要组成部分。工业遗产不仅见证了我国近现代工业化不同寻常的发展历程,而且蕴藏着丰富的历史文化价值。2020年6月2日,国家发展改革委、工业和信息化部、国务院国资委、国家文物局、国家开发银行五部门联合印发了《推动老工业城市工业遗产保护利用实施方案》(发改振兴〔2020〕839号),为老工业城市探索加强工业遗产保护利用、打造"生活秀带"明确了思路与方向。因此,从陶瓷工业遗产资源保护传承与利用、推动老工业城市振兴角度来看,景德镇就是要深度挖掘陶瓷工业遗产资源蕴含的文化内涵,把握陶瓷文化资源要素条件,推动陶瓷工业遗产资源的创造性转化,让陶瓷文化赋能陶瓷产业高质量发展与景德镇城市旅游产业发展,助力景德镇国家陶瓷文化传承创新试验区建设。然而,在数字经济时代,工业遗产资源的创造性转化、创新性发展实践活动复杂多变,相应的资源保护利用模式的理论研究仍然处于探索阶段。因此,基于陶瓷工业遗产资源的保护利用现实需要与景德镇城市更新、国家试验区建设的实践探索,选取陶溪川工业遗产转型的成功案例,全面梳理景德镇原"十大国营瓷厂"之一的宇宙瓷厂工业遗产成功蜕变为陶瓷文创新平台"陶溪川"的丰富实践。围绕工业遗产向文创平台转型的动态过程,将依据陶溪川创始团队不同阶段提出的价值主张动态演化,梳理价值主张演化的外部驱动因素,并在此基础上阐述新的价值主张是如何被提出来,以及如何通过资源编排实现落地,进而实现商业模式创新。将这个动态过程阐述清晰,将有助于揭示文化资源管理商业模式创新的机理,丰富文化资源管理理论与实践,进而为国内其他工业遗产资源保护利用提供有益借鉴。

四、文创街区社会化媒体营销案例

在"互联网+"时代,文化创意企业如何运用好数字化媒体,以便更有效地推广品牌、凝聚社群,成为其市场营销数字化转型过程中面临的难题,也是其企业生存要跨越的一道坎。随着时代的发展,社会化媒体(social media)等数字媒体手段作为"互联网+"情境下信息传播的主体,在助力企业市场营销数字化转型的同时,其自身也不断发生着演变。本案例以陶溪川文创街区在管理方无营销目标设定却引发诸多人群纷纷自发传播的现象为切入口,探讨文化创意企业在市场营销数字化时代转型过程中,如何根据企业自身特点,基于社群开展社会化媒体营销的策略。

将陶溪川打造为"为生活造"文创街区,从原有废旧厂房变身为体验平台。基于此定位,在运作过程中自然而然地形成诸多社群,而在企业没有做主动营销动作时,相关各社群群体基于社会化媒体开展自传播,而管理方在"无意识地"基础上开展了社会化媒体营销的运作。涉及谁(营销主体和对象)、为什么做(营销定位和目标)、是什么(传播的内容以及如何影响到用户)、如何做(传播的媒介)是企业开展社会化媒体营销的基本问题,回答好这些问题,可以为社会化媒体营销的成功实施奠定基础。本案例结合陶溪川文创街区的定位特点,分析陶溪川是如何在无意中创造了让其用户(街区内"学""作""活"人群)自传播的内容,在不做营销的情况下,却起到了很好的营销效果,进而解析应采用何种社会化媒体的媒介组合策略,以较低成本使自传播的效应可持续化,由此探讨众多文创企业如何运用社会化媒体营销手段,来激发社群的无意识与自传播,以求不做"营销"却能"美名扬天下,嘉宾自上门"。

第三章 案例研究中的理论构建

科学研究的主要目的在于建立理论、对理论进行检验或者发展已有的理论。建立理论是驱动和贯穿于整个科学研究过程的一种智力的、情绪的和审美的活动。所建立的理论的质量和强度是评估科学研究者对科学领域贡献和影响的黄金法则。由于一些学者批评组织管理领域缺少有影响力的理论,AMR在1989年、ASQ在1995年分别组织专辑来讨论理论建构的问题。尽管如此,比起学术研究中的其他方面(研究设计、研究方法等),学者们对建立理论的讨论相对较少,而且也比较零散。许多人甚至觉得建立理论不是能够学会的科学,而是依赖个人特质和天分的艺术。本章将重点阐明什么是理论和理论建构,然后描述理论的主要成分,最后探讨理论建构过程中的主要问题,以便让年轻的研究者了解怎样建立一个好的理论。

第一节 什么是理论

Merton(1968)将理论定义为"在逻辑上相互联系并能获得实证性验证的若干命题"。理论的重要功能在于通过提纲挈领的表述,让人们了解纷繁复杂的现象或者事件发生的脉络和原因。一个好的理论必须能够把与所要解释的现象最相关的概念以符合逻辑的方式组织在一起,清晰地表达出这些概念之间的关系,帮助人们了解现象是怎样发生的,是在什么条件下发生的,以及为什么会发生。潘善琳(2010)认为加强理论应用能力是提高管理案例研究水平的重中之重,案例研究应将理论概念嵌入到案例故事中,并在案例升华过程中对理论做出贡献。

一、理论的构成

理论可以在抽象和操作两个层面上形成。抽象的理论由抽象的概念(concept)或构念(construct)和命题(proposition)构成;而操作的理论则由具有操作性的变量(variable)和假设(hypothesis)构成(Bacharach,1989)。从这个角度上讲,构成理论的概念和变量的差异主要是在抽象性或可操作性上:前者较为抽象,后者则具有很高的操作性。抽象的概念在现实世界中可能没有直接的对照物(如社会地位),而具有操作性的变量能在现实世界中观察、测量到(如每个人的职业、收入和职务)。那些旨在建立理论而非验证理论的概念性论文(conceptual papers)中的理论通常包含较为抽象的概念和命题,而那些旨在验证理论的实证性论文则需要把抽象的概念和命题转化为具有可操作性的理论,并以变量和假设的形式表现出来,以便进行实证检验。大多数实证性论文,从验证理论的角度出发,主要关注的是对概念进行清晰的界定、根据概念和命题提出可以操作的变量和可以验证的假设。我们可以将理论建构当作实证研究的一个部分,并将理论和理论贡献看作一篇实证性论文中的最终产品。

理论是一个由概念或者变量组成的系统,通过命题将概念之间的关系表达出来,或者通过假设将变量之间的关系表达出来。对于理论的构成成分,Dubin(1976)认为理论包括构成现象的若干单元(units)、各单元之间的互动法则(laws of interaction)、理论成立的边界(boundaries)、决定各单元之间的互动表现的系统状态(system states)、关于这些单元之间互动的命题、用于对这些命题进行检验的实证指标(an empirical indicator)和假设。Dubin在后来的论述中,认为一个理论应当包括什么(what)、怎样(how)、为什么(why)、谁(who)这四个成分(Whetten,1989)。这些看法在描述上略有差别,但基本上都认为理论具有以下论述的几个关键成分:概念/变量、命题/假设、机制/原理,以及边界条件。即理论是一组文字或符号表示的断言,说明什么变量重要、为什么重要,它们之间如何相互作用及其原因,以及它们相关与否的条件(如图3-1所示)。

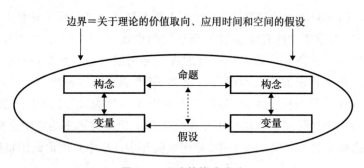

图3-1 理论的构成成分

(一)概念/变量

概念/变量都涉及理论要解释的对象和内容是什么。组织管理中的理论基本上都是将现实组织中的某个现象作为问题的起点而逐渐建立起来的。概念/变量作为对于现象的初始表达,是理论的最基本成分。

概念就是对于单个现象或实体的一种表达和说明,它是抽象的和普遍的、不能够直接或间接地被观察到。概念反映了某一事物或者现象成为自身并同其他事物或现象区别开来的本质特性。概念具有内涵(内容)和外延(范围)两方面的特性。内涵是对事物本质属性的反映,是对事物"质"的规定性的反映,说明概念所反映的那种事物究竟"是什么"。揭示概念内涵的逻辑方法是进行定义。精确而全面的定义能够保证概念准确地表达所要描述的事物或者现象。例如,"组织"是一个概念,它表示一群人为了达到某个共同的目标组成的具有特定结构的实体。概念的外延是指概念能够在多大程度上涵盖具备特定本质特性的事物。它说明概念所反映的事物"有哪些"。组织这个概念描述的是任何形式的组织,例如,营利性组织(如企业)或者非营利性组织(如政府)。在社会科学领域中,一些学者将那些专门用于科学研究和理论建构的概念称为"构念"。

变量是对概念的一种操作化和转化,使得原来抽象的概念能够被观察到并且可以被测量。所有的变量都应当可以被赋值。例如,"性别"作为一个变量时,可以用0表示男、1表示女。"工作满意度"作为一个变量时,可以用某种量表来测量,并以数值的高低来表示某人的满意程度。

概念和变量都是对现象或者事物的一种表达,二者既相互关联又存在差别。概念相对而言更加宽泛,而变量则是对概念的一种操作性的界定。在组织研究中,一个概念可能存在多个对应的变量。因此,有时不同学者研究同样的概念,但得出的结论并不相同。要比较这些研究结论,需要搞清楚测量这个概念的方法是否相同或者概念对应的变量在这些研究中是否完全相同。变量一定是具体的、可操作的并且是能够被测量的。比如,要研究工作情境中上下级之间的关系,研究者提出"权力"这个概念。但是权力是看不到、摸不着的,要对权力的大小进行衡量,研究者便将它操作化为一个人在组织中控制财务的、社会的或信息的资源的多少。那些控制这些资源较多的人,与那些控制这些资源较少的人相比,就具有更大的权力。通过操作,抽象的权力概念就转化为可观察、可测量的关于一个人对各种资源控制程度的变量。由于在组织中,个人控制资源的多少往往与其在组织机构中所处的地位高低相关,研究者也可以通过个人的工作职务的级别来衡量其权力的大小。相比抽象的权力而言,个人在组织中的级别也是可以观察、可以衡量的。例如,Finkelstein(1992)通过对文献的梳理提出在高管团队中每个成员的权力包含四个方面,而在每个方面,权力的大小都可以通过一个或多个变量来测量。

理论是建立在概念基础上的,概念是理论的基本元素。界定不清楚的概念将会导致模糊的研究命题或者假设,或者导致对于组织现象不正确的认识。不精确的概念还会使得知识难以积累(Osigwen,1989)。相反,准确界定的概念能够有效地区分现象,而且有助于数据搜集。准确界定的概念也能够指导研究者和实践者。

在使用概念/变量来建立理论时,通常要考虑完备性和简洁性两个标准。前者是指研究者在多大程度上将所涉及的因素都包括到理论中来;后者则指剔除那些不能够增加解释力的概念/变量,从而确保以尽可能少的概念/变量来建立理论。研究者包括的概念/变量越多,对于现象的解释可能越完备。然而科学研究目的在于执简驭繁,以精巧的理论去解释复杂的现象。所以,在能够准确解释现象的前提下,使用概念/变量越少越好。完备性和简洁性两者存在着矛盾,但能否平衡两者的关系乃是检验一个学者理论素养的试金石(Whetten,1989)。

(二) 命题/假设

选定建立理论所需要的概念之后,紧接着需要问的一个问题是这些概念之间是"怎样"联系在一起的?研究者需要通过命题/假设将概念联结起来。

命题或假设都是对现象之间关系(通常是因果关系)的一种陈述。二者的区别在于,命题涉及抽象的概念之间的关系,而假设则将命题涉及的广泛的关系以更为具体和能够操作的方式表达出来,因此假设一定是由具体的变量构成的。检验某个命题可能需要检验多个假设,因为命题中的概念可以由多个变量来操作化。由于这种差异,那些发表在 AMR 上没有数据的理论文章只包含命题而没有假设,而发表在 AMJ 上的实证文章需要用数据验证一个理论,这类文章一般只包含假设而没有命题。

(三) 机制(mechansim)/原理

仅仅列出命题/假设并不足以构成理论,理论的更重要的方面是解释概念或者变量之间存在某种关系的原因。组织研究者需要解释所观察到的因果关系背后的经济、社会、组织或心理原因。理论就是要对于人类行为、组织现象或过程提供根本性的解释,而这些解释必须建立在可靠的逻辑推理基础之上。在理论建立的过程中,逻辑推理非常重要。只有让别人觉得所提出的命题是合乎逻辑的、可信的,理论才有可能被人们接受,并对学术界或实践产生影响。

在组织研究中,一个常见的缺点就是研究者仅仅提出一些假设,然后通过数据来验证这些假设,而对于它们背后的原因缺乏解释。这种状况导致研究者过于注重研究方法、数据分析等技术性细节,或者局限于对概念或者变量之间的关系进行描述。要理解组织现象发生的机制或原理,研究者不仅要检验变量之间的因果关系(主效应),而且要搞清楚自变量和因变量之间的关系在不同的条件下是否相同(调节作用)。此外,更为重要的是要尽可能揭示自变量和因变量之间关系背后的逻辑,例如,自变量是否通过影响另一个变量发生改变而导致因变量发生改变(中介作用)。Shin 和 Zhou(2003)在关于领导方式、员工价值观与员工的创造性之间关系的研究中,发现转型式(transformational)领导风格对于员工的创造性有积极的影响,这是一个主效应。转型式领导是通过激发员工的内在动机来影响创造性的,即内在动机在转型式领导与员工创造性之间起中介作用。此外,员工的保守性价值观会调节转型式领导与创造性之间的关系,即保守价值观具有调节作用。综合主效应、调节作用和中介作用,研究者揭示了组织情境下员工创造性的机理。总之,命题/假设只能描述现象之间的关系或者表达出某种模式,但是理论却要对现象为什么发生提供合理的解释。

(四)边界条件

因为所有的理论都包含明确的或者隐含的前提假定条件(assumptions 或 presumptions),所以一个理论只能在这些条件下成立;一旦超出这些条件所设定的边界,理论可能就不再有解释力。因此,研究者在建构理论或者已经通过实证的手段对理论进行了论证之后,都需要明确地指出该理论的边界条件或者情境限制。

通常,研究者可以通过表明理论适用的对象是谁、在什么场合适用、什么时候适用等方式来说明理论的边界。例如,针对产业工人建立起来的某个模型是否能够解释知识型员工情境下的类似现象?在西方建立起来的公平理论是否完全适用于中国人呢?在高度发展的市场环境下建立起来的关于企业行为和竞争优势的理论是否适用于非市场环境或者新兴市场环境?所建立的理论是否会随着时间的推移而有所变化呢?

承认或者指出理论成立的边界条件不仅能够帮助实践者借鉴合适的理论去改进工作,而且能够使得研究者(理论创建者本人或者后来的研究者)不断验证原有的理论,找出其中的限制条件,从而为理论的进一步发展及学术的积累做出贡献。理论通常具有一定的普遍性或者广泛性,即可以推广到很多情境中去解释现象。要保证理论的普遍性,不仅需要在建构理论过程中对概念进行清楚地界定,对概念之间的关系做出符合逻辑的推理,而且需要对概念之间的关系进行验证。当有足够的证据支持了原来所提出的概念之间存在的可能关系时,理论才能够成立。

我们现在引用 Dubin(1976)以 Herzberg(1966)的激励-保健双因素理论来说明理论的构成。双因素理论认为,影响个体行为的因素有外在因素和内在因素两种,而个体对于外界情境的反应则有满意和不满意两种。这个理论中包括外在因素、内在因素、满意和不满意四个概念,而这四个概念之间的关系便构成了双因素理论。在该理论基础上,可以提出大量的命题。例如,个体对工作的最终态度乃是满意水平和不满意水平的总和,个体可能对组织冷漠,既不会体验到满意也不会体验到不满意,个体的满意水平与不满意水平是相互独立的。要在组织情境中验证双因素理论是否成立,必须要将这些命题转化为研究假设。为此,Herzberg将工作环境中的外在因素称为"保健因素",包括员工的薪水、技术指导、人际关系、公司政策和行政管理、工作条件及工作安全等。这些因素当中的任何一个都是保健因素的实证指标,或者可以转化为可以测量的变量。比如,薪水的高低显然是能够测量的,而劳动条件就不能直接测量,因此必须要对其进一步具体化或操作化,如洗手间和休息室的舒服程度、是否给员工提供了煮咖啡的房间、组织允许的工作休息时间长短等。同样,Herzberg将内在因素(激励因素)界定为获得成就、认可责任及个人发展机会等方面,这些因素都可以进一步操作化和测量。根据可测量的操作化的定义,研究者可以假设上述因素与员工的工作动机或者态度之间的关系,并检查来自企业情境中员工的数据是否支持这个假设。如果假设得到支持,说明理论在这个情境下是正确的。之后,研究者到其他情境中通过数据进行检验,如果仍然被验证,说明这个理论具有较高的解释力。双因素理论是有边界条件的,例如它针对的是组织成员中的个体,而不是针对组织中的群体。此外,还有学者认为,双因素理论针对经理人,对于基层的员工而言,薪水和安全等因素还是能够起到激励作用的。

二、理论的层级

在阐述什么是理论之后,有必要探讨一下理论的层级。理论这个概念,部分人对其理解过于通俗化,部分人则过于神秘化。在大众语言中,理论可以是对于现象的解释和推测、对于某种事情的猜想或者对于日常生活中即将发生的事情的预测。如果某理论被证明是正确的,人们往往觉得很不错;即便理论被证明是错误的,也没有什么大不了,甚至认为任何能够提出某种意见的人就是理论者。与此相反,有些人把理论看成是宏大的、包罗万象的系统原则和规律,很少将理论用于日常发生的事情上。而本书所说的理论是社会科学领域里的中层理论(middle range theories)(Merton,1968),理论者是指那些通过实证研究提升组织和管理知识的研究者,我们聚焦于中层理论的构建。

中层理论是相对于宏大理论(grand theories)和细微理论(trivial theories)而言的。美国流行的理论定义更接近细微理论,而中国流行的理论定义更像是宏大理论。宏大的社会科学理论是高度复杂、非常抽象和系统的理论,包括社会、组织和个人的方方面面。物理学中的模型、社会学的先驱者都希望建立宏大理论,例如马克思的阶级斗争理论、Parsons的功能理论及Homans的社会交换理论都被认为是宏大理论(Merton,1968;Bourgeois,1979;Wagner & Berger,1985)。中国道家的阴阳理论也是一种宏大理论,它认为可以将自然界和社会生活中的所有事情划分为相互冲突而又互相补充的阴和阳两种成分,事物的任何一种状态都可以通过阴和阳两种成分的平衡与变化来加以解释(Fang,2011;Li et al.,2009)。宏大理论更像一种范式(paradigm),代表那些广泛意义上共享的信念和看法,涉及世界的起源、本质及运作的基本法则。这些范式往往能够提供一种理论的透镜,去界定和检验世界。在社会科学当中,类似范式的理论代表着诸如经济学、社会学和心理学等学科的差异,使得研究者将注意力聚焦到颇不相同但互补的课题上,诸如经济中的供求关系、社会的规范与结构及个体的差异等。

细微理论被Merton称为"工作假设"(working hypothesis),它是普通人在日常生活中建立起来的常识。例如,当某位经理的下属早晨上班迟到了,而前一天晚上电视直播了一场世界杯足球比赛的实况,经理便假设下属是由于睡过头而迟到了。在这种情况下,经理所提出的理论只是针对下属在这一天上班迟到的解释,即使被验证是正确的,也未必能够解释在其他情境下发生的迟到现象,因此不具有一定的普遍性或者广泛性。

我们可以根据理论所涉及现象的全面性来体会宏大理论与细微理论的区别。宏大的理论最为全面,因为它们包括了一套相互联系的法则(命题或者假设),这些法则涉及许多不同情境下的各种现象。相反,细微理论集中于有限的概念,这些概念也只与有限情境下的少数现象有关。还可以根据理论的抽象程度来体会两种理论的差别。宏大理论最为抽象,其中的概念与变量之间、命题与假设之间的距离最大,从可观察的现象识别其背后隐含的法则也最难。细微理论则截然相反,它们最具体,理论与可观察的现象之间几乎是相同的。中层理论介于两者之间,它在全面性和抽象程度上都是中等的,目的在于解释具有一定复杂程度的现象背后的规律。中层理论是有边界的,它只适用于某些现象,并非所有现象。如果将全面性和抽象性看作一个连续体而非两个范畴的话,中层理论的提倡者力求在研究的集中性(集中于某一现象或某一方面)和全面性之间取得平衡(DiMaggio,1995),以及在精确性和广泛性之间取得平衡(Osigweh,1989)。Weick(1979)提出GAS模型,判断好理论的标准为普适(general,G),准确(accurate,A),简约

(simple,S)。因为研究方法需要与研究目标匹配,所以G、A、S三者难以同时实现,如图3-2所示。

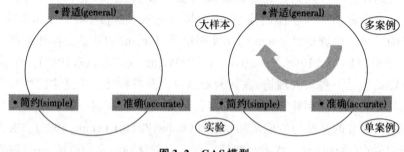

图3-2 GAS模型

把道家阴阳论的原理中层化,Zhang等(2015)从悖论视角出发,建立并验证了矛盾领导行为(paradoxical leadership behavior)模型;同样,采用阴阳辩证原理,Chen(2017)强调个体与集体导向对于现代,特别是全球组织的双重重要性,提出社区主义(communitarianism)的概念,探讨跨文化组织与团队管理中如何平衡、协调、整合个体主义与集体主义导向,提高跨文化管理效率。中层理论也可以通过对细微理论的提升,例如上面提及的迟到例子,理论者可对(不同)员工在不同组织、不同情境下发生迟到现象进行系统分析,然后总结出"迟到"这个具体行为所反映的深层次抽象概念,最后提出具有一定普遍性的理论来解释和预测它的发生。

对组织管理研究领域的学者而言,建立中层理论具有一定的挑战性,但这也是现实的选择。这是因为组织具有边界,而组织现象又是高度情境化的(徐淑英和张志学,2006),很多社会或者政治的因素会影响到组织管理实践中的解决方案。这种特性使得组织研究者容易以实用的术语来建构理论,并通过发现在组织情境中存在的具体关系而建立起一些细微理论。建立中层理论是一个相当大的挑战,它需要学者的勇气、智慧和想象力(Weick,1995)。不过,从几个方面来看,追求建立宏大理论对组织管理研究者而言可能是不现实的。第一,正如Merton(1968)和Bourgeois(1978)所主张的,尽管建立宏大理论可能是科学研究的终极目标,但是当前的社会学和组织研究还没能完成建立宏大理论的足够的知识积累。第二,社会科学中的宏大理论的建立导致了意识形态或哲学派别的相互对立,阻碍了理论的建立和发展(Wagner & Berger,1985)。第三,社会科学并不像物理学那样,它具有独特性和复杂性,建立抽象而广泛的理论往往会牺牲对于现象的准确认识，而且很可能使得理论无法证伪（Popper，1959；Bacharach，1989）。不能够被证伪的理论不是一个好理论。而社会科学中的宏大理论由于其高度抽象，很难将其概念和命题操作化为变量或者假设，或者由于其概念和命题高度抽象，不同的学者对其进行的操作化可能完全不同。这些情况最终导致的结果是无法对宏大理论进行验证。

我们提倡建立和检验中层理论，但是有必要重申，宏大理论、中层理论和细微理论之间的区别只是程度上的，而不是如表面看起来的那样有清晰的分类边界。首先，社会科学中的著名理论往往因其在不同的现象和情境中的广泛应用而更具有普适性。如身份理论（identity theory）、创新—扩散理论（innovation-diffusion theory）、社会资本理论（social capital theory）、资源依附理论（resource dependence theory）、制度理论（institutional theory）、代理理论（agency theory）等。这些更具广泛性的理论常常担当学术研究中的通用参照框架，是发展和检验新的组织和管理的中层理论的基础。其次，作为纯粹概念性文章发表出来指导未来研究的理论模型（如AMR上发表的文章），或总结过去研究和概述未来研究方向的评论文章往往比带有数据检验的理论模型更具广泛性。再次，顶级期刊比其他期刊更倾向于强调理论贡献，因而在顶级期刊中得到检验的理论往往比其他期刊中的理论更具广泛性。最后，跨层（个人、小组、组织、市场或社区、社会）的理论往往比只在一层上起作用的理论更具广泛性。例如，为了解释工作团队绩效的变异性，一个在小组（如团队动态）、组织（如资源分配）、个人（如领导风格）水平上对可能的起因（plausible causes）进行探寻的理论可能比只在小组水平上的理论更具广泛性。

我们当然希望建立的理论能够解释和预测的范围越大越好，如果能建立宏大理论，那么研究者的影响力无疑是巨大的，但考虑到管理学（乃至一般社会学）现象的复杂性，宏大理论的建立异常困难，且越抽象越容易牺牲对现象的准确认识（陈昭全、张志学，2008）。解释和预测范围是一个相对的概念，比如在一般企业管理领域（包括组织行为与人力资源、战略、会计、营销等具体领域），代理理论能解释和预测的范围是相对较小的（可以视为管理学领域的一个中层理论）；但在公司治理这个细分领域，代理理论能解释和预测的现象就非常广泛了（可以算作公司治理领域的一个宏大理论）。然而在案例研究中，我们往往会陷入一个困境：从一个或者几个案例中抽象出的理论，其能够解释和预测的范围有多大？这就需要研究者平衡好精确性和全面性。通常的做法是，抽象出的理论要与案例数据严格匹配，保障提出的理论是精确的；抽象出的理论要能和宏大理论进行对话，通过二者建立联系，以确定在所抽象出的理论的适用边界。

第二节 理论建立的过程与方法

一、理论构建的社会过程

提到建立理论,有人会立即联想到学者个人从事原创性思考,然后提出某个理论。事实上,建立理论的工作也是一种社会建构过程。研究者将自己的研究写成一篇论文,投给某个学术杂志,杂志邀请同行对文章进行评审。评审人对文章提出很多意见和建议,有时所提出的问题甚至是研究者当初考虑不周或者根本没有考虑到的。研究者对评审人提出的问题进行回应,或者根据评审人的意见和建议对文章进行修改与完善,或者从事更多的研究弥补原来研究中存在的不足。通过这样的同行评审过程,研究者的理论更为合理和严谨。除了上述常见的正式评审过程,研究者还可以采用非正式的评审来提高文章的质量,即在将文章正式投寄给学术杂志之前,研究者先将文章发给从事相关领域研究的同行,征求他们的意见。为了使研究有理论贡献,研究者一定要在研究设计和数据搜集之前的研究准备阶段,听取别人的评论、意见和批评。

美国社会具有良好而完善的学术社区,同行之间的交往非常紧密,信息沟通相对频繁,学者更容易获得同行的评论。学者们也将听取同行意见作为从事研究或者建立理论过程中很自然的一个环节。中国管理学界的学术社区正在逐步构建与完善中,学术社区活动尤其是针对研究问题进行研讨的活动相对较少,不少学者仍然在孤立地从事研究,不大了解国内哪些同行已经或者正在从事相似的研究。由于没有在准备研究阶段获得同行的评价,最终的研究取得理论性突破的可能性更小,有的甚至只是重复以往学者的研究。所以,中国的组织管理研究者们要想建立自己的理论,一定要在研究的最早阶段有意识地组织社会建构并寻求学术社区和同行的评论。

理论的社会建构有两个途径:一是向学术同行寻求建议和反馈,常通过建立核心同行群体来实现;二是研究者在思想中模拟社会建构,类似于思想实验(thought experiments)(Weick,1989)。寻求核心群体成员的观点和建议,有助于确定合适的研究问题、发现并选择恰当的理论视角、建立有价值的理论模型、根据研究的证据编织出一个清晰而流畅的故事等。怎样建立一个高效的核心同行群体?可以通过阅读文献、参加学术会议、参与专业学术团体活动,以及建立与学者的个人联系等。业界的同行一般都具有相关研究领域的素养与经验,你在与他们交流之后对问题的理解将大有提高。如果你是第一次向某专业学术杂志投寄文章,最好向那些已经在这个杂志上发表过文章的学者索取反馈。但如果你的目标是在一流杂志上发表文章,你需要咨询的同行就应该是那些在一流杂志上发表过文章的学者。

思想中模拟社会建构是指作者想象自己与一些专家进行对话和讨论。即作者充当协调人或者领导者的角色,而其他主要的人物代表具有各不相同的观点或看法,在这种模拟的社会建构中提出理论问题并对其进行争辩和解决。解决问题并不意味着各方已经达成了共识,而是表示作者决定在某个事项上持有某个立场、决定研究什么问题、选择某个特殊的观点,甚至形成某些假设。通过直接介入问题的讨论,并完整地考虑已有文献中的观点等方式做出决定。从这个意义上说,模拟的社会建构其实就是个人从事文献回顾和假设形成的过程。需要强调的是,理论建构并非学者个人闭门造车,而是积极地让某个领域中有知识和有信息的人参与进来。

建立理论的过程由几个重要的活动构成,包括发现和选择研究问题、提出理论上的解释或者解决方案、对解释或者解决方案进行评价和选择,从而确定最合适的解释或者方案,以及根据实证数据建立理论等。在早期阶段,管理学者们基于管理实践,运用心理学、社会学、经济学等基础学科的知识为经典管理理论奠定基础。然而随着时间推移,为了建立起一门独立的学科,顶级管理学研究期刊和主要商学院全力鼓励推进新概念、新理论的发展及采用先进的统计方法,以提高理论贡献的重要性。这些协同努力让管理学界确立显著地位,推动了管理学者的职业发展,但是近十几年来对于当代管理学研究的批评日益增多。顶级管理学术期刊过于关注发展新概念和理论,管理学研究对组织实践的相关性与影响却被严重削弱了。管理研究领域被批评为在理论上过于内向,自我引用(self-referential),甚至盲目崇拜(Birkinshaw et al.,2014;Hambrick,2007;Schwarz & Stensaker,2014)。近年来,越来越多的学者呼吁基于现象的管理学研究。对于中国管理学学者而言,陈晓萍等(2017)认为,以现象为基础的中国组织管理研究不仅可以增强研究对实践的相关性,也有助于发展本土或普适的管理理论。

相当比例的中国管理学学者,在企业咨询和管理培训方面有较为丰富的经验,倾向于选择那些与实践相关的问题,但对于理论的有趣性关注不够。这是因为:一方面,中国经济体制的转变以及企业改革面临前所未有的挑战,很多新出现的问题急需答案;另一方面,中国管理研究作为一门社会科学目前还很年轻,缺乏社会科学研究的规范。除此之外,许多学者与国际社会科学研究者缺乏交流,对于西方现有管理理论的接触有限。因此,他们建立框架和选择研究问题时倾向于选择实践者认为更紧急的或更具有实践价值的课题,而对于课题的理论潜能有所忽视。年轻的中国学者对于现有管理文献更为熟悉,致力于理论发展,渴望在西方主流管理学杂志上发表论文。然而,他们的研究问题不是通过体验或者观察现实世界的管理实践,而是限于对现有文献的梳理,跟踪新的研究热点,寻找文献空白,确认新颖概念,然后在现实世界中寻找它们的具体表现,从而选择与新概念特征相匹配的现象进行研究。这种所谓理论导向的选题方法的问题在于研究问题受到研究潮流的影响,被批评为对理论和方法的盲目崇拜。

既要谨防与现实脱离,又要谨防与现实粘连得过于紧密。基于现象的研究目标是为了理论发展,过于强调与现实匹配会使得研究者无法超越现实、从现象中走出来,用更为抽象的视角去理解现象的本质。过于陷入单个现象之中,可能导致就事论事,所建立起来的理论非常细微而琐碎。学者与实践者的一个重要区别在于:学者对于管理现象进行深入观察和了解之后,从实践中抽离出来,独立地对现象进行理论的思考。否则,会"只缘身在此山中"而"不识庐山真面目"。

二、案例理论化的过程

理论在案例研究过程中扮演了重要的角色。一方面,案例研究一个最大的优势就是十分有利于构建理论(是案例研究的产品);另一方面,理论能够指导案例研究设计、数据收集、数据分析等过程(是案例研究过程的参照)。换句话说,没有数据的理论是空洞的,没有理论的数据是盲目的(Sarker et al,2013)。作为案例研究的产品,目标理论与文献里的现有理论有何关系?参照理论又如何拿来指引案例研究过程以构建目标理论?我们试图为解决这些问题提供思路。事实上,这几个问题之间相互关联:参照理论的使用可以帮助案例研究过程获得同行的认可(合法性),而目标理论要找到和现有文献差异的地方(差异性),整个案例研究过程就是在寻求合法性和差异性之间的战略平衡。

总体上来讲,理论意味着逻辑相关、没有矛盾的,与一个实在领域相关的陈述、思想、概念,按照能够进行检验的方式组合在一起的系统集合(De Groot,1969)。我们以 Eisenhardt(1989a)关于在快速变化环境中进行快速战略决策这篇案例研究文章中的第一个研究问题为例。该文的第一个研究问题是:快速的战略决策是怎样制定出来的?围绕这个问题,Eisenhardt(1989a)以微型计算机行业的8个企业为案例进行了归纳分析,并得出了如图3-3所示的理论。

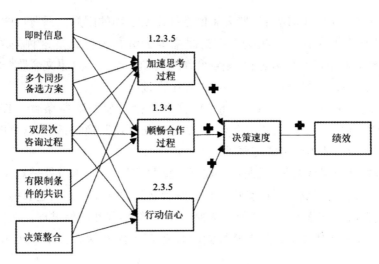

图 3-3　快速变化环境下战略决策速度模型

接下来,我们按照 Whetten(1989)对理论的理解,去拆解一个完整理论应该包含的内容(如表 3-1 所示)。

表 3-1　理论的构成要素与理论贡献

研究问题	理论意义	做出理论贡献的潜能
what	现象包含哪些理论要素(变量构念、概念)	可能做出一定的理论贡献,但往往并不充分
how	各要素是怎样联系在一起的	
why	各要素及其因果联系是什么	是做出理论贡献的核心
who where when	各要素及其因果联系有怎样的适用性边界	难以单独构成理论贡献

资料来源:Whetten(1989)。

(1) 有关概念(what):哪些因素逻辑上应该被考虑进来当作解释这个现象的一部分。要解决"快速的战略决策是怎样制定出来的"这个问题,Eisenhardt(1989a)通过演绎逻辑和归纳逻辑得出决策速度,以及即时信息、多个同步备选方案、双层次咨询过程、有限制条件的共识、决策整合等这些概念是关键要素。

(2) 命题和假设(how):这些要素之间是怎么相关的。Eisenhardt(1989a)提出的这些概念间是什么关系呢?她发现即时信息、多个同步备选方案、双层次咨询过程、有限制条件的共识、决策整合等正向影响决策速度(原文命题 1-5)。在图 3-3 中,"+"就是表征了概念间的关系模式。

(3) 机制和原理(why):这些要素的选择以及之间的因果关系背后的心理、经济或社会动态性是什么。更为重要的是需要去解释为什么是这种关系,Eisenhardt(1989a)提出加速思考过程、顺畅合作过程和行动信心是原文命题1-5能够成立的中间过程和关键原因(图3-3中的关键中介过程)。

(4) 边界条件(who、where、when):这个理论模型的限制条件。Eisenhardt(1989a)的文章的一个关键边界条件是"快速变化环境",换句话说,这个理论在相对稳定环境中的适用性可能需要进一步检验。

这里特别要强调的是,机制和原理至关重要,因为理论本身就是对人类行为、组织现象或过程提供根本性解释,而这些解释必须建立在可靠的逻辑推理基础之上。我们在前面介绍了逻辑推理的两种模式:归纳推理和演绎推理。而作为一种归纳推理的典型代表,案例研究最大的优势在于能够深入发掘机制和原理的内容。

三、研究过程与理论的角色

从案例研究的基本过程来看(如图3-4所示),理论在案例研究过程中主要有两个角色:目标理论和参照理论。前者是案例研究的"产品",需要寻求差异性;后者是指引案例研究的"过程",帮助案例研究获取合法性。接下来具体分析为什么案例研究需要在参照理论的指引下合法地构建有差异的目标理论。

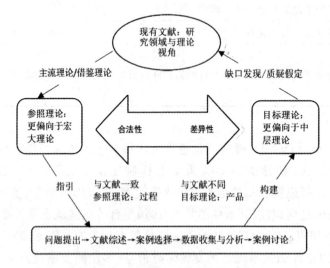

图3-4 案例研究过程与理论的角色

资料来源:李亮、刘洋和冯永春(2020)。

(一) 知识创造及其社会建构过程

新理论是案例研究的产出,这个产出只有与现有文献有差异才有意义。从研究本身的目的来看,研究是寻求真知(truth),以解释、预测和控制一个特定现象。科学研究要求通过逻辑(logic)和数据(data)的严格匹配,获取严谨的(rigor)和有用的(relevance)知识,最终解决疑惑和改善人类生活。马克斯·韦伯在《以学术为业》的著名演讲中对研究的目的做了生动而有趣的阐述:"科学的进步是理智化过程的一部分,当然也是它最重要的一部分,这一过程我们已经经历了数千年之久……而这就意味着为世界祛魅。人们不必再像相信这种神秘力量存在的野蛮人那样,为了控制或祈求神灵而求助于魔法。技术和计算在发挥着这样的功效,而这比任何其他事情更明确地意味着理智化。"创造知识,就是"理智化""祛魅"的过程,要求研究的产出(即目标理论)与现有对世界的认知(即现有文献)有所差别。

为什么要强调(案例)研究过程的合法性,这其实需要回到知识的社会属性上来。事实上,社会建构主义(social constructivism)的观点认为,不论是管理学知识还是其他学科的知识,本质上都是基于对现实的共享,假定由人类建构出关于世界的共同理解(Cunliffe, 2008)。因此,知识创造的过程必然会受到社会文化情境因素的影响,正如迈克尔·马尔凯(2006)所言,科学研究从来都不只是记录一个客观的世界。它总是包含科学家关于物质世界的研究所产生的复杂线索的意义属性;而且此类意义属性不是在由一套严格的道德规定所维持的社会真空中产生的。相反,技术意义的属性总是无可避免地与那些社会互动的过程捆绑在一起,在这一过程中参与者的社会属性与他们的主张得以磋商。

我们因此特别强调建立理论过程中涉及的互动过程,特别是与学术社区的互动。学者首先会有一个特定研究领域(如创新管理),该研究领域的研究者共同形成了一个相对稳定的学术社区(即学术共同体),拥有系列学术期刊(甚至不同期刊有不同的等级),对于主流研究方法、热点方向等有一个相对共同的理解。学者在做一个具体研究的过程中,要对社区内共同的知识(对该领域内已发表的核心文献)有一个基础的理解,并符合领域内的共同规范;同时,这一研究需要与领域内现有知识进行对话,以增加对特定现象的理解甚至改变社区内的一些观点。参照理论的使用,本质上就体现了建立理论过程中与文献的互动过程。

(二) 理论在案例研究过程中的角色

不论知识创造的互动过程有多复杂,构建理论的过程可以由以下四大类重要活动组成:研究问题、文献综述、理论构建、数据分析。研究问题是统领整个研究的核心,发现并选择研究问题一定程度上决定了整个理论构建过程。文献综述则是建立本研究与现有研究对话的基础。最为核心的理论构建和数据分析活动则是一个不断循环的过程。图3-5展示了一种更为接近我们实际进行案例研究具体步骤的所谓自上而下的归纳式理论构建过程。

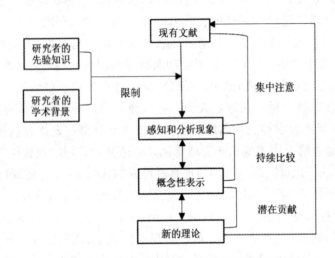

图3-5 理论在案例研究过程中扮演的角色

资料来源：Shepherd & Sutcliffe (2011)。

（1）整个研究起始于现有文献（从实践中提炼的研究问题也需要回归文献），而对文献的理解受限于每个研究者的先验知识和学术背景。

（2）以现有文献为指引（显性或隐性）对现象进行感知和分析，并提出概念性表示。这一过程需要数据、概念、研究者的理解和文献之间的持续比较。

（3）基于概念性表示提出新的理论，并与现有文献进行比较，总结理论的潜在贡献。

实际操作的归纳式案例过程展现了归纳逻辑和演绎逻辑在一个研究过程中的相互交织使用：提出研究问题的过程有意无意地都需要归纳逻辑和演绎逻辑的同时使用；提出概念及其关系的过程往往依赖于研究者的现有知识基础和经验观察；提出新的理论后，与文献比较讨论理论贡献的过程通常基于现有文献的演绎推理。需要强调的，一是目标理论（即案例研究所构建的新的理论）是整个研究的产出，这个理论要"新"，也就是和现有文献有差异。二是参照理论（即现有文献中关于研究主题的特定理论）指引案例研究过程。表3-2总结了参照理论与目标理论的定义，并以Dattee et al.(2018)和Backhouse et al.(2006)为例进行说明。最后，从案例中构建理论常常被归为典型的归纳研究，即新的理论是从数据中"涌现（emergent）"（Van Maanen et al., 2007），但"归纳过程"并不意味着研究者可以忽略现有文献中的相关知识。

表 3-2 参照理论与目标理论的定义和举例

	定义	Dattee et al.(2018)的例子	Backhouse et al.(2006)的例子
参照理论	现有文献中关于研究主题的特定理论,可以指引案例研究过程	总结了现有文献关于设计生态系统蓝图行为策略(behavioral maneuverin)的理论	总结了现有文献关于权力路径(circuits of power)的理论作为研究的理论框架,指引数据收集和分析
目标理论	案例研究所构建新理论,是整个研究的产品	通过多案例研究构建了一个新的生态系统创建过程理论框架	作者总结了通过案例研究所得出的核心理论发现

资料来源:李亮、刘洋和冯永春(2020)。

如何准确地区分"好"和"不太好"的理论?学者们提供了各种标准来检查这个问题,包括使用简约标准(在所有其他条件相同的情况下,最"经济"的理论——最少的陈述是"最好的"理论),可测试性(允许他们的命题经经验检验或对实验操作持开放态度是"更好"的理论),泛化性(将其边界扩展到一小群或少数案例之外的理论更大的群体或数量的案例是一个"更好"的理论),以及其他因素。

第三节 参照理论

要想让各类读者(特别是编辑和同行评审人)认可目标理论具有的差异性,构建理论过程本身就需要具有严谨性。寻求参照理论的帮助是让构建理论过程获得合法性的重要方式之一。那么,什么是参照理论?如何选择参照理论?如何运用参照理论开展案例研究?案例研究是否一定要有参照理论?本节将围绕这四个问题展开。

一、什么是参照理论?

如果我们把参照理论定义为"理论背景"或"理论框架",读者可能更好理解一些。但"理论框架"这种定义又会使读者产生误解:归纳式案例研究不是不需要(甚至不能)事前预设理论吗?(Eisenhardt,1989b)"理论背景"又会被理解为文献综述:文献综述不是已经讲过了吗,为何还要专列一节来阐述?

那么,到底什么是参照理论?我们用两个隐喻来进行形象的说明。参照理论就像黑夜里的一个光源,它可以照亮研究者需要观察的对象,让研究者聚焦于特定的事件或现象上,发现被文献所误解或忽略的点。参照理论也像一个衣橱,数据就像衣服,衣橱的作用是分门别类地放置裤子、上衣、袜子等,借由这个放置过程,你可能发现冬天到了却没有冬天的衣服,甚至发现衣橱不合理,需要重新再定做一个更合适的衣橱(Maxwell,2008)。基于这两个隐喻,我们可以得出参照理论的几个特征。

一是参照理论在案例研究过程中有利有弊:它可以帮助你聚焦,也可以让你聚焦于特定数据而忽略了更为有趣的发现。一个光源不可能照亮所有黑暗的地方,一个衣橱不可能装下所有衣服。所以,在研究过程中,研究者需要多找几个参照理论,同时更为重要的是研究者需要知道参照理论本身的局限性,知道它能照到哪里、照不到哪里。

二是参照理论在案例研究过程中需要不停地重新审视,甚至更换新的参照理论。如果起初寻找的参照理论没有照到研究者想要关注的现象,一个办法是换一个光源。也许读者会说,看到最终发表的案例研究文章只采用了特定的一个参照理论。需要注意的是,研究过程和写作过程是两个环节,最终呈现的是研究者通过案例分析发现对构建新理论最有帮助,而由此胜出的参照理论。

三是参照理论的核心逻辑其实更倾向于溯因逻辑①:开始于事实的集合,并推导出其最佳解释的推理过程,因此研究者多会选取可解释和预测现象范围更广的理论(如特定领域内的宏大理论)作为参照理论。例如,关注企业的竞争优势,选择资源基础观(resource-based view)可以为你照亮更多的黑暗地方。同时,需要注意的是,照亮范围越广,参照理论的作用力可能就会越弱。

二、如何选择参照理论?

当我们厘清了什么是参照理论后,接下来面临的问题是如何选择参照理论。首先,我们给出一个参照理论选择的基本步骤供读者参考。

第一,构建"理论池"。在平时的文献积累和理论积累中,针对自己所关注的研究领域和研究主题,构建"理论池"。也就是说,至少积累几个重要的理论并熟知于心。

---

① 溯因推理的思想萌芽可追溯到西方逻辑学之父亚里士多德。亚里士多德在《前分析篇》中列举了推理的三种类型,即演绎、归纳以及溯因。皮尔斯在此基础上提出溯因推理。他使用三段论的模式,将推理拆分为三个部分——规则(rule)、情况(case)和结果(result),然后根据不同的排列来区分溯因(abductive)和演绎(deductive)、归纳(inductive)三种推理。演绎是从规则和情况推理出结果;归纳是从情况和结果推理出规则;溯因是从规则和结果推理出情况。

第二，选择参照理论。当有机会开展案例研究时，针对案例，首先在"理论池"中进行搜索，看自己熟知的理论是否适合作为参照理论。如果"理论池"中的理论不是特别适合，意味着"理论池"需要进行拓展，那么再回到第一步。

在这个过程中，可以通过与其他学者讨论、在学术研讨会上报告论文等方式，听取其他学者的建议。接下来，我们将分别从参照理论从哪里来（构建"理论池"）和参照理论如何选（选择参照理论）两个方面展开。

（一）构建"理论池"

参照理论来源于已有文献，多读文献并深入理解文献是寻找参照理论的不二法门。与同行（特别是本领域内资深学者）交流是弥补自身文献阅读不足的一条有效途径，但仍需要研究者对本领域内外各种文献有着深入的理解。尽管很难，本节接下来试图给出启发读者寻找参照理论的几种来源。

1. 关注本领域的常见主流理论（往往是宏大理论）

这也是博士生培养课程中相关理论课程的主要目的。每位研究者应该至少对本领域内的一个主流理论有着非常深入的理解（熟读理论的缘起经典著作，掌握理论的发展脉络），并对本领域内的其他主流理论有较为全面的理解。如何快速了解特定领域内的主要理论核心脉络，常见思路有以下三种。

（1）阅读特定领域内的理论综述文章，特别是发表在顶级学术期刊上的理论综述。常见的专门（或定期）发表综述文章的期刊包括：*Academy of Management Review*、*Academy of Management Annuls*、*Journal of Management*、*International Journal of Management Reviews* 等。

（2）寻找本领域内知名学者开设的博士生课程的教学大纲（syllabus），并从中定位。例如，Mainstream Theories in Organization and Management、Theories and Research on Emerging Economies 等。

（3）与本领域内的资深学者交流。因为他们不仅对本领域内的主流理论十分熟悉，甚至可以根据你的研究问题和数据给出有针对性的建议。

2. 关注新的中层理论

这些理论往往来自本领域学者的最新研究进展。这就要求研究者跟进现有研究，与研究者们保持持续交互。常见的了解和获取新中层理论的方式包括以下三种。

（1）跟踪和广泛涉猎领域内核心期刊最近发表的论文。例如，*Academy of Management Review* 现在作为专门发表理论文章的阵地，多数文章均有一定的新颖性和启发性，是组织与管理领域的研究者需要持续跟进阅读的期刊之一。

(2)适当关注发表工作论文的网站,关注领域内研究者正在做的研究。由于组织与管理研究论文的发表周期较长,等到论文发表已经有一定的滞后,研究者会适当考虑把部分工作论文提前上传至互联网,如SSRN(社会科学研究网络)。

(3)积极参加领域内的核心国际会议,与同行们进行深入交流。

3.关注借鉴理论(theory)

所谓借鉴理论,是指从其他领域中"旅行"过来的理论(Oswick et al.,2011)。获取这种理论要求研究者们涉猎广泛,不只关注自己所在领域的文章,还需要适当关注相关领域或者不相关领域的最新研究进展。这当然是一个大挑战,但是借鉴其他领域的理论可能会引起本领域学者讨论方向的转变,进而做出重大理论贡献。

(二)选择参照理论

如何选择参照理论是一个非常难以回答的问题。参照理论的选择实际上经历了案例研究的全过程,包括案例研究设计阶段、案例研究执行阶段、案例研究写作阶段。在每个阶段都需要参照理论、研究问题、目标理论、数据的不断互动来确定参照理论是否合适。

案例研究设计阶段:绘制概念地图。绘制概念地图是指把初步了解的研究现象所涉及的关键概念及其关系用图示的形式展现出来。这些关键概念可以来自文献,可以来自研究者的理解,也可以来自初步的访谈等。概念间关系也可以是抽象的因果关系网络图、事件之间关系的流程图、概念定义的树形图等,还可以由多张图组成。这个概念地图的目的是帮助研究者进行思考。例如,哪些参照理论可能很重要?哪些角度在研究设计过程中可能需要特别关注和可能会被忽略等。图3-6展示了组织二元性得以实现(前因和过程)的概念地图。通过文献梳理,我们得出了一些关键概念和可能的参照理论视角。该概念框架用于厘清可能的研究对象和研究内容,图中的所有内容将在后续研究过程中继续调整。Miles & Huberman(1994)、Maxwell(2008)、Strauss & Corbin(1990)等均提出了类似的方法,以帮助研究者设计案例研究过程,感兴趣的读者可以参阅。

案例研究执行阶段:思想实验。在案例研究设计阶段,需要设想会有几个可能的理论涌现出来。在数据收集和分析的过程中,通过思想实验的方式多次转换参照理论,是一个有用的策略。思想实验是指按照"如果……,会……"的思路思考各种可能性。如果从这一参照理论的视角切入,会如何解释数据,发现什么结论,这些结论有何理论贡献;如果换一种参照理论的视角切入,会如何解释数据,发现什么结论,这些结论有何理论贡献;以此类推。"暗夜里的一个光源"的隐喻,转换参照理论可以帮助研究者看清不同的数据。思想实验一方面可以帮助研究者分析数据;另一方面,可以帮助研究者确定参照理论,对整个案例研究过程帮助最大的理论,即可确定为参照理论。

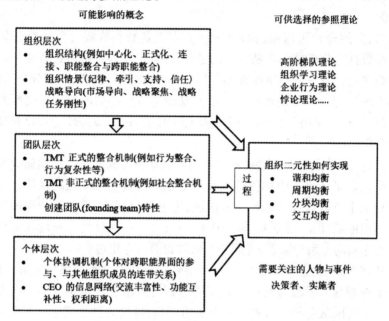

图 3-6　组织二元性如何实现的概念地图

资料来源:李亮(2011)。

案例研究写作阶段:确定参考理论并写出逻辑一致的论文。事实上,前两个阶段的绘制概念地图、思想实验等都无须展示。可以先确定哪个参照理论可以帮助研究实现"最优独特性",然后专注于该参照理论,写出逻辑统一且清晰的研究报告或论文。

三、如何运用参照理论开展案例研究?

要回答"如何运用参照理论开展案例研究",我们需要再次回到案例研究的基本流程中来,探讨参照理论在帮助案例研究获取合法性过程中的作用。

第一,参照理论可以指导数据收集。如果没有参照理论的初步指引,收集案例研究的数据很容易陷入"数据的海洋"中。例如,在关注权力不对等的联盟双方之间的创新合作中,资源依赖理论可以作为其中一个参照理论,帮助研究者明确数据收集的方向,避免在收集数据的过程像一只无头苍蝇一样乱窜。正如前文所强调的,参照理论仅供参照,不要让参照理论操控你。甚至有部分案例研究者强调不要在进入现场之前有理论预设,保持开放心态。这其实是一个平衡:归纳研究不是忽略文献的借口,文献也不是忽略可疑数据的借口。任何一个研究不可能完全不受现有理论的影响,关键在于研究者需要认清参照理论的利弊以及研究本身的目的。

第二,参照理论可以帮助数据分析。在大量数据收集过程中就开始数据分析。质性数据的分析是一个贴标签的过程,参照理论在贴标签过程中可以起到很大的帮助作用。不论何种质性数据分析的策略(如诠释取向、内容分析、行动研究等),现有理论、数据、涌现理论之间的互动都是最核心的内容。从资料的描述到寻求解释(资料的深层结构)是一个逐步理论化的过程,参照理论可以帮助这个过程进展得更为顺畅。

第三,参照理论可以帮助案例研究的发现从特殊到普适。案例研究经常被诟病的一个问题是从个案中如何得出在一定范围内具有适应性的结论。这个问题在一定程度上可以通过参照理论来解决:通过参照理论、数据和涌现理论之间不断比对得出的新理论,然后再与参照理论进行比对,通过演绎推理找到新理论和现有理论之间的差别与联系,进而拓展新理论的概念化边界。

此外,参照理论还有其他作用。一是可以帮助研究者提供研究方法的思路:参照理论在构建和发展过程中采用了哪些研究方法?在本研究中哪些方法可以借鉴?二是可以帮助研究者进行思想实验:所有可能的参照理论能否完全解释研究者的数据?研究者提出的理论的解释力如何?与参照理论之间的核心差别是什么?这个核心差别真的成立吗?

最后,在参照理论的使用过程中需要特别关注:认清参照理论的优势与弊端,找到参照理论起作用的关键节点。参照理论是一把"双刃剑",有如上所述的各项好处,但也有着极大的"破坏力":受限于参照理论的框架中,很容易让研究者忽略可能做出贡献的重要方面。研究者需要参照理论的辅助,但更为重要的是跳出参照理论的束缚。事实上,找到参照理论的使用不足与过度使用之间的平衡点至关重要。参照理论使用不足容易陷入数据的海洋,而过度使用则又容易陷入文献的海洋。任何一个研究都是寻求"最优独特性"的点,参照理论是帮助研究者寻求这个点的工具,而研究者不能沦为参照理论的工具。

四、案例研究是否一定要有参照理论?

在厘清了什么是参照理论,以及如何运用参照理论开展案例研究后,让我们重新回到一个根本问题上来:案例研究是否一定要有参照理论?总体而言,如果你是案例研究的初学者,请尽可能找到一个参照理论来指导你的案例研究过程;如果你是一个案例研究的资深学者,请随意。实际上,案例研究方法可能是所有研究方法里面最没有公认流程标准的一种研究方法,不同的人对于需要参照的理论都有自己的见解。

首先,Yin(2009)强调先提出理论框架,然后在理论的引导下开展案例研究。Yin(2009)强调,在收集任何资料之前建构理论假设,是案例研究与其他方法,如民族志和扎根理论的不同点……对于案例研究方法来说,在研究设计阶段进行理论构建是极为重要的。理论或理论假设不仅有助于设计案例研究,还有利于归纳、概括个案研究的结果。

其次,Eisenhardt(1989b)强调,先做好可能重要构念方面的相关准备,但不要预设理论命题;再开展案例研究,逐步形成理论命题。事实上,Eisenhardt(1989b)提出,根据推测事先确定构念有助于形成理论构建的最初研究设计(带有试验性)。任何构念都不一定会被保留到最后的理论,理论构建研究应该尽可能地在没有任何构思的理论和有待检验的假设的理想状况下展开。诚然,完全没有任何理论的理想状态几乎不可能达到。即使如此,努力接近这种理想状态非常重要,因为预设的理论观点或命题会让研究者带入偏见或限制新结论的发现。

最后,扎根理论这一方法关于是否需要参照理论其实存在很多争论,如果我们回到扎根理论的经典著作,可以发现Glaser & Strauss(1967)提出了一个所谓实体理论(substantive theory)的概念。扎根理论更强调理解行动者基于主观经验建构意义的过程,实体理论则指代研究领域内的成熟理论。基于这一观点,Glaser & Strauss(1967)认为,实体理论和正式扎根理论的产生具有策略性关联。我们相信正式理论可以直接从数据中产生,但是从实体理论中发展出正式理论更为可取,也更有必要。实体理论不仅可以激发出好的想法,也为发展相关的理论类别和属性以及选择可能的理论整合模型指明了最初的方向。没有实体理论的启发而发现一个正式扎根理论确实是比较困难的。Suddaby(2006)也强调,扎根理论研究的实质就是在"理论强加"的世界观和"无所束缚"的经验主义之间取得一种平衡。一个简单的方法是将注意力放在现有理论上,但同时不断提醒自己,"你是个活生生的人,你的研究发现既取决于你是谁,还取决于你到底想看到什么"。扎根理论不是忽略文献的借口。

以上三种关于参照理论的作用的常见观点看似冲突,实则都指向一个问题:如何严谨地产生有差异性的目标理论?换句话说,只要能合法地构建出有趣的理论,用不用参照理论其实不重要,但是"合法性"在任何领域都是新进入者急需的东西。Elsbach & Kramer(2003)在数据分析部分详细描述了目标理论和参照理论之间的互动过程,展现了一个实际案例研究中较为"混沌"的过程,而非"理想状态"。

第四节 实证研究的理论贡献

一、做出理论贡献的途径

我们可以从两个方面来判断一个理论的科学贡献:实证的和理论的。评价实证贡献的主要依据是理论被数据支持的程度。在其他条件相同的情况下,一个被更多和不同的实证观测所支持的理论,其贡献更大(Stinchcombe,1968)。实证贡献主要关注的是对理论的检验,即理论与相关数据之间的关系。评价理论贡献则需要参考其他相关的理论来进行。许多年轻的组织管理研究者倾向于关注理论与数据之间的联系,而对理论与理论之间的联系关注不够。我们认为,任何一项实证研究都要同时考虑这两种贡献,但要更加关注理论贡献。根据 Wagner & Berger (1985)关于理论发展的观点,我们分别阐述深化(elaboration)、繁衍(proliferation)、竞争(competition)和整合(integration)四种发展理论的途径以及这四种途径之间的关系。

(一) 深化

深化是指研究者在已有的理论的基础上增加一些新的成分,使得原来的理论更全面、更具体、更精确和更严谨,从而增加了理论的解释力和预测力。新建立的理论并没有挑战或者背离原有理论的假定和原理,它与原理论所阐述的问题是相似的,支持理论成立的实证性数据或观察也是相似的。

通过深化的途径来发展原有理论,一个通常策略是增加调节变量,显示原来理论中的命题或者假设在不同条件下有所不同。例如,虽然高阶理论(upper echelons theory)提出高级管理人员的个人因素,例如年龄、教育水平、职能背景和工作年限等会影响企业的战略决策和业绩(Hambrick & Mason,1984),但实证研究发现,高管的影响在不同的行业和企业之间存在很大差异。为了解释这个现象,Hambrick & Finkelstein(1987)提出了管理自由度(managerial discretion)的概念,并指出高级管理人员只有在拥有一定管理自由度的情境下才会对企业的战略决策和业绩产生显著影响,并且其影响会随着经理人自由度的提高而加大。随后的一些实证研究就是通过增加并检验管理自由度的调节作用来对高阶理论做出贡献(Crossland & Hambrick, 2011; Finkelstein & Hambrick, 1990; Li & Tang, 2010)。另外,Shen & Cho(2005)对管理自由度这个概念进一步深化,把它分解为目标自由度(latitude of objectives)和行为自由度(latitude of actions)两个维度,并系统地探讨了这两个维度对于CEO变更和企业业绩之间关系的调节作用。

另一个深化的策略是在原有理论中的变量之间增加中介变量,揭示原有理论中的两个概念或者变量之间的关系发生的过程。例如,学者们提出团队的交互记忆系统(transactive memory system,TMS)概念来解释有效的团队的工作机理(Werner,1987),认为TMS作为一种团队处理信息以及综合、协调不同成员的知识专长的认知系统,能够让团队成员彼此了解并利用各自的专长来完成复杂的团队任务。以往学者认为,团队成员之间的交流和沟通会影响到TMS的形成(TMS作为因量)。还有学者考察了在现场环境下TMS作为自变量对于团队绩效的影响(Lewis,2004)。Zhang et al.(2007)指出,在组织环境中,TMS的发展必然受到诸如团队文化、所从事任务的互赖性及团队成员对于目标的认知等团队特性的影响,而进一步影响到团队工作的绩效。他们假定TMS在团队的创新文化、任务互赖性及合作性的目标依赖性与团队绩效之间起完全的中介作用,来自104家中国高技术企业的数据证实了TMS的中介作用。这项研究通过揭示TMS在团队特性与团队绩效之间起到中介作用而对已有的TMS文献做出贡献。

(二)繁衍

繁衍就是研究者从其他领域的理论中借鉴某种或某些思想,将其应用到新领域中的现象上。繁衍与深化的区别在于,繁衍是将其他领域或者学科的理论应用到一个新领域中的现象上去,而深化则是针对同一领域中的相同现象。运用繁衍途径建立理论时,研究者可能没有对原来的理论进行大的改变,但借鉴它的思想却能够很好地解释新现象。Hannan & Freeman(1977)将人口生态学运用到组织研究中是人们常引用的理论繁衍的范例。人口生态学的概念起源于进化论和自然选择理论,这些理论认为,那些更好地适应环境的生命物种存活下来而不能适应的物种就消失了。Hannan & Freeman将该理论用于企业的诞生、存活和死亡。既有理论认为,组织对环境变化具有较强的适应性,因此,组织存活是组织通过努力来适应环境变化的结果(Child,1972)。而Hannan & Freeman则认为,多数组织都深受组织惯性之害,这种惯性妨碍了组织的适应性,使得组织与已经或正在变化的环境不相容,而被那些与外部环境相适应的组织所替代,因此,他们提出组织能否存活不是组织本身主动适应的结果,而是由环境选择来决定的。

有时,学者们并非完全借用另外一个领域的思想和理论,而只是借鉴其中的某一种思想或者部分思想。例如,Gardner & Avolio(1998)运用戏剧的观点来建构有关领导者和追随者之间关系的理论。他们认为,魅力式领导者就是注重印象装扮的演员,而追随者就是观众。领导者与追随者之间的关系建立过程就像一部戏剧一样徐徐展开,包括设计(framing)、编写剧本(scripting)、登台亮相(staging)和表演(performing)等几个阶段。两位研究者系统地运用戏剧的概念来叙述领导者的绩效行为,并阐述决定这些行为的因素及这些行为所导致的结果。他们并没有完全将正式的戏剧理论移植到领导现象中来,而是从戏剧的效果是如何发生的过程中获得灵感。这是一种比喻性的理论繁衍。

(三)竞争

第三种做出理论贡献的途径是竞争,是针对某个已经完全建立起来的理论提出新的理论,做出与原来理论针锋相对的解释。新的理论以令人信服的证据展示原来理论的重大缺陷,从而提出另外的解释,甚至替代原来的理论。新的理论与原有的主流理论的对立程度可以有所不同。有时新理论只是在某些方面对已有理论提出挑战,但保留了原有理论的基本原则和结构。Wagner & Berger(1985)将这种情况称为"理论变式",而不是理论竞争。在高度竞争的理论建构中,新理论很可能采用完全不同的角度或者假定,以此来挑战原有理论的角度和假定的不足,新理论可能对于相同的现象做出与原有理论截然不同的预测,并替代原有的理论。Meindl(1990、1995)提出的魅力领导理论就是一个范例。传统的领导学研究普遍采用一种领导者中心的典范,即认为领导力是驻留在领导者身上或者由领导者产生的一种品质或行为,它影响了下属,并决定下属和组织的绩效。然而,魅力领导理论却认为,领导力是驻留在下属那里而且由下属产生的,是由下属主观建构出来的用以理解组织变化和不确定性的一种东西,它是由组织绩效决定的,而非决定组织绩效。该理论丰富了领导学领域中以下属为中心的研究,填补了传统的以领导者为中心的领导理论的不足(Samir et al.,2006)。

在战略管理领域,资源基础理论(resource-based theory)的提出也是一个通过竞争来建立新理论的范例。传统的产业经济学理论强调企业之间业绩上的差异主要是由它们所处行业的差异造成的,特别是在行业结构上的差异。资源基础理论则提出,企业之间在业绩上的差异并非由所处行业决定的,而主要是由于企业自身因素特别是其内部在资源禀赋上的差异造成的(Wernerfelt,1984;Barney,1991)。这种在理论上的竞争导致了一系列实证研究,检验企业业绩受行业因素和企业因素影响的相对程度的大小(McGahan & Porter,1997;Misangyi et al.,2006)。另一个竞争性理论的例子是社会网络研究中的弱关系理论。以往的理论和研究强调强关系比弱关系具有更大的优势,但Granovetter(1973)认为弱关系的优势在于,它能够使个人获得新的、非多余或不重叠的信息,并能够使个人与更多不同的社会网络建立联系,从而提升个人的灵活性、流动性和创新性。

（四）整合

整合是在两个或者两个以上已经建立起来的理论的基础上创造一个新的理论模型。在对理论进行整合时，可以采用前面提到的深化、繁衍或竞争的途径。深化的整合理论表明，原来的理论可以通过增加调节变量来深化为两个（或多个）变式（variants）：变式一在某些条件下成立，变式二则在其他条件下成立。例如，Xiao & Tsui（2007）关于高承诺组织中的结构洞功能的研究是对原来的结构洞理论的重要发展。结构洞理论认为，那些能够将两个及以上相互没有联系的人联结在一起的中介者具有更多的社会资本（Burt, 1997）。这种社会资本使得中介者获得更多的信息和机会，并且能够决定给予谁更多的好处。Xiao & Tsui认为，在集体主义文化中，结构洞不能使个人具有更多的社会资本；同时，在高承诺的组织中，中介者无法获得信息和控制的两个好处。原因在于，在这种组织中，通过控制信息来获得个人好处的做法会受到组织内部规范的约束和惩罚；此外，结构洞的好处应该被其周边的所有人来分享，而不是让结构洞的占有者独享。因此他们推断，与低承诺组织相比，高承诺的组织中结构洞与员工的生涯绩效之间的正相关更弱。他们在四家高承诺组织中获得的数据表明，结构洞对于员工的生涯发展不仅没有好处，而且是有害的。

除了这种深化的整合，还可以通过繁衍的整合和竞争的整合进行理论创新。繁衍的整合模型可以解释某种深层的理论关系在不同的情境下都存在；而竞争的整合理论可以吸收相互对立的理论中的某些成分而建立一个严密的理论，从而解释在某些条件下原来两个观点不同的理论中的其中一个理论，而在另外的条件下第二种理论也成立。总之，整合的目的在于通过联系和统一相互对立的概念与理论来发展新的理论。

陈昭全与合作者们（Chen, 1995; Chen et al., 1997; He et al., 2004）采用整合这一途径来研究中国管理者和员工对于奖酬分配的偏好。他们提出的问题是：个体主义—集体主义价值观如何影响人们关于分配公平的判断与态度？具体来说，在中国企业改革的背景下，集体主义的价值观究竟会阻碍还是促进人们对按劳分配的接受？本书作者通过文献综述发现，有两种理论（即文化理论和系统目标理论）与这个问题直接有关。文化理论认为，集体主义者更加偏好平等（egalitarian）的奖酬分配，而个体主义者则更加喜欢公正（equitable）的奖酬分配（Leung & Bond, 1984）。系统目标理论则认为，当组织以促进生产为目标时，人们更偏好基于贡献的分配方法；而当组织的目标是员工的发展和凝聚力时，人们更偏好平等的分配方法（Deutsch, 1985）。两种理论对于正在经历奖励体制改革的中国员工的偏好的预测是相反的。文化理论预测,由于中国人是集体主义者,所以他们会抵制对旧的平等分配奖酬的体系进行改革。相反,系统目标理论则预测,由于中国的企业改革强调绩效导向,因此员工将更加支持奖酬分配改革。陈昭全与合作者们整合两种理论提出动态的文化模型,将经济目标的优先性作为组织情境,探讨员工的奖酬分配偏好。他们首先拓展了集体主义的概念,认为它包含两个维度:纵向的集体主义(指个人将集体的利益放置于自己的利益之上)和横向的集体主义(指个人关注小组中的其他成员及人际和谐与团结)。他们推论,相比横向的集体主义者而言,纵向的集体主义者在分配偏好上将对生产目标的优先性和赢利更加敏感。通过整合目标优先性和纵向与横向集体主义的思想,这个整合模型提出了以下的假设:同美国员工相比,中国员工表达出更强烈的经济/绩效导向并更加偏好差异性的奖酬分配(Chen,1995);中国的纵向集体主义者会支持奖酬分配的改革,但横向的集体主义者会抵制奖酬分配改革(Chen et al.,1997);由于企业改革已经涉及所有制的问题,生产目标的优先性会在所有制改革与纵向集体主义者偏好差异性的奖酬分配之间起中介作用(He et al.,2004)。这些假设都被实证的数据结果所证实。

采用整合的途径大大地受益于多重理论和多重水平的观点。基于对"关系"的文献进行的综合回顾,Chen et al.(2011)发现,关系研究可以归为三个理论观点:自我—实用(ego-pragmatic)观、社区—伦理(community ethical)观、儒家关系观。Chen & Chen(2011)提出了整合模型来探讨个人与个人之间的关系(个人社会资本)是如何转化成为组织关系(集体社会资本),并探讨个人因素(如对于领导的信任和组织认同)和组织因素(如道德领导和正义氛围)是如何影响这种转化的。在这个模型中,研究者采用了多重理论和多重水平的观点研究个人之间和公司之间的关系。自我—实用观解释了个人与个人之间和公司与公司之间的一对一关系,社区—伦理观则解释了跨层级的关系转化,而儒家关系观则阐明了人际特性和社区特性的作用。

理论贡献还可以通过整合微观与宏观研究(micro-macro integration)来实现。在过去的十多年里,越来越多的战略和组织理论等宏观管理研究学者致力于对宏观管理现象和其微观基础(micro foundations)的整合(Felin et al.,2015)。一方面,他们通过繁衍把微观领域的理论(如心理学和组织行为学的理论)运用到对企业并购、创新、组织能力、所有权结构、董事会构成等宏观管理现象上,以深化对这些现象的解释;另一方面,他们通过关注并引入不同的组织情境作为调节变量,以深化来自微观领域的理论。比如,许多在顶级期刊上发表的关于战略领导力的研究就是通过对微观理论和宏观组织情境的整合来对已有文献做出贡献(Finkelstein et al.,2009)。在微观领域,研究者们也越来越关注通过引入宏观组织情境作为调节变量,以深化整合的方式来推动微观理论的发展。

近年来,组织行为领域的学者意识到,需要将微观层次的概念的解释力提升到组织层次上去,并考虑组织所处环境的约束。例如,古人强调人要相信命运,而不能够太相信个人的努力(如"万事分已定,浮生空自忙");但是现代的企业家又需要不懈努力,才能解决很多难办的问题。整合两种相互矛盾的信念,Au et al.(2017)认为,中国企业家的信念是"认命变运"(negotiable fate),即认为个人可以在命运所设定的边界内通过自己的行动改变后果。这种信念既不同于西方社会的个人能动论(personal agency),也不同于一些东方社会所相信的宿命论(fatalism),他们通过对大量中国企业高管的调查,发现高管的对于"认命变运"的相信程度影响了企业的创业导向(entrepreneurial orientation),并使企业有更高程度的创新和更好的财务表现;"认命变运"的信念与企业创业导向之间的关系受到了企业之外环境的动态性的调节,即二者的关系在动态的环境下更紧密。这项研究尝试运用整合和深化的途径,以个体层面的概念去解释组织层面的现象和业绩。

(五)四种途径之间的关系

以上四种做出理论贡献的途径并不是相互排斥或者截然分开的,可以看作研究者将自己的理论观点与已有文献联系起来的手段。学者可以在理论建立的某一个方面使用深化的途径,而在另一个方面使用竞争或者繁衍的途径。例如,经济学中的预期效用不变性原则认为,理性的决策者对于相同的情境的选择偏好应当是一致和稳定的,不管以什么方式来呈现或者描述这些情境。Wang(2008)让大学生和高层管理者分别参加一个管理决策的练习,他将相同的决策任务描述为正向框定(包含机会)和负向框定(包含威胁)。结果发现,大学生在不同的框定条件下做出的选择显著不同,但高级经理人的选择并没有受到框定条件的影响。这个研究证明,框定效应发生的重要条件在于个体在模糊的情境下做决策。对于高级管理者来说,他们具有丰富的管理决策经验,所面临的情境对于他们来说并不模糊,因此框定效应没有发生。

二、理论构建过程中的归纳和演绎

归纳和演绎是两种不同的逻辑推理方法。演绎是将笼统的、一般性的原则推演到具体的事例;而归纳则是对具体事件进行总结,从中发现一般性的规律或者原则。我们在这里主要讨论如何在理论建构过程中使用归纳和演绎,许多人将演绎和归纳式的理论建构分别与定量和定性方法联系在一起。在我们看来,这种区别在于在建构理论的过程中,学者在多大程度上需要数据的支持。演绎式的理论建构主要依赖于学者的逻辑思考,并不要求理论与数据之间的不断匹配与调适。因此,演绎导向的理论家将主要精力用于回顾以往的理论,从中发现空缺或不一致,以便提出新的概念和命题来弥补这些不足。当然,他们也会对以往的实证研究进行分析,会将这些实证研究与相关的理论相结合进行探讨,而不是仅对这些实证研究进行检讨来提出理论。相反,归纳取向的理论家认为,由于社会现象非常复杂,人类对它们的了解不够,理论应当深深地扎根于社会现实,研究者应当积极而紧密地贴近现实,并系统地搜集数据和分析数据,包括对以往实证研究结果的搜集和分析(Claser & Strauss, 1967; Dougherty, 2001)。在这些学者看来,没有数据就不可能有理论,数据是理论产生的唯一来源。他们所说的数据是广义的,既包括定量的和定性的数据,也包括观察、访谈、信件、故事、照片和档案等资料。他们强调,研究者要深深地浸入所研究的社会现象中去,并与其中的主要的社会行动者进行频繁的交往,以便真正地了解社会现象,从而建立起解释这种现象的理论。

在以上的讨论中,我们强调了归纳和演绎的区别。事实上,二者在建构理论的过程中同时存在、相互重叠,且常常交织在一起。演绎导向的研究者并非仅仅依赖已有的理论和实证研究来建立他们的理论。在选择研究问题、建立概念和假设的过程中,他们会有意或无意地从个人经验和观察中受到启发。有些人会通过中心小组访谈、开展个人访谈或者分析档案资料等途径,帮助自己提出概念或者对概念和命题进行论证。先接触和了解现象,然后提出一些概念和命题,类似于运用扎根理论(grounded theory)的方法建立理论的过程。总之,尽管研究论文主要以演绎的方式建立理论,研究者从以往的理论和研究中推导出当前的新理论,但实际上,理论建立的过程涉及演绎和归纳过程的不断互动。运用扎根理论的方法建立的过程也是如此,许多采用扎根理论方法的研究者并非一点也不了解以往的理论,已有的理论可以是他们研究的起点,或者他们也可能将搜集到的数据与以往的理论框架进行比较。有时,在早期的酝酿阶段,某些概念或命题已经浮现,通过演绎的过程影响了进一步的数据搜集,而搜集到的数据又为概念和命题的发展与修改提供了更多的证据。所以,可以将扎根理论建构看作归纳和演绎轮回循环的过程。一个优秀的研究者应当具有同时运用归纳和演绎两个过程的能力,并能够熟练地在二者之间转换。

例如,韩玉兰(2010)在对中国企业里的中层经理进行访谈后发现,那些成功的经理人在处理工作中的各种复杂问题时普遍表现出了"有心"的特点。通过回顾以往的研究,她发现这些中层管理者所表现出的"有心"与心理学研究中有关觉知（mindfulness）的研究发现（Brown & Ryan，2003；Langer，1989）及佛教思想中的"觉知"表现有相通之处。于是，她提出了针对管理情境的"管理觉知"的概念并归纳出了其具体的表现。Han & Zhang（2011）以更多中层管理者提供的具体行为表现为基础，编制了管理觉知量表，并通过实证研究与现有的觉知量表及相关的其他概念进行了区分，进一步澄清了管理觉知这一概念。他们还检验了管理觉知对管理者的部门工作绩效和声望成效的正向预测作用，以及情境不确定性（以角色冲突和角色模糊为代理变量）在其间的调节作用。韩玉兰等所进行的研究体现了理论建构过程中归纳和演绎的循环往复。

三、理论构建的贡献分类

理论构建与理论检验的贡献分类如图3-7所示。

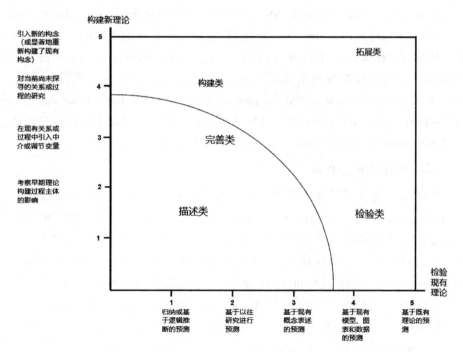

图3-7 理论构建与理论检验的贡献分类

资料来源：Colquitt & Zapata-Phelan（2007）。

（一）较低的理论贡献

级别1：尝试复制先前展示的效果（Attempts to replicate previously demonstrated effects，）；操作复制（operational replication）。一名研究人员试图复制另一

项已发表研究方法的所有细节（A researcher attempts to duplicate all the details of another published study's methods）；建设性复制（constructive replication）；研究人员故意避免模仿早期研究的方法，以对研究结果的可复制性进行更严格的测试（A researcher deliberately avoids imitation of the earlier study's methods to create a more stringent test of the replicability of the findings）；对于确定研究结果的外部有效性和积累科学知识的关键至关重要（Vital for establishing the external validity of a study's findings and key to the accumulation of scientific knowledge）；但是它们既没有提供新概念，也没有提供原始关系（However, they offer neither new concepts nor original relationships）。

级别2：检验已成为先前理论主题的效果（但不是先前实证研究）（Examines effects that have been the subject of prior theorizing, but not of prior empirical study）；这些文章没有增加现有理论中的想法，也没有引入新的关系或结构（These articles do not add to the ideas present in existing theory, nor do they introduce new relationships or constructs）；然而，它们确实为理论驱动的研究开辟了重要的新途径（However, they do open important new avenues for theory-driven research）。当理论模型描述的关系尚未经过测试时，它对于指导研究最有用（A theoretical model is most useful for guiding research when the relationships it describes have not yet been tested）。不幸的是，许多已建立的理论从未经过正式测试（Unfortunately, many of the theories that are built are never formally tested）。

（二）中等的理论贡献

级别3：为现有关系或流程引入新的调节变量（Introduces a new moderator of an existing relationship or process）。这些文章涉及在现有理论中添加新的"什么"（即构造或变量），以描述关系或过程"如何"展开，或"在哪里""何时"或"为谁"，这种关系或过程很可能会体现出来（These articles involve adding a new "what"（i.e., a construct or variable）to an existing theory in order to describe "how" a relationship or process unfolds or "where" "when", or "for whom" that relationship or process is likely to be manifested）。它们确实澄清或补充了现有理论（They do clarify or supplement existing theory）。然而，在现有模型中添加一两个变量可能不会从根本上改变现有理论的核心逻辑（However, adding one or two variables to an existing model may not fundamentally alter the core logic of an existing theory）。范例：CRM使用对内部销售管理控制的影响：实现CRM收益的另一种机制（The effect of CRM use on internal sales management control: An alternative mechanism to realize CRM benefits）。

(三) 较高的理论贡献

级别 4：考察以前未开发的关系或过程（Examines a previously unexplored relationship or process）。这些文章可以作为全新理论的基础（These articles can serve as the foundation for brand new theory）。

级别 5：引入一个新结构或重新概念化现有结构（Introduces a new construct or significantly reconceptualizes an existing one）；新结构的引入通过产生许多可以塑造未来思维的新研究方向，与现有工作产生了根本性的差异。(The introduction of a new construct creates a radical departure from existing work by generating a number of new research directions that can shape future thinking)。此类研究的一个关键问题是所讨论的结构是否真的是新的，或者它是否代表"新瓶装旧酒"（A critical issue with such studies is whether the construct in question is really new or whether it represents "old wine in new bottles"）。

范 例：*Reconceptualizing Organizational Routines as a Source of Flexibility and Change*（2009 年 ASQ 最佳论文）。评审委员会的评论：It is rare to find articles that take on core issues in a discipline and are able to say something fundamentally new. We believe that Martha Feldman and Brian Pentland's 2003 article "*Reconceptualizing Organizational Routines as a Source of Flexibility and Change*" does just that. The article takes on issues that are core to the field of organizations and have been for more than a century. But Feldman and Pentland's reconceptualizetion of organizational routines is quite different than virtually anything that has been said on the topic in the past. While virtually all of organizational research accepts as conventional wisdom the notion that routinized routines give rise to inertia, Feldman and Pentland present a different view. Drawing on the work of Bruno Latour, the authors take us deep inside an examination of organizational routines and say something truly innovative about the complexity of routines. They argue that while certain aspects of routines do lend themselves to stability, other aspects foster change within organizations. They then go on discuss the implications of this framework for future research. The article is truly original and a theoretical breakthrough. It will shape fundamental lines of research for years to come. (很少有文章能够在学科中找到核心问题并且能够说出根本上的新事物。几乎所有的组织研究都接受常规化的惯例会导致惯性的观念成为传统智慧，但费尔德曼和彭特兰在 2003 年提出了不同的观点，虽然例行公事的某些方面确实有助于稳定，但其他方面促进了组织内部的变化，它将

组织惯例重新概念化为灵活性和变革的源泉,进一步讨论这个框架对未来研究的影响,它将塑造未来几年的基本研究方向。这篇文章是真正的原创和理论突破。)

四、情境化与理论贡献

人类活动都是嵌入社会中的,如果组织研究不考虑相关情境效应,结果一定是不完整甚至不明确的。情境是指特定研究所处的物理的、政治和法律的、文化的、社会的、历史的、经济的环境,以及组织环境(徐淑英和欧怡,2008)。情境化(contextualization)指将研究置于一定的情境中,是本土化研究的关键要素,所谓西方主流理论不过是美国的本土化研究。如果不能批判性地借鉴在其他情境中开发的理论,那么研究发现的效度将受情境威胁,并且研究者错失了系统性评价和改进所借鉴理论的情境敏感性的良机。做出跨情境理论贡献的两种方式(Whetten,2009)如图3-8所示。

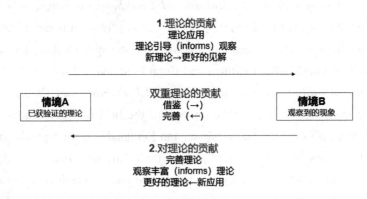

图3-8 情境化与理论贡献

案例研究,或者任何一个研究最终能够发表的核心条件之一是这个研究的发现具有理论贡献。换句话说,论文所构建的目标理论是与现有文献有差异的。Bergh(2003)借鉴资源基础观的核心逻辑,提出"战略性"思考理论贡献的思路:研究是否有价值(指对现有理论特别是管理实践是否有价值)、是否不可模仿(指构建的理论和现有的竞争理论之间的关系)、是否稀缺(指研究的新颖性)。所谓目标理论的差异性,就是寻找你的研究必须得去做或者做好论文,必须发表的核心理由:这个研究到底做了现有研究还没做的哪些事情? 这一点在做研究之前就应该胸有成竹:我们的这个研究的价值到底在哪里? 与现有理论的区别在哪里? 新颖在哪里?

道理似乎很简单,但如何做呢? 如何寻找目标理论的差异性呢? 事实上,差异性实际上是一个相对比较的概念,寻找你所构建的新理论和现有文献的差异,主要包括以下两个步骤:第一,质疑现有文献的不足,这是理论贡献的前提;第二,阐述你所构建的理论对现有文献的启示意义(理论贡献),即目标理论是如何填补该缺口的,比如是引入了新概念还是发现了新关系等。

(一)从理论构成要素角度出发的观点

对于案例研究如何做出理论贡献,第一类思路是从理论本身构成要素的角度出发,探究新理论(即目标理论)是否引入了新构念、新关系、新机制、新情境(Colquitt & Zapata-Phelan,2011)。

(1)新构念。构念是理论的核心构成要素之一,引入新构念或修正现有构念是常见的做出贡献的方式。例如,Bingham & Eisenhardt(2011)通过案例研究把启发式规则(rational heuristics)这一概念引入了战略管理领域,后续引发了系列相关研究。

(2)新关系。新关系是指本研究关注了现有研究没关注的关系或过程,通过建立关系和展示过程做出理论贡献。例如,Eisenhardt(2004)发现现有并购的文献重点关注买方的视角,而忽略了从卖方的视角看并购过程,因此提出:从卖方视角来看,并购过程是一个"求爱过程"而非"强行管制"的过程。

(3)新机制与新情境。现有构念间的关系已经有人研究了,本研究发现了新的过程机制(如中介变量),进而对理解这一关系提供竞争性/补充性的思路;或者发现了新的情境(如调节变量),会使得现有关系发生改变,进而划定现有构念间的边界条件。

值得注意的是,讨论具体做出何种贡献的基础是发现缺口和挑战假定。例如,研究者可以通过文献评述发现对现有两个构念间关系的研究不充分:忽略了一些重要的视角。而后通过引入这一视角,发现构念间的新机制进而做出理论贡献。再如,研究者通过文献述评发现现有某个流派的基本假定有问题,然后通过质疑假定,提供新的假定并建立新关系,进而做出理论贡献。

(二)从对文献启示的角度出发的观点

另一种总结和展现理论贡献的常见方式,是从对文献启示的角度出发:深化(elaboration)、繁衍(proliferation)、竞争(competition)、整合(integration)(Wagner & Berger,1985;陈昭全和张志学,2008)。

(1)深化是指在现有理论的基础上增加新的成分(如中介变量、调节变量、前因变量、结果变量等),让现有理论更加完整。例如,Dattee et al. (2018)通过案例研究为企业构建生态系统的过程提供了一个更为全面、深入和符合实际的理论模型。

（2）繁衍是指其他领域中的理论可以借鉴到新的领域中来，进而增加我们对新领域的理解。管理学研究中的许多理论都来自其他领域的借鉴，这种做出贡献的方法要求研究者对两个领域的文献均有深刻的理解。例如，Bingham & Eisenhardt（2011）通过案例研究，把启发式规则这一概念引入了战略管理领域，做出了重大贡献。

（3）竞争是指针对一个已经完全建立起来的理论，提出竞争性的理论。这种思路需要研究者指出现有理论的问题，进而弥补这些问题。例如，Davis & Eisenhardt（2011）通过案例研究试图强调，与文献中关注的共识领导和主导领导相比，交替领导对合作创新更为有益。

（4）整合是指在两个或多个理论的基础上，创造出一个新的理论模型。这种方式可以通过深化整合、繁衍整合和竞争整合实现。例如，Hallen & Eisenhardt（2012）整合了资源依赖视角和战略视角下关系形成的文献，并通过案例研究发现，除了已经存在的强关系可以使"富者更富"，催化战略（catalyzing strategies）也有助于提升新关系的高效形成，进而形成一个更为全面的关于关系形成的理论框架。

同管理学其他研究方法一样，案例研究的重要目的在于构建和推进理论。所构建的目标理论的价值或贡献是衡量一项案例研究的关键所在；而构建目标理论过程的严谨则是其前提。尽管本章似乎通篇都在强调合法性，但是一个有趣的新理论往往开始时看起来是荒诞不合理的（DiMaggio, 1995），请读者们深思每个"荒诞不合理"的合理性。通过与现有文献对话，研究者可以发现需要回答的研究问题，填补理论缺口。只有与前人的研究相比较，才能凸显研究贡献；与相近的文献比较，可以凸显研究发现的独特性；与较远的文献比较，可以凸显研究发现的合法性；与参照理论的文献比较，以凸显对参照理论的进一步发展。例如，针对一项基于高阶理论的CIO研究，可以思考：与以往关于CIO的文献比较，研究发现的独特之处何在？与以往关于CEO/CFO/TMT的文献比较，研究发现的相似之处何在？与以往高阶理论的文献比较，研究发现是否拓展了理论的边界？

第四章 案例研究设计

研究者在初步确定了研究问题,进行了文献综述,并初步确定了理论基础和理论视角后,接下来要完成案例研究设计以及撰写研究计划书的工作。研究设计是指研究者对一项研究课题的结构和过程进行的整体安排。通过对文献的阅读和总结或社会现象的观察,研究者可以发现现有的知识在某一特定领域中存在的问题和不足。以此为基础,进而提出研究问题,设计相应的研究计划获取观测数据,对自己的判断和假设进行检验,得出针对研究问题的结论,从而完成一篇有理论贡献的学术论文。通过研究设计,研究者将一项研究的多个成分有机地整合在一起,包括回顾文献、提出问题、搜集数据、分析数据、得出结论。因此,研究设计是研究项目的一个核心环节。好的研究设计可以将研究涉及的变量纳入一个清晰连贯的体系,有效地构建变量之间的因果关系,以此回答研究者提出的问题。

研究设计是对整个研究工作进行规划,制定探索特定社会现象或事物的具体策略,确定研究的最佳途径,选择恰当的研究方法,制定详细的操作步骤及研究方案等方面的工作。Yin(2009)认为,研究设计是用收集的资料把准备研究的问题与最终结论连接起来的逻辑纽带,是从研究需要回答的一系列问题到研究所得出的结论(答案)的逻辑步骤。研究设计是"纲",是指南,对于厘清研究过程中的关键问题、明确研究思路有重要的作用。为阐明这一观点,本章首先阐述实证研究的哲学逻辑和性质的基础上,介绍实证研究设计的目的和一般过程,探讨如何根据具体的研究问题选择合适的研究方法;然后阐述案例研究设计的主要步骤,讨论设计过程中理论抽样与案例选择、单案例与多案例研究设计等核心环节;最后讨论评价实证研究优劣的各种效度指标。

第一节 实证研究的哲学逻辑

Daft(1995)曾经回顾了在 AMJ、ASQ 担任审稿人的经历,认为在最后被拒绝发表的文章中,大约有 20% 是因为研究设计(research design)不当,它们的缺陷集中体现在研究的各部分之间缺乏有效的连接,研究结论无法有效地回答研究问题。即使在已经发表的论文中,也可能存在因设计不当,而影响到研究结论可靠程度的情况。Bergh et al.(2004)分析了76篇发表在SMJ上的文章,发现这些研究都或多或少因为设计不当而影响了因果结论的可靠性,例如样本选择的偏差、在观测之前个体之间存在的差异、变量之间因果关系解释的方向、数据来源在研究中的变化等。逻辑严谨的研究设计是准确推论变量之间关系、完成一项高质量研究的必要条件。研究设计的核心在于,当我们完成一项研究时,总体逻辑是否清楚,以及构成研究项目的各部分之间的联系是否清晰(Royer & Zarlowski, 2001)。

实验研究方法、准实验研究、实证研究中的问卷调查法、二手数据在管理研究中的使用、实地研究中的案例研究,这五种研究方法是实证研究搜集观测数据的主要方式,从研究设计的角度来看,并没有优劣之分。对于研究者来说,设计研究时需要做的就是为特定的研究问题选择最恰当、最经济的研究方法。

一、社会科学中的实证主义取向

研究设计强调研究者需要针对特定的科学问题,制订恰当的研究计划,以获取观测数据,就变量之间因果关系做出可靠的、准确的结论。这样的研究设计思路是基于现代实证科学的认识论体系而提出的。在人类的知识发展和积累过程中,曾经出现过多种不同的认识论体系,不同的认识论体系都对"什么是知识"和"如何获取真实可靠的知识"具有自己的解释,分别具有独特的价值系统和价值理念。因此,在了解研究设计之前,有必要了解实证主义范式的哲学思想和基本理念。

自20世纪50年代以来,实证主义(positivism)的思想一直主导着组织管理研究。实证主义哲学强调对自然界和人类社会做出慎密的考察,以客观的事实为依据,找出事物之间稳定的、自然联系的发展规律,从而对外部世界进行解释。意识到人类智慧和解释能力的局限,实证主义哲学不再强调对绝对知识的追求,转而着重研究被观察现象之间存在的相互关系。

实证主义哲学强调,真正的实证精神是为了预测而观察,基于自然规律不变的信念,研究现状,以推断未来。根据实证主义的研究范式,任何科学理论的建立都必须基于所观察到的事实。同样,观察的目的在于发展出抽象的逻辑结构,人类的知识中不能只存在各种杂乱的事实而不包含规律。实证主义传统认为,客观规律和事实(fact)是现实存在的,因此研究者可以通过科学的测量,实现对研究对象的数量化表达,以此来观察、解释、预测事物间的因果关系。但是这一基于现实主义(realism)的假设在社会科学中受到了怀疑主义(skepticism)者的尖锐质疑。如Mackie(1977)认为,所有的价值判断都是人们的主观意愿投射在社会生活中,通过社会加工,最终形成了行为规范。因此,社会科学中所谓的真理和知识都是主观建构的,世界上并不存在普遍适用的价值体系,不存在一个客观世界以及研究者不可避免的主观色彩,这使得研究者无法真正地、客观地描述我们的社会,因此所有对社会现象的认知和研究都有可能是错误的。基于此,Astley(1985)描述组织管理研究的性质为:构成行政科学的知识体系是社会建构的产物。由于经验观察不可避免地受到有关理论先入之见的影响,组织的知识从根本上受到了主观价值观的影响,而这些价值观影响了我们所观测到的数据。真理是由理论构念和概念词汇所定义的,而它们引导我们的研究和连接我们接触的组织现象。因此,研究的主要产物是理论语言,而不是客观数据。行政科学的知识不是建立在客观真理之上,而是一种社会定义的产物。社会的制度机制通过赋予科学真实性的方式来强化这些由社会定义的真理。

针对这一观点,实证哲学家区分了社会科学和自然科学的性质:在自然科学中,科学家面对的研究对象既有认识论上的客观性,同时具备本体论上的客观性。例如,土星的存在及地球与太阳的距离都是客观存在的事实,它们与人类的认知无关。而社会科学的研究对象更加复杂,虽然它可以实现认识上的客观判断,但部分内容是由集体的态度构成的,这部分内容在本体论上是主观的(Meckler & Bailie,2003)。换言之,社会科学家要面对的研究对象主要是人,以及由人类活动构成的各种结构(如团队、组织、行业等)。思想、人和社会实践活动之间存在着一种互动性质的双向因果关系(Hacking,1999);社会科学家的观点和理论来自对社会现象的观察,但是这些观点和理论一旦形成之后,又反过来影响人们之间的互动,造成社会现象的变化。这种不同于自然科学的双向互动因果可能性大大增加了社会科学的研究难度。面对社会科学的研究挑战及怀疑主义对实证范式的质疑,以Dewey为代表的自然经验主义(natural empiricism)哲学家重新修订了实证主义学的认识论体系(Boyles,2006)。Dewey认为,所谓的真理或知识只是研究的终端,人类对于知识的掌握是需要时间的。相对于知识本身,实证研究更应该关心知识是如何获取的。我们在研究中得出的结论更应该被理解为"有根据的论断"(warranted assertion)。我们对现象的每一点解释都需要有证据的支持,都需要经得起同行的检验,这应该是知识积累过程中的一个重要特征。同时,由于我们对社会现象的感知(perceiving)和认知(knowing)都是发生在一个大的"情境"之中,无法穷尽真理的各种情况,因此,Popper(1977)提出实证研究中假设检验的过程只是一种证伪(falsification)的过程。如果得到的数据与研究假设的预期一致,就认为假设是可以接受的。但是我们在一项研究中得到的支持性证据只是认识世界、获得知识过程中微小的一步,它只能证明否认变量之间的因果联系是错误的。作为对一个复杂社会系统的检验,我们得到的证据远远不能证实变量之间必然存在因果联系。由于我们无法在一项研究中控制所有潜在的外生变量(extraneous variables)、调查所有的样本,所以一个理论假设在实证研究中只能是得到基于概率论的支持(或暂时得到接受),而不能得到证明(Okasha,2002)。而一旦发现了与假设判断相反的结果,就有理由拒绝研究假设,重新寻求其他可能的解释。我们的知识就是在这样不断质疑、不断更新的过程中得以进步的。

与这一认识论思想相吻合,组织管理实证研究大多是从实地调查中得到数据,然后在定性或是定量分析的基础上得出研究结论。在这样的研究中,我们强调得出研究结论的可靠性,即推论变量之间的因果关系时,需要消除其他可能的各种替代解释(alternative explanation),同时有效地控制其他无关的但可能会影响因变量和自变量关系的外生变量。正是因为实证研究对结论可靠性的强调及推论因果关系的复杂性,我们在研究中需要强调整体研究设计的角色。

二、社会科学实证研究的一般范式与因果关系的建立

基于实证主义哲学思想的影响,科学研究的主要目标在于探讨变量之间稳定的因果关系,以尝试解释外部世界。在19世纪的哲学家John Stuart Mill的经典分析中,一个因果关系存在需要三个必要条件:原因(cause)在时间上先于结果(effect);原因必须与结果有关;除了原因,我们找不到对结果的其他合理性的替代解释(Shadish et al.,2002)。在这种哲学观念的指引下,实证研究一般过程可以用如图4-1所示的模型表述。在图4-1中,线(a)代表两个理论构念X和Y之间的逻辑关系。我们需要检验的研究假设是变量X和Y之间是否存在因果关系。但由于在社会科学研究中,我们无法直接观察这些由社会建构的理论构念(X和Y),所以首先需要将它们操作(operationalization)为可以直接观察测量的变量(即图4-1中的x与y)。图4-1中,线(b1)和线(b2)代表操作化过程。通过将抽象的理论构念转为可以测量的操作指标,我们就可以将一个抽象的理论命题转换为可以进行实证观的具体研究假设。然后,我们搜集数据资料并运用合适的数量方法来验证x与y之间是否存在统计显著的关系,如线(d)所示。如果没有发现统计显著的关系,就拒绝研究假设并接受零假设(null hypothesis),推断构念X和Y之间并不存在稳定的因果关系。若经过统计检验,我们发现x与y之间存在显著关系,需要剔

除各种可能导致 x 与 y 之间显著性关系的替代解释。经过详细的逻辑思考之后,如果我们确认推断 x 与 y 之间存在显著因果关系是严谨且有根据的,如线(c)所示,我们就可以接受研究假设,支持构念 X 和 Y 之间可能存在因果关系。最后,我们需要考虑研究的样本及所处的特定时空(包括时间、空间、研究参与者等情境因素)对所获得的研究结论的影响,推论研究结论是否在其他情境下也能成立。

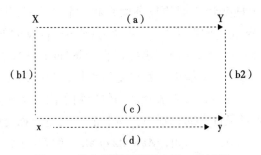

图 4-1　社会科学实证研究的一般过程

虽然实证研究以建立变量之间稳定的因果联系作为主要目标,但这在社会科学研究领域并不是一件容易的事情。社会现象间是否存在着类似自然科学中客观的因果联系,一直是其备受诟病的问题之一。即使我们假设这些因果关系客观存在,社会现象中人们行为的复杂性也使得研究者很难对变量之间的因果关系进行清晰的解释和预测。因此,如何通过实证研究范式建立社会现象之间的因果联系便成了一个非常大的挑战。例如,在组织管理研究中,我们经常讨论的一个研究准则是:变量之间的相关性不能代表因果关系。这是因为我们不知道哪个变量最先出现,也不能确定是否排除了所有的替代性解释。例如,我们发现一个人的收入和教育水平存在相关,但是,是必须有高收入才能够负担教育费用,还是先得到良好的教育才能获得更高收入的工作? 很显然,这两种可能都存在其现实合理性。在完成充分的调查评估之前,一个简单的相关性并不能说明哪个变量是先出现的。此外,相关性也不能排除两个变量(如教育和收入)之间关系的替代解释。两者之间的相关性可能根本不是一种因果关系,一个人的智商水平或其家庭社会经济地位可能是解释良好教育和高收入的第三个变量。如果高智商导致教育和工作上的成功,那么聪明的人就会有较好的教育和较高的收入。这时,两者都是由一个人的智商水平造成的,而不是因为教育水平的提高导致收入的增加(反之亦然)。

基于对这种困难性的认识,Risjord(2014)提出通过以下两种方式帮助建立变量之间的因果联系。第一,通过研究者的干预主动创造因果关系,而不是被动观察。这种思路是在控制其他相关变量的前提下,通过改变一个变量 X,带来另一变量 Y 的变化,从而将变量之间的相关性转为一种固定联系,以理解一个变量的变化如何引起了另一个变量的变化。在这种思路中,研究者强调的是通过主动创造差异帮助理解变量之间的因果联系,其优势在于提供变量之间的因果性描述(causal description),常见的实验研究就是遵循了这种思路。第二,通过探究变量之间深层的机制去解释变量之间的因果联系。鉴于社会现象之间复杂的因果联系,这种思路倾向于把变量之间的复杂联系机制看作一个因果系统(causal system),侧重于分析变量之间联系的因果动力(causal power)与因果机制(causal mechanism)。在这种思路中,研究者需要从自变量(cause)中分解出对因变量(effect)有效的部分,从因变量分解出受到自变量直接影响的部分。在此理解的基础上,进一步识别出自变量中有效的部分是如何影响了因变量变异中受自变量影响的部分。最后,研究者通过借助识别中介机制的方式完成对变量之间关系的因果性解释(causal explanation)。例如,Mawritz et al.(2017)讨论了下属的偏差行为如何导致了领导的辱虐管理(abusive supervision)。基于自我调控理论,研究者提出主管在下属处理偏差行为时,消耗了太多的自我调控资源,而自我调控资源受损后引起了主管的一些不理智的管控行为。此外,研究者也意识到社会交换关系质量的下降也可以解释下属偏差行为与辱虐管理之间的作用机制,因此在检验自我调控机制时,同时测量控制了社会交换机制。为了检验这样的因果解释,研究者在一家物业管理公司分四个时间点采集了问卷数据。在同时控制变量之间多种逆向因果关系可能性的前提下,比较并检验了从偏差行为到辱虐管理之间的两种因果解释。对变量之间关系进行因果性解释是进行基础研究的科学家优先努力追求的目标之一。科学研究的目的不仅在于描述一个新的、重要的因果关系,还在于努力解释这一关系为什么以及如何发生。

三、实证研究中研究者的角色

实证研究的目的在于发展可重复、可证伪、内部逻辑一致的知识体系。为此,实证科学家获得知识的主要途径就是依赖高度的抽象,把一个复杂的因果系统分解成离散的变量,通过高度控制的数据采集方式对变量之间的因果关系进行判断,最终发展出普适性的理论解释体系。与以往的人类思辨不同,以实证主义哲学主导的科学研究范式有两个显著的特点。

第一,实证研究强调观察数据与理论假说之间的双向交互。在历史上,经验主义哲学家(empiricalism)大多使用观察这一方式来为自己的学说或理论寻找支持,强调观察从属于理论发展的需要。在实证研究中,科学家承认人类理性的局限,开始使用观察数据纠正已有理论中的错误。从伽利略公开使用观测数据发展日心说,挑战正统神学的地心说权威开始,研究者通过系统观察获取数据就开始成为现代实证科学理论建构的主要途径之一(Okasha,2002)。实证科学的逻辑可以通过图4-2来说明:首先,实证研究起源于科学家观察到的某种社会或自然现象。对这一现象的解释与理解应该有利于拓展人类在某一领域的知识边界或是具有某种实践功能。其次,科学家在尝试对这一现象进行解释的过程中发现明确的科学问题。如果过去的知识(即现有的文献)能够充分地解释所关注的现象,那么针对这一现象就不存在需要进一步研究的科学问题。而一旦确认现有文献不能完全解释所关注的现象,科学家就可以明确其中需要解决或解释的具体科学问题。最后,遵循严格的逻辑推理,研究者提出对所观察现象的尝试性解释,这就是我们常说的理论化过程,即一项研究的理论贡献之处。而科学家提出的理论解释是否可以得到支持,则需要进一步搜集观测数据。这三个步骤环环相扣,实现了观测数据与理论之间的双向交互,构成了实证研究的基本逻辑和过程。

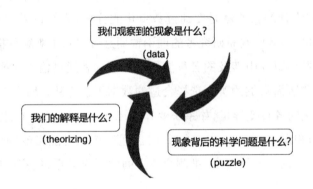

图4-2　科学研究的基本逻辑和过程

第二,实证研究强调的是研究者主动创造观测数据的能力和角色,而不是依赖被动的观察去发现外部世界的运行规律。如前文所述,实证研究开始于某一个引起科学家兴趣的现象,为了验证自己对这一现象的解释是否合理,研究者会主动制造改变,然后系统地观察随后引起的变化。在这一过程中,实证科学家的任务并不是简单地记录实验结果或是进行观察,而是主动地操作变化,以进行恰当的因果推论。Hacking(1983)评价道,Francis Bacon不仅教会我们必须观察自然界的运行规律,而且必须操作我们的世界以获得它的秘密。实证研究假设的理论观点需要得到观测数据的支持。当发现例外情况时,研究者要么选择修改理论,要么拒绝之前的解释,以一个新的视角重新解释外部世界。因此,在实证研究的每一个阶段,研究者都是主动的,需要主动去设计实验或是实地调查,从中发展出我们对于这个世界的认识。研究设计是一个需要发挥个人想象力和创造力的阶段,研究者需要事先对研究的问题、测量的操作步骤、统计分析的方法、研究样本的代表性等进行周密详细的计划。这样得出的研究结论才能经得起考验,我们所进行的研究才能被认为是高质量的学术研究。

第二节 实证研究设计的目的与过程

一、研究设计的一般过程

研究设计是整个研究过程的执行计划。一般而言,研究设计的基本目的有三个。

一是有效地回答研究问题。在实证研究中,研究问题通常是以研究假设的形式出现的,研究设计的目的就是要通过数量化的分析,为假设中涉及的构念间关系提供有效的检验,从而判断研究者的理论预期是否得到了观察数据的支持。

二是主动操作研究中涉及的各种变异量。研究者通过恰当的研究设计,可以根据研究问题和所需数据的类型选择合适的数据采集方法,从而有效地控制造成因变量发生变化的各种变异量,如系统变异(systematic variance)、外生变异(extraneous variance)和误差变异(error variance)。通过控制可能影响因变量变异的各种因素,研究者可以清晰地观察、推测变量之间的因果关系,提高研究结论的严谨性与可信度。

三是满足实证研究效度的要求。通过严谨的研究设计,我们可以确保在因果关系推论中最大限度地剔除各种替代解释的影响,确保对理论构念内涵测量的操作化质量,根据数据类型选择正确的统计方法,通过合理的样本选择提高研究的外部适用性,从而最终保证研究结论的可靠性。作为一个研究项目的整体蓝图,研究设计的一般过程可以用图4-3中的七个步骤来表述(Royer & Zarlowski, 2001)。主要包括:确定研究主题,通过文献回顾和探索性访谈发展研究假设,确定抽样方法、测量(操作化)手段,以及这些因素对统计分析的影响等。研究者在搜集数据资料前必须认真考虑这些因素,才能有效地回答研究因素,保证研究的质量。

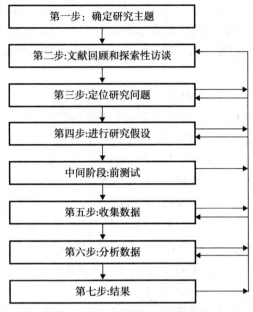

图 4-3 研究设计的一般过程

二、研究方法的选择

在确定研究计划时,我们需要根据问题的性质选择合适的研究方法,如实验法、准实验设计、问卷调查、二手数据和案例研究,从而有效地完成数据的采集。作为实证研究数据搜集的方式,这五种方法没有优劣之分,我们需要根据自己的研究问题进行选择。

在实验法中,研究者在充分控制各种干扰因素的前提下,通过操纵自变量,将被试随机分配到不同的实验组内,观察这种操纵对因变量变异量的影响。如果由于客观条件和资源的限制,研究者无法将被试随机分配到实验组和控制组中时,可选择使用准实验设计。与实验法不同,在准实验设计中,研究者没有对被试采用随机分配的方法,而是在自然场合下进行观察。由于研究者没有对被试与周围情境的接触实施控制,自变量容易受到外部情境的影响,所以相对于实验法,准实验设计在推测因果关系时可靠性略低。但无论是实验法还是准实验设计,研究者都可以通过主动创造自变量的变异,观察被试在因变量上的变化,从而有效地观察、推论变量之间的因果关系。研究者经常使用的第三种方法是问卷调查。问卷调查的特点是快速、有效、廉价。由于它对被调查者的干扰比较小,所以容易得到被调查企业的支持。但由于无法对被调查者进行有效地操作自变量,以及控制可能对因变量相关但与研究问题无关的其他变量,研究者需要较大规模的样本,才能保证自变量有足够的变异量。为了提高问卷调查的研究效度,我们需要准确地测量理论构念,根据研究问题在调查中加入对其他相关变量的测量,从而将这些干扰变量纳入作为控制变量,以统计控制的方式来剔除替代解释对自变量和因变量因果关系的干扰。

在以上三种研究类型中,研究者和被试/被调查者都会发生直接联系,由他们直接向研究者提供资料数据,服务于某一个具体的研究问题。但如果无法通过直接方式获得研究数据,我们可以搜集和分析二手数据。与准实验设计和问卷调查相同,二手数据的来源不受研究者控制,因此研究者不能对研究对象进行随机分配以消除无关变量的干扰。同时,由于二手数据的搜集往往不是直接服务于研究者特定的问题的,所以在使用这样的数据去测量相关的理论构念并推论其关系时,会受到更多的误差影响。为了控制各种混淆变量以获得清晰的因果推论,研究者一般需要大样本,同时以统计控制的方式排除各种干扰因素的影响,才可能提高研究结论的可靠程度。相对于前三种研究方式,二手数据的优势在于其客观性和可复制性比较高。

最后一种研究类型是案例研究。与前四种定量的研究方法不同,案例研究需要研究者与研究对象进行较为深入的接触,在充分了解研究对象的基础上就研究问题提供丰富的描述(thick description)和解释(Risjord,2014)。因此,案例研究的目的在于通过丰富、细致、有启发性的定性观测数据去揭示现象背后的本质。这些定性的分析有助于研究者从现象中识别出关键的研究变量,结合已有理论尝试发展新的理论解释(Glaser & Strauss,1967)。在案例研究中,研究者很难遵循一个从假设发展、数据搜集与分析的固有程序,数据分析经常与数据搜集过程相互迭代。在这样的迭代过程中,高度抽象的理论类别逐渐浮现,并进一步指导随后的数据搜集(Eisenhardt,1989)。因此,案例研究的核心在于从对典型事例的定性观测中逐渐发展出系统的理论解释体系,从而指导其后对这一领域的假设检验研究。

值得强调的是,以上五种研究方法本身并没有优劣之分,对研究方法的选择取决于研究问题的性质和研究者对结果的预期。初学者容易过多地关注研究方法和数据分析的复杂性,而忽视研究方法与研究问题的匹配程度。有人认为,研究方法的复杂程度代表了论文质量的高低,因而追求时髦的研究方法,这种理解显然是错误的。为了明确研究方法选择的问题,Edmondson & McManus(2007)区分了成熟理论研究和新生理论研究的差异。在成熟理论研究中,研究者可以将已有研究作为支撑,发展出逻辑严密、精确的研究模型。研究问题通常关注于解释、厘清或挑战现有理论的某一方面,它可能是在一个新的情境中检验理论,识别出一个理论的边界,或是检验一个新的中介机制。为了观测变量之间的关系,研究者既可以使用实验法随机操作自变量,也可以采用相关研究以逻辑为基础进行因果推论(如问卷调查和二手资料法)。而在新生理论研究中,研究者关注的问题在现有文献中很少受到关注,或是没有得到清晰的理论加工,或是新出现的组织管理现象。对这些问题的兴趣可能来自一个研究者没有预期到的发现,也可能是对现有文献基本假设的合理质疑。由于在现有的知识框架中没有针对这些研究问题的确定性答案,这些研究问题更加适合采用诸如案例分析的方式去发展新理论,以说明一个没有被理解的新现象是如何浮现的。

当然,成熟理论和新生理论研究并不能完全涵盖所有的研究问题。在很多时候,研究者的探索是从不同的文献发展而来的,这种结合意在发展一个新概念或是建构一个新颖的理论关系。Edmondson & McManus(2007)将这种类型的研究称为中间类型的理论研究(intermediate theory research),需要研究者整合定性和定量的数据,通过相互验证(triangulation),为新的理论构想建立外部效度和构念效度,以下两个例子可以说明这种研究思路。第一个例子是 Edmondson(1999)对团队心理安全感、团队学习和团队绩效的研究,其研究思路来源于两个成熟的研究领域——团队有效性和组织学习。研究者在一家提倡团队合作和学习的公司中观察和访谈八个团队,通过比较学习行为的高、低,尝试理解它们之间为什么出现这些差异,以及这些团队学习行为的差异如何导致了团队绩效的差异。这一阶段的定性资料分析不仅为发展新的构念和测量奠定了基础,也使得研究者意识到心理安全感对于团队学习的重要性。在第二个阶段,使用团队问卷的方式调查了 53 个团队中的 496 名成员,并由组织内、与团队有业务关系的其他部门评价每个团队的学习行为和绩效。为了增强研究结果的可靠性,研究者还采用结构化访谈的方式,由一名研究助理采集针对研究变量独立的定量测量。最后,研究者使用标准化的统计程序分析了定量数据,不同来源的数据得到高度一致的结果。定性和定量相结合的方式不仅有效地解释了团队是如何一起工作的,而且为读者呈现了数字背后的故事。

第二个值得推荐的例子是 Stewart 等对团队授权计划实施过程的研究。虽然过去的研究提及团队领导会抵触授权计划,但是这种抵触背后的原因并没有得到清晰的解释。在这项研究中,研究者首先利用美国退伍军人健康服务中心改革的机会,比较了医疗服务团队改革前后的绩效差异,发现具有较高地位的外科医生在实施团队授权计划时往往效果比较差。这一基于准实验的研究结果证实了以往的理论探讨。随后,研究者针对这些发现进行了一系列的访谈,比较了转型成功和失败的典型案例,以了解其背后的解释机制。分析结果发现,团队授权计划会对高地位的外科医生造成一种地位威胁,这些医生为了维系他们的专业地位,在随后的改革中采取了不恰当的授权行为,丧失了成员的信任,最终伤害了团队绩效。与Edmondson(1999)的研究不同,这个研究起始于一个定量实验研究,最后通过一个定性分析的方式建构了对一个特定现象的理论解释。

通过以上讨论我们可以发现,研究方法选择得恰当与否取决于它们是否与特定的研究问题相匹配。Bouchard(1976)指出,好的研究不在于其选择什么研究方法,而在于它能否问正确的问题,并选择最有效的方法来回答这一问题。基于这一原则,建议读者在选择研究方法时思考以下几个问题(Royer & Zarlowski, 2001)。

(1) 这种方法适合回答我的研究问题吗?
(2) 这种方法可以带来预期的研究结果吗?
(3) 使用这种方法需要哪些条件?
(4) 这种方法自身有哪些局限?
(5) 还有哪种方法适合现在的研究问题?
(6) 现在选择的方法优于其他方法吗?如果是,为什么?
(7) 在使用这种方法时,我需要掌握哪些技能?
(8) 我现在掌握这些技能了吗?如果没有,我可以学到这些技能吗?
(9) 我是否需要其他的方法来提高对研究现象的观察?

三、研究问题与数据搜集计划的匹配

在选择研究方法之后,我们需要进一步明确应该搜集什么类型的数据,以及如何搜集所需要的数据。为了保证有效地回答研究问题,我们需要根据研究问题进行研究设计,根据研究变量的性质确定具体的数据搜集计划。如果没有清晰地界定研究问题的性质而进行数据搜集,可能会导致观测的数据无法回答研究问题。在研究设计中,组织管理学者经常需要考虑如何选择验证假设的层次(如个体、团队、公司、行业层次等),针对研究问题仔细设计研究方案。如果脱离了研究问题,我们的数据可能发生研究层次的错位,影响研究质量。下面略举一例。

对企业而言,业绩起伏是家常便饭,成功与失败往往交替出现。"失败是成功之母",企业可以总结失败的教训,但成功的经历会带给企业什么呢? Audia et al. (2000)认为,企业过去的成功,会导致对以往战略的坚持,而这种坚持对于公司今后的发展却是一把双刃剑:当外部环境稳定时,坚持以往战略有助于降低运营风险、充分挖掘企业能力;而当外部环境动荡时,坚持以往战略却会使得企业难以重新进行战略定位,进而延滞企业变革的速度。为了整合这两个不同的观点,研究者提出了假设一:在环境发生突变后,拥有更多成功经验的公司会更加坚持以往的战略,而对以往战略的坚持有可能损害公司的经营业绩。在这一过程中,他们认为企业战略决策者的个人心理过程起到了中介作用。为此,他们提出了假设二:在成功经历影响未来业绩的过程中,六种个人心理过程变量起到了中介作用:①个人对以往成功的满意度;②对现行战略有效性的自信心;③个人自我效能感(self-efficacy)的提高;④个人目标的提升;⑤信息搜集的数量;⑥信息搜集的种类。

由以上的叙述可以发现,这两个假设不仅位于不同的层面,而且基于不同的理论。假设一主要关注企业的成功经历如何影响它们的战略选择和未来的业绩水平,以及外部环境特征的影响。因此,通过搜集美国航空企业和卡车运输企业的二手数据,研究了它们十年间业绩的变动情况。在20世纪70年代末,美国政府解除了对这两个行业的行政管制,造成了行业竞争格局的突变。他们通过回归分析发现,在这两个行业中,既往的成功经历均会导致公司更加坚持以往的战略,而这种坚持都导致了环境突变时业绩的下滑。假设二涉及个人心理过程的中介作用,而心理过程变量是个体层面的变量。为此,研究者设计了一个商业游戏来验证这个假设。在实验中,大学生被试要求模拟担任一家手机公司的CEO,并针对一些战略问题,在两个阶段共13次决策中做出战略选择。在第一阶段,被试被随机分配到三种(低、中、高)成功情境中,并进行8次战略决策。每次决策后,被试都会就企业经营业绩获得反馈。由于研究者为高成功情境中的被试提供了详细的信息,这些被试做出的决策质量更好,所以企业业绩会较好;而处于低成功情境下的被试只获得了基本信息,因此他们的业绩表现相对较差。在完成前8次战略决策并接受反馈之后,研究者测量了被试的六种心理状态。在第二阶段,他们通知所有的被试所属政府解除了对手机行业的管制,原来一家公司只能在四个地区开展业务,现在它可以同时在五个地区开展业务。研究者要求被试继续进行5次战略决策。与二手数据分析中得到的结论一致,他们发现既往决策的成功导致了被试在第二阶段的决策中坚持使用同样的战略,而这种对以往战略的坚持则导致了经营业绩的下滑。同时,他们发现个体心理过程完全中介了既往的成功经历对于战略坚持的作用,其中对以往成功的满意度、自我效能感、信息搜集的类型起到了关键作用。

在这个例子中,研究者关心的是公司以往的成功如何通过影响企业家的个人心理因素,进而影响公司的未来业绩。这一问题既包括了公司层面的变量,也包括了个人层面的问题,研究者必须制订不同的数据搜集计划,才能有效地回答研究问题。虽然我们一般不会在一项研究中包含不同层次的变量,但是通过这一例子,我们可以发现清晰地界定关键的研究变量,有利于进一步制订具体的数据采集计划。否则,研究者采集的数据有可能无法回答预期的研究问题。

四、数据资料的搜集与分析

在一项实证研究中,研究问题、研究类型、变量测量与统计分析是相辅相成、紧密联结的不同步骤(Pedhazur & Schmelkin,2003):研究者需要首先明确具体的研究问题,结合研究问题选择恰当的研究方法,然后选择相应的资料搜集方式和分析方法。如果说确定研究问题指明了研究的具体现象,那么针对数据搜集和分析方法的设计就需要回答从哪里得到数据以及应当如何处理得到的数据。一般而言,研究者的数据有三种来源:第一,研究者将外界可直接观察的事件或事物属性作为数据的来源,在不需要任何辅助工具的情况下,将外界信息转化为数字。在宏观战略管理领域,我们对企业行为的数据搜集大多依赖于这种方式,如利用资产收益率(return on assets,ROA)和净资产收益率(return on equity,ROE)测量企业绩效等。在微观组织行为学研究中,也不乏这类测量方式。如Xie et al.(2008)在一系列的研究中尝试使用了诸如免疫力功能、上呼吸道感染及血压等生理学指标去测量由工作压力带来健康变量。第二,在研究者面对无法直接观察的对象(如员工的态度、动机等)时,需要借助一定的测量工具,如通过员工填写测验量表,实现对员工态度的数字化表达。第三,我们也可以将测量工具用于可以观察的行为,如请上司评价部属的工作业绩和行为等。通过这三种可能的数据来源,研究者可以实现客观世界和数字系统在实证研究中的一一对应。

需要指出的是,虽然实证主义者致力于对外部世界进行客观的描述,但是研究所依据的数据是带有主观色彩的。在上面列出的三种数据搜集方式中,第一种方式看似客观,但这些客观指标往往很难完整地测量我们的理论构念。例如,用ROA和ROE测量企业绩效时,很难从中判断企业的长久竞争绩效。对后两种方法而言,其面临的测量误差来源就更多。例如,同一部门的两名员工描述企业工资改革政策,或在评价另一名同事的组织公民行为(organizational citizenship behavior,OCB)时,双方提供的信息可能会有很大的差异。也就是说,就他们共同经历的事件,我们可能得到两组不同的数据。造成这个结果的原因可能有两种:双方在工资改革或与另一名同事交往中的经历不一样;双方在将事件"翻译"成观测数据时出现了差异。所以,研究者应该充分了解每一种数据来源的局限,结合选择的研究方法,恰当地选择数据来源。

数据分析是为回答研究问题而服务的,应该在研究设计的指导下进行。如果我们没有厘清研究问题、测量工具和资料分析之间的关系,得出的结论只能反映变量在测量和分析层面的关系,而不能有效地回答我们的研究问题(Kleinet al.,1994)。对于资料分析方法的选择,应该符合研究理论和设计的要求。例如,在讨论工作满意度对绩效的影响时,如果我们希望了解员工满意度与员工绩效之间的关系,那么测量和分析应该以个体为单位;而如果研究的问题是部门士气对于部门业绩的影响,测量和分析就应该在部门层面。由于组织管理研究的社会科学性质,这样的数据只能在个体层次由员工回答采集。但我们对数据的分析都必须以部门为单元,进行团队层面的数据分析才能回答研究问题。如果研究课题有关部门士气对于员工业绩的影响,因为部门士气是部门层面的变量,而员工业绩是个人层面的变量,这时我们就应该进行跨层面研究与分析。因此,数据分析的方法是服从于特定研究问题的性质的。

第三节　研究设计的目标

强调观察数据与理论之间的双向互动,是实证研究区别于以往研究范式的一个重要特征。在实证研究设计过程中,研究者的主要任务是如何结合自己的研究问题和假设,合理控制、创造影响因变量变异的各种变异量,以提高研究结论的严谨性,进行清晰可靠的因果关系推论。研究设计必须实现两个目标:首先是控制差异,其次是确保效度。

一、实证研究中的变量变异

在同一家企业里,员工的满意度会有很大的差异;在同一个行业里,公司经营业绩也会非常不同。这些个体/企业之间差异就是我们在组织管理研究中需要解释的变异量。研究设计的目的在于寻找合适的自变量,以清晰地实现对因变量变异的解释,例如,可以用个人收入水平的不同来解释员工满意的差异。但在实际情况中,因变量的变化不仅会受到自变量的影响,还会受到其他很多因素影响。如满意度可能同时受到组织情境、个人期望和人格特征等因素的影响。我们将这些因素统称为"外生变量",即在自变量以外,有可能影响因变量的因素,但这些因素不是我们目前研究关注的变量。除外生变量,影响因变量的还有误差变异。这类变异来自原因各异的各种随机因素(random factors),如被试在接受测验时的心情、当时的环境等。与外生变量不同,误差变异对因变量的影响归结于随机性变量。

从变异的角度(variance perspective)来看,研究设计主要解决的问题是如何处理因变量变异的问题,只有系统变异量(因变量变异中受自变量影响的部分)才是研究者进行假设检验时需要的变异,而外生变异量和误差变异量只能使得研究者对因变量变异的解释变得模糊不清。因此,我们在研究设计阶段,需要通过对变异量进行分割(partition)的方式对各种变异量的来源进行仔细思考。通过变异量分割,研究者可以理解误差来源、明确影响研究效度的主要因素,从而恰当地操纵三类变异的来源以确定自变量与因变量之间的因果关系。简言之,变异量分割的思路即最大化系统变异(maximizing systematic variance)、控制外生变异(controlling extraneous variance)、最小化误差变异(minimizing error variance)。我们依次讨论如何通过研究设计对研究中的三种变异量进行控制。

(一)最大化系统变异

系统变异是指因变量的变异中受到自变量影响的部分。在研究设计时,我们希望发现自变量对因变量的显著性影响,所以研究者需要将自变量对因变量的影响尽可能最大化。系统变异在因变量的变异中占的比重越大,说明研究中自变量的影响越明显,我们也就越有机会发现支持我们假设的证据。最大化系统变异需要我们在研究设计阶段充分考虑假设检验所需要的样本,以及对自变量的测量方式。例如,在研究收入水平与工作满意度的关系时,如在选择的样本当中,大多数人都对工作不满意,或者更糟糕的情况是,他们的薪水都相似,那么研究者得到支持性证据的可能性将非常小。

由于变量性质的不同,在研究设计中,操纵变异量的方法也是不同的。我们可以将管理学中的变量分成两类:可变变量(active variable)和属性变量(attribute variable)。前者是指在设计中可以被操纵的、可以变化的变量。对这类变量,我们可以通过实验法对其加以操纵,使得被试在实验组与控制组所处的情境有显著差异。这样我们就可以最大化系统变异,从而有机会观察到由于对自变量的操纵而引起的被试反应。例如,Stajkovie et al.(2006)通过实验法研究了潜意识目标动机(subconscious goal motivation)对目标设定效应的影响。在这个实验中,研究者给被试呈现五个单词,要求他们用其中四个单词组成一个语法正确的句子。在实验组,被试需要完成的20个句子中大多带有与成就有关的单词,如完成、努力、达成、掌握、成功等;而在控制组,研究者选用的大多是与成就无关的词。通过这种启动(priming)的方式,研究者就在完成具体任务之前,使得被试在不知不觉中处于不同的动机水平,创造了影响因变量的系统变异。

在许多研究中,研究者感兴趣的变量不是可变的,或是非常难以操纵的。我们把这类变量称为属性变量。我们对这类变量的控制需要通过对样本的选择来实现。例如,Farh et al.(2007)考察了权力距离(power distance)和个人传统性对中国员工的影响。他们从社会交换理论出发,提出这两种文化价值观可能调节了员工在知觉组织支持后的反应:高权力距离和高传统性的员工更多地受到自己的社会角色限制,他们的工作态度和行为较少地受到组织支持的影响;而低权利距离和低传统性的员工则更多地看重双方在交换中的对等性,他们对企业的态度和行为更多地受到组织支持的影响。在这项研究中,很显然我们无法有效地操纵被调查对象的文化价值观。为了检验这类属性变量的效应,他们在样本选择阶段尽可能地扩大了可能影响结果的系统变异:从27家性质不同的公司选择员工来搜集数据,而不是在一家公司或利用MBA学生来完成问卷。由于在研究设计阶段注重了样本的异质性,他们最大可能地实现了调查对象在这类属性变量(即权力距离和个人传统性)上的差异,从而有利于在研究中观察它们的调节作用。不仅如此,通过调查27家性质不同的公司,他们非常有效地测量了组织支持感(perceived organizational support)这一关键变量。如果他们的样本均来自同一家公司,由于其员工所经历的企业文化、领导作风、管理政策基本相同,研究对象之间对组织支持评估的差异只能来自个体差异。样本的同质性导致我们无法实现最大化系统变异的设计要求,因此,在研究设计阶段,研究者应考虑如何根据研究问题的性质,从不同的背景中抽取研究样本,以此提高研究的系统变异。

(二)控制外生变异

外生变异会系统地影响我们感兴趣的因变量,但它们与我们的研究目的无关。换言之,产生外生变异的变量在其他的研究中可能是很好的自变量,但在我们的研究中却不属于关注的焦点,所以我们需要对这类可能对因变量造成影响的外生变量实现有效的控制,将其效应最小化、抵消或者与自变量效应进行有效隔离。只有通过一定的控制手段,排除这些变量对因变量的影响,我们才能清晰地判断并解释自变量对因变量的影响。如果不能对外生变异实现有效的控制,即使发现了显著性关系,我们也无法判断这一关系究竟是来自自变量对因变量的影响,还是来自外生变异的影响。能否对外生变量实现有效的控制,是判断一名研究者的设计能力、对相关文献了解程度的一个很好的评价指标。

为了控制外生变异,我们在研究设计方案中可以考虑三种思路。

首先,通过修改研究模型,将外生变量纳入研究设计,从而将其效应与自变量的效应加以区分。例如,在我们研究工作满意度对工作绩效的影响时,为了排除个体能力的干扰,我们就可以将两个变量共同加入研究模型。特别是在实验法中,我们可以将两者作为设计中的分析要素,形成2×2多因子实验设计。通过分析它们的主效应和交互效应,来区分这两种因素对员工绩效的影响。

其次,如果修改研究模型会模糊研究焦点,可以考虑通过抽样的方式(如随机化、匹配参与者等)实现对外生变量的控制。常用的控制方式有三种:一是排除法(elimination)。不同于选择差异化的自变量,研究者可以通过选择同质性高的样本,来排除它们对因变量的影响。例如,我们希望了解收入水平对个人满意度的影响,同时性别也有可能对满意度水平有影响,这时在取样时我们就可以单独选择男性或女性。使用这种同质的样本,我们就可以排除外生变量性别的影响。二是随机分配法(random assignment)。如果能够将被试随机分配到不同的实验组与控制组中,我们就能使外生变量的效应相互抵消,进而对其进行有效的控制。这时得到的研究结果就无法用外生变量作为对因变量差异的解释。三是配对法(matching)。这种方法是指将外生变异进行配对处理,创造相对等的研究条件,从而控制外生变量。例如,如果需要考察一项组织变革的成效,我们可以选择另一家没有变革的企业作为控制组。虽然研究者不能随机分派哪家企业进行变革或哪家不变革,但研究者可以选择一家与变革企业相类似的企业(如科技的性质、制度、工厂设立时间长短等)作为控制比较对象,通过对比即可较为清晰地看出变革发生后产生的实际效果。

最后,如果无法实现对研究对象的操纵,研究者可以通过统计控制(statistical control)的方式实现对外生变量的控制。我们可以将这些无关变量与自变量一起进行测量,在统计分析时首先排除它们的效应。例如,在研究创新战略对公司经营业绩的影响时,我们必须控制公司的规模和行业特征。虽然这两个因素都不是研究的关注点,但它们会影响公司的获利能力。只有控制了这些变量,我们才有信心得出这样的结论,即公司利润的变动是创新的结果而不是规模(大公司倾向于利润更高)或行业(一些行业比其他行业利润更高)的影响。统计控制的思路简单、操作方便,是研究者常用的控制外生变异的方法,特别是在问卷或二手资料研究中。

研究者在使用统计控制的目的在于希望在假设检验之前首先排除掉控制变量对因变量的影响,以便能够清晰地观察自变量对因变量的效应。但是这一思路有可能产生控制变量使用不当的问题(Spector & Brannick,2011)。一方面,如果控制变量会影响我们对自变量或是因变量的测量结果,但是它与研究变量并无理论上的联系。事实上,很多个性特质变量都可能成为这样的变量。如果控制变量同时影响了自变量和因变量的测量,这时,在统计分析加入控制变量,无疑会排除其影响,使得自变量与因变量之间的关系更加清晰。但如果控制变量只影响了我们对自变量的测量,而没有影响对因变量的测量,在统计分析中加入控制变量,无疑会提高对自变量的测量,从而提高其对因变量的预测力。而如果控制变量只影响了我们对因变量的测量,虽然在分析中控制变量的加入不会直接影响自变量对因变量的效应,但会影响整体模型的拟合程度,降低了自变量对因变量预测的标准误差,从而提高发现显著性结果的概率。在这两种情况下,控制变量的使用不当均会提高出现统计推断错误的可能性。另一方面,如果某个控制变量是自变量和因变量之间存在因果关系的原因(即控制变量部分解释了为什么自变量与因变量显著相关),这时我们也需要谨慎地使用控制变量。这是因为如果在假设检验时加入这个控制变量,那么这时的统计结论是在控制了控制变量的效应后自变量对因变量的效应。而我们假设的关系及得到的研究结论是自变量与因变量之间的关系。两者之间可能存在不一致,在这种情况下,研究者对控制变量的使用反而使得变量之间的关系变得更加模糊。因此,Spector & Brannick(2011)建议研究者在使用控制变量前,需要清晰界定这些变量可能扮演的角色及其对假设检验的可能影响,否则可能因为使用不当而影响到研究结论的清晰程度。

(三)最小化误差变异

误差变异是指由于随机因素而导致的因变量变异。这部分属于随机性质,不像外生变异那样会在测量中造成系统性的偏误。最典型的随机变异是测量误差(如暂时的不注意、短暂的情绪波动等),或研究者控制不了的未知因素。我们将误差最小化,其目的就是尽可能地使系统变异显现出来。通常,误差变异和外生变量对因变量变异的影响是无法区分的,这两部分产生的因变量变异之和就是我们在统计分析时所称的剩余部分(residual),即自变量无法解释的变异部分。在进行 F 检验时,我们将因变量的总变异分为两部分:一部分是由自变量造成的组间差异(between group variance);另一部分是外生变量和误差共同造成的剩余部分。如果能够尽量减少测量的误差,就可以使测量更精确,提高统计分析的 F 值,从而增加得到显著性结果的可能性。最小化误差变异可以通过控制数据搜集过程,以及增强测量指标的信度来控制误差变异对研究结果的影响。

由于误差变异是由随机因素造成的差异,它的处理方法也表现为减小个体差异和测量误差两方面:一是缩小受试者的个体差异。在保证最大化自变量变异的同时,尽量减少其他个体差异对因变量的影响。人与人之间的差距越小,由于个体差异带来的误差变异也越小。二是减少测量误差。为了控制测量误差,一方面需要提高测量的精确程度,提高测量的信度;另一方面,需要有效地控制测量情境。情境控制可以使得测量更精确。例如,在实验时尽量减少实验者的不同,包括性别不同、讲话语气的不同等。用放录音带的方式,使指导语的速度和声音尽量标准化。在问卷调查时,尽量使室内环境、问卷填答的时间等因素保持一致。

总而言之,在研究设计阶段,对变异量的控制是非常重要的。为了实现对因变量的预测,需要尽可能地提高自变量的变异,尽可能地控制与因变量变异有关的外生变量和随机误差。外生变量和随机误差的存在会增加自变量无法解释的因变量变异(即变异剩余量),从而降低检验自变量效应时的统计检验力(statistical power)。

二、实证研究的效度

研究设计的第二目标是保证实证研究的效度。效度是指研究结果的可信程度。在多大程度上我们可以相信实证调查的结果呢?研究设计应该确保四种效度,包括构念效度、统计结论效度、内部效度和外部效度(Cook & Campbell,1979)。

(一)构念效度

1.什么是构念?

管理科学实际上就是用抽象的构念把管理现象理论化。这里的"构念",是指为了研究管理现象而发展出来的抽象概念。管理科学就是用抽象的构念,以理论的形式把管理现象表示出来。事实上,商业管理中的每一个概念都是构念。虽然构念是一种概念,但它还有另一层意义,人们创造并使用一个构念是为了科学研究中的某个特别的目的(Kerlinger,1986)。Nunnally & Bernstein(1994)认为,构念是一种变量,它是抽象的、潜在的,而不是具体的、可观察的。管理研究者创造出很多构念,因为这些构念有助于把管理现象概念化。理科学生对于一些自然科学的构念都非常熟悉,比如重力、温度、电磁场、速率和比热容量。管理科学中也有一些常用的构念,比如组织承诺(organizational commitment)、工作满意度(job satisfaction)、组织支持感(perceived organizational support)、领导—成员交流(leader-member exchange,LMX)和组织认同(organizational identification)等。

需要注意的是,构念有以下特征:①构念是研究者构造出来的;②构念是抽象的、不可直接观察的;③构念是与理论和模型相联系的;④构念应该是清晰而明确的。虽然,我们对加热程度不同的水有不同的冷热感受,但在现实中并没有一个实质的和可观测的东西来描述它。为了描述这个现象,研究者使用了"温度"这个词语,即温度是科学家在研究物理和化学现象时创造出来的一个抽象的概念。同样的道理,管理研究者们创造出"组织承诺"这个构念,用它来代表一个员工对他所在组织的依赖关系,而现实世界中并没有一个叫"组织承诺"的东西,它是研究者为了做研究而创造出来的。我们为了发展理论而构造出一些变量,这类特殊的变量就被称作"构念"。

构念是用于构建理论的。如果没有任何一个理论用"温度"这个构念来解释观察到的现象,这个构念就没什么意义了。提出"组织承诺"这个构念,是因为我们发现一些员工对于他们所在的组织比其他员工有更强的心理依赖感。既然构念是人们构造和设想出来的,就有可能纯粹是研究者幻想出来的东西,根本没有反映出事实本身的真相。例如,我们都知道声波可以用空气作为媒介进行传播,在这个观点的基础上,物理学家曾提出了"以太"(ether)这个概念来表示一种普遍存在于宇宙中不可见的物质,想以此来解释光波和电磁波在太空中是如何传播的。然而,这个构念后来被证明是错误的。现在我们知道光波和电磁波可以在没有任何媒介的真空中传播,于是理论上就不再需要"以太"这个概念了。从这个角度看,只有当构念被用于一个理论中,可以解释和预测我们观察到的现象时,这个构念才是有用的。管理科学研究也是如此,如果一个管理构念被用于构建一个理论,并且这个理论可以用来解释和预测管理现象,那么这个构念对于我们的研究是有意义的;相反,如果解释和预测一个管理现象并不需要使用某个构念,那它对于这个特定的理论就是没有用的。

20世纪80年代中期,研究者提出了集体效能感(collective efficacy)的概念,它最早源于自我效能感的构念,是其在团体层面的扩展和延伸,指团体成员对于团体成功地完成特定任务或取得特定成就的能力的共同信念(Bandura, 1997; Poddard & Woodfolk Hoy, 2000)。从产生的过程看,集体效能感是通过团体互动和集体认知的过程建立起来的,这与自我效能感的形成过程完全不同,并且集体效能感与个体效能感的低相关也说明这两个构念在很大程度上是相对独立的。另外,集体效能感这一构念在教育、社区、政治、体育、工业与组织行为等领域的研究中都被关注和使用,因为它可以解释并预测一些原有的构念不能解释和预测的现象,所以我们认为集体效能感是有用的构念。

最后,一个构念应该是清晰的、有明确定义的。例如,在组织承诺和组织认同的基础上,我们可以提出一个新的构念,即组织关系(organizational relationship),以此概括一个员工与其所在组织的整体关系。因为它的含义非常宽泛和概括,这个新构念也许会有很高的预测能力,也许还能解释很多组织现象。但是,它最大的局限性在于不精确和难以测量。员工与组织的关系是什么呢?我们讨论的是哪种关系?它可能包括员工与组织间正式的合约关系,也可能包括那些没有写在纸上的心理契约。组织关系的含义中可能还包括一些已有的构念,如组织支持感、组织—成员交换、组织承诺、组织认同、忠诚、离职倾向等。这样看来,组织关系不会是一个好的管理构念,因为我们很难使用这个构念来发展一个精确的管理理论来解释组织现象。

2.构念的测量

既然管理构念都是抽象和不可观测的,我们不能直接在真实的世界中看到"构念",所以研究者需要用现实世界中的一些指标(indicator)来测量这些抽象的构念。如果没有可以直接观测的测量方法来表示它们,我们就不能使用这些构念做研究。前面提到的关于温度的例子,即使有了这个概念,如果无法直接观测和测量,我们还是不能进行关于温度的任何研究。于是我们发明了温度计。虽然温度这个构念是抽象的、不可直接观测的,但温度计测量的读数是客观而具体的。这样,人们就可以用温度计上的读数来代表被测物的温度,并研究温度与其他变量之间的关系了。

测量一个构念可以有很多种不同的方法,它们都可以在某种程度上作为这个构念的表示(虽然每一种方法也许都不完美)。我们把这些测量方法称为这个构念的"指标"。因此,一个构念可以有很多不同的指标。例如,一个人的社会经济地位(socioeconomic status,SES)或社会阶层(socio class)是一个不可观察的构念。但是人们可以用一个人的"年收入"表现他的社会经济地位或社会阶层。因此,年收入就是社会经济地位这个抽象构念的一个可观测指标。问卷调查中的心理量表也是一类常见的指标,用指标来表示构念有不同的方法,最常见的两种方法是构成指标(formative indicator/causal indicator)和效果指标(reflective indicator/effect indicator)。在本节中,我们将会讨论使用不同类型的指标测量单维构念(unidimensi-onal construct)的方法。多维构念(multidimensional construct)的测量和单维构念是相似的,我们同样可以使用构成指标和效果指标来测量多维构念。不同的是,测量多维构念时,我们不但需要关注指标与构念之间的关系,而且需要明确定义维度与整体构念之间的关系。多维构念的维度与整体构念之间有三种可能的关系:潜因子模型(latent model)、合并模型(aggregate model)和组合模型(profile model)。

例如,我们可以在调查中询问一位员工对下列陈述的同意程度,并用他的回答测量其离职倾向(turnover intention):

	不同意				同意
我常常想要离开这家企业	1	2	3	4	5

于是,这位员工对这个陈述的选择就可以作为"离职倾向"这个抽象构念的一个可观测指标。如果这位员工选择了5,表示他"常常想要离开这家企业",就意味着他的离职意愿(构念)非常高。构念和指标之间的关系可以用图4-4表示。

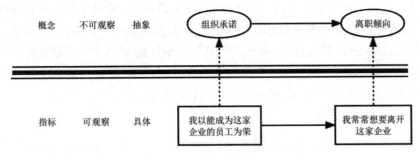

图 4-4 构念—测量关系图

3. 构念效度的概念

构念效度是指变量测量的准确性,它评价的是研究者在对构念进行操作化时,变量测量的内容和构念定义的一致性程度(Shadish et al.,2002)。如前所述,由于组织管理研究的很多构念并不能被直接观察和测量,我们需要通过各种操作化手段将其转换为可量化的指标体系。在这一转换过程中,我们对构念的测量不可避免地引入了各种误差。这些误差可能来自理论层面(如测量指标无法充分、完整地反映构念的理论内涵),也有可能来自操作过程(如测量过程中夹杂了与构念无关的随机误差)。这些误差降低了测量指标对理论构念的准确反映,在前面图 4-1 中,线(b1)和(b2)就代表了构念与测量指标之间的对应关系。如果测量指标与理论构念之间不能准确对应,那么由此得出的结论就会出现偏差。即使最后在统计检验时发现了变量之间的显著关系,也无法清晰地推断构念之间存在因果关系,我们将这样的研究评价为构念效度偏低。

可见,构念效度是一项高质量实证研究的首要要求。在研究设计中,研究者的目的是尽量减少测量时的偏差,努力提高变量测量与理论构念之间的一一对应程度。从理论和实际测量两个方面提高构念效度。一方面,从分析抽象构念的角度,研究者需要精确定义理论构念并明确它的内部结构。由于组织管理研究中很多构念来自抽象的社会建构理论,在现实世界中并不能直接观察因此对它的观察和测量必须依赖于精确的定义说明。如果缺少精确的定义,即使研究者在测量过程中避免了各种误差,由于无法确定测量得到的数据能否准确地代表理论构念,统计分析得出的结论还是无法有效地回答研究问题。另一方面,从变量测量的角度,研究者需要选择合适的测量方式,以控制测量误差。比如在文献中,我们常常会发现一个构念有多种测验量表。到底在研究中选用哪一个量表,就是一个经常困扰初学者的问题。我们的建议是:首先,选用经过严格评审的、发表在高质量杂志上的量表;其次,结合具体的研究问题选择最能符合研究要求的测量方式。例如,当研究者关心的问题有关于中国特殊的文化情境时,采用具有文化特殊性的量表就能捕捉到更多详细的信息。如果研究者关心的是一种普遍现象,只是运用来自中国的样本进行假设检验,那么具有文化普遍性的量表就应该是首选。通过这样的标准,我们不仅可以保证变量测量的质量,而且也提高了测量工具与研究题、研究情境之间的匹配程度,确保了变量操作的构念效度。

(二)统计结论效度

统计结论效度是指在对假设关系进行统计推论时,判断我们采用的统计检验手段及所做出的统计决策是否正确。在前面图4-1中,统计结论效度描述的是线(d)。在实证研究中,统计检验的本质是通过抽样的方式来对变量之间的关系做出泛化的推论。我们针对统计检验而做出的研究结论,实际是在一定的概率基础上做出的。因此,任何研究结论都面临着统计结论效度的问题。一般而言,我们在做出统计决策时存在着四种可能性:接受正确的原假设(true positive)、拒绝错误的原假设(true negative)、拒绝正确的原假设(false positive)和接受错误的原假设(false negative)。前两种情况属于正确的结论,但后两种情况属于研究者做出的错误决策,会直接影响到研究的统计结论效度。我们把第三种情况称为"一类错误"(type I erorr),即在两个变量之间并没有联系的时候,我们却根据自己的统计结果拒绝了原假设,得出它们之间存在显著性关系的结论。我们把第四种情况称为"二类错误"(type II error),即在两个变量之间存在显著性关系的时候,我们却接受了原假设,认为它们之间并不相关。无论是拒绝正确的原假设,或是接受错误的原假设,都会降低统计结论的可信程度。导致这两类统计决策错误的因素有很多,如样本太小造成统计检测力的缺乏;忽视了统计检验的基本假设,造成统计方法运用的错误;测验问卷和实验操作信度的缺乏;被试样本的差异度太大等。对这些因素的详细探讨,读者可参见Shadish et al.(2002)的论述。

在这两类错误中,我们在实证研究中更为关注一类错误,即避免错误地接受一个并不存在的因果关系,进而影响后续的研究和管理实践。一个突出的例子就是我们对于共同方法变异(common method variance)的态度。共同方法变异的存在可能夸大了变量之间的联系,导致研究者有可能错误地接受一个并不存在的显著关系。尽管研究表明这类基于个人感知的方法变异并不必然显著地改变变量关系(Crampton & Wagner,1994),即拒绝含有共同方法变异的研究结论有可能犯二类错误,但为了避免一类错误,现在主流组织管理杂志已很难接受含有共同方法变异的研究结论的文章。

研究者一直认为可以通过选择正确的统计检验手段、严格的检验标准和取样随机化等方法降低一类错误,保证研究结论的严谨性。但近年来,许多研究者为了更多地发表文章,在数据分析中一味地追求显著性结果,故意丢弃不显著的结果(Leung,2011),客观上造成了实证研究结果中一类错误的增加。Simmons et al. (2011)认为其原因在于,研究者在实证研究中拥有较大的自由度,如要不要搜集更多的数据、选择哪一个对照组进行比较、使用哪些控制变量、选择哪一个测验量表等。这些自由给了研究者选择性报告统计结果的空间。考虑到在一项显著性结果背后可能存在未被报告、未能支持假设的分析结果,我们在接受一项研究结论时犯一类错误的可能性往往远远高于我们统计检验的显著性水平(即一般5%的错误可能性)。长此以往,这种现象必然会影响我们研究结论的可重复性和可信度,以及组织管理研究的严谨性和学科声誉。为此,MOR特意推出了文章预审制度(Lewin et al.,2016)。自2017年,研究者可以将一个完整的研究计划投稿至MOR。如果这一计划得到接受,那么研究者再去完成后续的数据搜集和分析工作,这样就一定程度上避免了研究者只选择报告显著性结果的问题。当然,除了学术刊物,每一位研究者都有责任规范自己的研究过程,不能一味地追求显著性结果,而应该真实地、全面地报告研究结果,共同维护研究结论的科学性和可验证性。

(三) 内部效度

研究质量的第三个评价标准是内部效度。统计结论效度评价的是一项研究中统计方法的运用及所做出的统计决策是否恰当,而内部效度是指变量之间因果关系推论的可信度,其评价的是变量之间是否存在清晰的因果关系。如前面图4-1中,我们可以用线(c)表示一项实证研究的内部效度。如果发现因变量y随着自变量x的变化而变化,且两者之间关系显著,在由此推断其间存在因果关系前,研究者需要考虑这一结论是否剔除了其他各种可能的解释。某些外生变量的存在可能使我们在解释x与y变量关系时出现偏差。例如,在管理学历史上非常有名的霍桑实验中,研究者通过改变监管方式、增加互动时间,发现参加云母片分离实验的员工绩效提高了15%,从而认定人际关系的改善是员工生产率提高的主要原因。Carey(1967)针对这一结论提出了尖锐的质疑。他认为,由于外部经济形势的好转和雇佣关系的改善,霍桑工厂5500名工人的平均生产率在实验期间也提高了7%。因此,在控制了外部经济因素的影响后,人际关系因素能够在多大程度上提高员工生产率是一个疑问。从这个例子可以看出,如果对所研究的管理现象及相关文献缺乏足够的了解,我们的研究设计方案极有可能忽略相关外生构念,最终致使变量之间的因果关系模糊不清,难以清晰解释,从而影响到研究的内部效度。

影响内部效度的因素主要来自除自变量之外的各种混淆变量。它们的存在使得我们无法清晰地做出因果结论。Shadish et al.(2002)总结了准实验研究中常见的七种混淆变量。

（1）过去事件的影响。所有发生在研究期间的事件，都可能被试产生影响并且导致结果的变化。

（2）成熟效应(maturation)。被试者本身随时间的流逝而发生身心变化，而非因为某些特别事件的发生。

（3）测验效应。试验过程本身可能会改变所要测量的现象。

（4）统计回归(statistical regression)。若被试为极端分数的群体，实验的后测结果就会有趋向其长期平均数的情况。

（5）自我选择效应(self-selection)。由于研究未采用随机抽样和随机分派，造成被选择的人在能力或特质方面存在差异。

（6）自然减员(mortality)，即被调查对象的退出或流失。

（7）由于某种原因，研究样本所提供的信息可能会存在偏误。

虽然以上七类变量是针对准实验设计而提出的，但是这些因素在实证研究中具有相当普遍性。

针对内部效度的性质，研究者应该在研究设计时考虑如何剔除混变量和替代解释对变量之间因果关系的影响。建议研究者从两方面进行思考：一方面，从理论出发，在以往文献中搜寻有哪些变量可能成为假设检验中的混淆变量，在测量自变量和因变量时同时加以测量，并在统计检验时进行控制；另一方面，从研究方法上加以控制，例如，相对其他研究方法，实验法对于混淆变量和替代解释的控制程度最强。如果研究者认为自己的研究假设非常容易受到其他混淆变量的影响，那么就可以通过实验或进行随机化处理的方法提高研究的内部效度。

（四）外部效度

外部效度是指将一项实证研究结论推广到其他群体、时间和研究情境时的可重复程度。在实证研究范式下，研究结果往往是基于某一特定研究得出的，其中包括特定测量方式、操作手段、研究样本和相关环境。基于这种特性，研究者得出的因果推论往往具有局部特性(localized nature of the causal knowledge)，这与研究者希望得出泛化的知识目标之间存在着天然的冲突(Shadish et al., 2002)。这一特性使得研究结果的可重复性，即外部效度问题在社会科学的实证研究中显得格外突出，在没有恰当的研究设计时，外部效度问题更有可能发生。研究结果不可重复，严重背离了实证科学研究的本质。因此，外部效度在近年来得到组织管理学界越来越多的关注。不少杂志不再一味强调研究结论的新颖性，转而强调研究结论在其他情境中的可重复性(Bettis et al., 2016; Leichsenring et al., 2017)。因此，当我们在一个样本中找到显著的因果关系时，需要仔细思考研究结论所处的情境界限,特别是当我们从事应用性的实证研究时。

从研究设计角度而言,影响外部效度的因素主要包括两个方面:一是研究者得出的因果关系是否在改变了测量或者操作方式后仍然成立,这需要构念效度的泛化问题;二是因果关系是否适用于不同的被试及研究环境。一般而言,研究样本是影响研究结论外部效度的首要因素。例如,我们现在的很多组织管理研究严重地依赖MBA学生,这样的被试群体既没有代表性,其自身又具有某些特殊性,基于他们得出的结论也就有可能无法推广到其他样本中。此外,如果研究环境本身有种特殊性,也有可能造成结果无法推论到整个目标群体。因此,研究者可以选取具有较高代表性的样本来提高研究的外部效度。当样本可以较好地代表总体时,从样本得出的结论就更容易在总体内得到重复。

实证研究的性质决定了研究者不可能穷尽所有的取样可能性,我们无法通过选择不同的样本最终解决因果结论的外部适用性问题。为此,Shadish et al.(2002)提出了一个基于科学实践的因果泛化理论,引导研究者进行恰当的研究设计。其主要观点包括以下五点原则。

第一,表面相似性(face similarity)。在开展一项研究前,研究者应该评估某一具体操作与泛化目标型特征之间的相似性。

第二,排除不相关性(ruling out irrelevancies)。在研究中剔除那些不会影响研究结论泛化的因素。

第三,鉴别(making discriminations)。识别研究结论泛化的关键因素,努力将其纳入研究设计。

第四,插补和外推(interpolation and extrapolation)。在采样的范围内选择那些没有被调查的样本,同时需要在采样的范围之外进行探索因果关系可能发生的变化。

第五,因果解释(causal explanation)。针对影响因果推论关键的因、果和其间的中介机制进行理论化思考加工,并进行实证检验。

这五项原则帮助我们思考如何改善研究设计,提高研究结论的外部效度。例如,当阅读一篇已经发表的文章时,我们想知道研究设计上的某个变化是否会带来新发现时,就需要考虑已发表的研究与自己研究之间的相似处。当构思一项新研究时,我们应该思考感兴趣的构念原型特征,以指导具体的研究操作和测量。在设计研究时,我们总会假设某些变量与所探讨的因果关系无关,但这些潜在的假设可能会成为评审人质疑的对象。因此,必须在研究设计阶段对这些假设进行严谨的评估。在测量时,必须思考包括一些关键的理论机制,以恰当地阐明因果关系是如何产生的。在文章的导言部分,要试图说服读者为什么关注某一特定的构念进行研究;在讨论部分,阐述不同的处理、样本和研究背景对结论的可能影响。这些所有的思考都有助于提高一项研究因果结论的泛化程度。正如我们之前解释的那样,在实证研究中,完全解决外部效度问题并不是一件容易的事情。随着学术界对研究结果可重复问题的重视,近年来组织管理研究实践有明显的发展。为了提高因果结论的外部效度,研究者经常需要在一项研究中采用多种不同的测量或操作方式,使用多个特征不同的样本完成假设检验,努力提高研究结论的可重复性,最终得到同行评审专家的认可和接纳。

需要特别指出的是,在任何一项研究设计中,研究者由于客观条件的限制及研究方法的局限,往往无法同时兼顾构念效度、统计结论效度、内部效度和外部效度,即在一个研究中同时高度满足四种指标要求几乎是不可能的。为了保证研究结论的整体效度水平,研究者可以采用的方式是进行多项研究来回答一个研究问题。例如,在Audia等人的研究中,首先使用二手数据来验证研究假设,这种方法具有较高的外部效度但较低的内部效度。因此,他们接着在个人层面进行了一项实验,来重新验证研究结论,并检验中介作用的心理过程变量。这项实验研究就具有较高的内部效度但较低的外部效度。通过将两者结合,他们的研究结论很好地满足了这两种效度的要求。同时,由于对构念的清楚定义、准确测量和恰当分析,他们的研究结论又具有较高的构念效度和统计结论效度。

第四节 案例研究设计的特征和原则

案例研究可以区分为三大类,包括探索性(exploratory)、描述性(descriptive)及因果性(causal)案例研究(Yin,1994)。探索性案例研究是指当研究者对于个案特性、问题性质、研究假设及研究工具不是很了解时所进行的初步研究,以提供正式研究的基础;描述性案例研究是指研究者对案例特性与研究问题已有初步认识,而对案例所进行的更仔细的描述与说明,以提升对研究问题的了解;因果性案例研究则旨在观察现象中的因果关系,以了解不同现象间的确切函数关系。然而,不管是何种类型的案例研究,仍必须讲求研究的严谨性与可靠性等标准,这些要求颇类似量化研究中的效度与信度的概念。

案例研究设计是围绕案例分析工作而进行的规划或指南,其目的就是要初步规划案例研究工作如何开展。具体来看:第一,案例研究过程中,经常会出现案例调研过程中需要调整调研思路、改变案例调研对象、增加调研案例个数甚至改变部分研究问题等情况,更加凸显案例研究设计的重要性。案例研究设计可以提升研究质量,也会使研究更加有章可循。第二,案例研究中最为重要的理论抽样部分,需要对案例研究模式(如单案例还是多案例)、案例企业、案例个数、分析单位等进行确定,这是案例研究设计最为关键的部分,决定了案例研究的质量。

一、案例研究设计的特征

案例研究设计的特征主要体现为灵活性、非线性、开放性,这些特征是与定量研究设计相比较而言的。

灵活性是指案例研究设计在案例研究的过程中会出现调整和变化。这是因为案例研究过程中会出现新资料,涌现出与原有构想不一样的新问题、新构念,这时需要重新调整原有研究设计,进而对新的问题进行分析和解决。

非线性是指案例研究设计中的各个步骤之间是一个不断循环和往复的过程,特别是在案例研究过程中,资料收集与资料分析两个步骤经常同时进行,不像定量研究设计中是收集到资料后再进行资料分析。因此,在资料收集与分析的并行过程中,很可能会产生新的问题,需要回到起点的最初步骤重新完成各步骤,如图4-5所示。

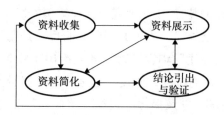

图4-5 案例研究设计中的非线性循环过程

开放性是指案例研究设计更加包容,不仅在数据来源方面要求更加多样和丰富,而且也可以采用更多的数据分析方法(如定量分析、定性比较分析等)、更加多元化的理论构建过程(如诠释主义范式、扎根理论范式等)。

案例研究计划书是落实到纸面上的"案例研究设计",通常以提议、开题报告等形式出现。因此,可以说案例研究计划书统领了整个案例研究的各个过程和步骤,但案例研究计划书不仅包括案例研究设计内容,还包括工作计划。Yin(2009)认为,研究设计不同于研究工作计划,研究设计是避免出现证据与要研究的问题无关的情形。因此,研究设计解决的是逻辑(logical)问题,而研究工作计划则是后勤保障(logistical)问题。例如,如果要做一项关于某家企业创始人的领导力的案例研究,只是对这位创始人的领导风格进行深入访谈和分析显然还不够,还需要对其下属进行访谈,如果忽视了对下属的访谈,显然是研究设计不全面的问题。而通过何种手段、方法等能够找到这位创始人及其下属,则属于研究工作计划问题。

因此,一份完整的案例研究计划书,既要包括案例设计内容,还要包括案例工作开展的内容。下面具体介绍案例研究计划书(开题报告)的内容。

(1) 题目。案例研究的题目除具有新颖、有趣、重点突出等一般研究题目的特征,还要凸显案例研究的特征:一是要突出"How"和"Why"等问题的特征;二是可以体现案例的特征(如单案例企业具有极端性,经过企业许可,可以将企业名称放入案例研究题目中)。

(2) 研究背景与研究目的。此部分与一般性研究计划书的内容较为类似,即围绕所要研究的问题,介绍相应的实践背景、理论背景、研究目的。需要注意的是,由于案例研究更加贴近实践,因此在研究背景部分需要结合案例所在的行业、案例所对应的情境,包括社会、经济、政治、文化等与选题相关且具有突出现实意义的方面进行论述,从而凸显该案例选择的重要现实意义和实践价值。

(3) 研究问题。关于研究问题部分的论述,可参考本书第二章内容。无论是单案例研究还是多案例研究,其研究问题必须凸显案例研究的特征:一是要突出"How"和"Why"等问题的特征,二是要充分体现案例的情境性。

(4) 理论基础与文献综述。由于案例研究的目标是归纳逻辑下的理论构建,因此"理论基础与文献综述"有其独特性,如只给出粗线条的理论基础或理论框架,而不是直接给出具体的命题或假设。这是因为案例研究是构建理论,亮点是所提出的理论命题(假设)以及提出的过程。因此在理论基础部分,先要埋下伏笔,后面才是逐步展开理论构建与命题提出的过程。

(5) 研究设计。这里强调以下三个问题:第一,为什么选择案例研究方法。研究计划书要回答清楚为什么这个选题适合案例研究方法,而不是其他研究方法(如定量统计分析方法)。最好引用或给出与该文主题相关同时也采用案例研究方法的前人研究,以增加说服力。第二,为什么选择单案例或多案例的研究方法。研究计划书要回答为什么选择单案例研究或者多案例研究,可以围绕与研究选题内容的关系、单案例和多案例研究各自的优劣势来分析。第三,为什么选择这个(或这些)案例。研究计划书要回答文章采用理论抽样的标准和依据,尤其是对所选择的单案例在典型性、极端性、启发性等方面的特征进行充分论述,或者对多案例之间所具有的可对比性和可复制性等进行说明。此处需要注意不过度对案例(尤其是企业)的无关信息进行大量陈述,围绕选择案例的充分性和必要性介绍即可,尤其注意要使用中性、客观性的语气来论述,避免出现含有褒扬或批判等态度的语句。

（6）预期的数据收集与分析方法。此部分主要包括数据收集与分析的方法和可行性，数据收集包括介绍数据来源和渠道、准备访谈几家企业、如何进入企业或如何获取资料、确定访谈对象（被访者的职位）、初步的访谈问题、访谈人数、其他来源资料的获取等，并说明这些方法的可行性，如可以获取到哪几个来源的数据、如何来获取、获取的时效性等。同时，需要考虑采用何种数据分析策略，是否需要计算机软件进行辅助等。

（7）前期基础。主要包括：对文献的掌握情况介绍；对方法的掌握情况介绍；对数据收集的来源和方式、数据分析的具体策略等情况介绍；取得的相关成果情况介绍。

（8）参考文献。需要给出主要的参考文献，包括核心文献（该领域的经典文献、代表性学者的文献等）、前沿文献（近5年不少于1/3）、有关质性与案例研究方法的相关文献等。

每种研究设计都包括案例（case）与其所处的情境条件（contextual condition）两个组成部分。虽然有单案例研究和多案例研究的区别，但它们都可以有一个或多个分析单位，共形成四种类型的案例设计：整体性单案例研究设计、嵌入性单案例研究设计、整体性多案例研究设计、嵌入性多案例研究设计。

二、案例研究设计的严谨性

为了确保案例研究的严谨性，一项关键工作是对接下来即将开展的研究（如数据收集、数据分析等）进行精心的、符合方法论原则的研究设计。科学研究中的效度与信度也是一种社会建构，其法则是由科学研究社群所建构出来的，彼此互有共识。在实证主义案例研究中，学者们借鉴了定量研究设计中的多项指标，以帮助评估案例研究的严谨性，主要包括四种：一是构念效度（construct validity），针对所要探讨的概念，进行准确的操作性测量；二是内部效度（internal validity），建立因果关系，说明某些条件或某些因素会引发其他条件或其他因素的发生，且不会受到其他无关因素的干扰；三是外部效度（external validity），指明研究结果可以类推的范围；四是信度（reliability），阐明研究的复制性，例如，数据搜集可以重复实施，并可以得到相同的结果（Lee，1999）。

（一）构念效度

为了使研究具有构念效度，让概念得到准确的衡量，在案例研究中，可以采取几种有效的方法来加以执行，这些方法包括采取多重证据来源的三角验证，证据链的建立、信息提供人的审查及魔鬼辩护师（devil's advocate）的挑战等做法

(Eisenhardt,1989;Yin,1994)。首先,在多重证据来源的三角验证(或多角验证)方面,研究者需要使用各种证据来源,让各种来源的证据能够取长补短、相辅相成。这些来源通常包括文档(如信件、报告、报道、私人笔记等)、档案(如公司数据、官方记录、现行数据库等)、人员面谈、现场观察、活动参与及人工器物的搜集等。当不同做法都能获得类似的资料与证据时,则说明案例研究中的衡量具有构念效度。这一做法类似量化研究中的收敛效度(convergent validity)。

其次,建立证据链,让搜集的数据具有连贯性,且符合一定的逻辑,使得报告的阅读者能够重新建构这一连贯的逻辑,并预测其发展。当逻辑越清晰、越连贯时,构念效度就越高。这种做法类似量化研究中逻辑关系网(nomological network)的建立。

最后,重要信息提供人的审查。通过重要信息提供人的审阅报告与数据,来确保数据与报告能反映所要探讨的现象,而非只是研究者个人的偏见而已。由此,可以避免因为研究者个人的选择性知觉而产生不恰当的诠释。另外,也可以安排能够挑战数据、证据及结论的"魔鬼辩护师",要他们针对资料的搜集、分析及结果与报告提出严苛的批评,用以检视研究者的盲点与偏见,以确保搜集的资料能够反映研究构念。这种辩护师通常是持反面意见的人,可以提供对立的观点,以避免个人偏见或团体盲思(groupthink)的产生。

(二)内部效度

就内部效度而言,研究者必须确定因变量的改变确实是因为自变量的改变而引起的。为了降低因果关系之外的解释,案例研究者可以采用模式契合(pattern matching)、解释建立及时间系列等设计来执行研究,提升内部效度(Yin,1989)。模式契合可以用来检验数据与理论是否匹配与契合,查看各构念之间的关系及其是否能与数据契合,如果契合,则提供了支持的证据。例如,当一组性质不同的不等同的(nonequivalent)因变量可被预测,且得出类似的结果,而未有其他的结果时,即可获得较强的因果推论;同样,如果一组不等同的自变量均可做相同的预测,也可推论此因果关系是稳定而坚实的(Campbell,1975;Yin,1989)。根据这种想法,如果所搜集的各种数据,都能肯定原先推论的关系,则可接受原先发展出来的命题或假设;否则,则需要加以修正。在 Ross & Staw(1993)的 Shoreham 核电厂的案例中,即采取这类做法,以实际发生例子的自变量(影响持续投资的种种前置因素)来说明此电厂损失近55亿美元(因变量)的理由,用以验证承诺升级(escalation of commitment)的理论模式。结果发现,模式所推衍出来的假设,有些是获得支持的,有些则不获得支持。研究者于是根据此案例的结果,修正了原先发展的理论模式。

提升内部效度的第二种做法是解释的建立：首先，研究者陈述可能的理论，并提出一连串的命题（propositions）；然后，再检视理论、命题与经验数据是否符合，以修正理论与命题。接着，再重复以上的过程，直到两者趋近为止。这种过程与冶金类似，研究需要逐步精炼想法，接受可能的对立假设，最后建立较佳的解释，通过这种持续性的调整过程来提升内部效度。

最后是采用时间序列的设计（time series design），先分析所要观察的变量或事件在时间上是否具有先后顺序，再推论其中的前后因果关系。当某些变量或事件发生在先，且导致后续变量或事件的发生或改变时，即可推论变量之间具有时间上的因果关系。如果经验数据亦证实的确具有此类因果关系时，则可提供内部效度的证据。

（三）外部效度

就外部效度而言，由于研究者通常只是在单一时间与地点针对单一类型的案例进行研究，因此，必须确定此研究结果是否可以适用于其他类型的案例，或不同的时间与地点当中，以判断研究结果或理论的类推能力。结果与理论的类推范围越广，所能解释的组织现象越多，则结果与理论就越有力量（Cook & Campbell, 1979）。

在探讨案例研究的外部效度时，通常是采用分析类推（analytical generalization）的概念，而非统计类推（statistical generalization）（Bryman, 1989）。统计类推是依据统计抽样的想法，选择具有代表性的样本，再依据概率论的原则，将样本的研究结果类推到总体上，由此说明研究结果的类推性。然而，分析类推是指案例所得的结果，可以在以后的案例上重复发现，由此证实该案例所获得的结果确实存在。这种类推根据的是一种案例与法则相似逻辑（case-law-like logic），通过理论契合或构念契合的方式，来判断研究的外部效度（Eisenhar-dt, 1989; Yin, 2003）。其分析概念，就像医生所说的"我认识他，他是我的病人，我在每位患者身上都可以看得到他的身影"（Van Den Berg, 1972）。因此，要判断案例研究结果在其他案例上的类推性时，需要在不同时间、不同地点进行多案例研究，以判断此结果在其他情境、时间及地点上的情形。就此而言，案例研究的外部效度颇类似量化研究中生态效度（ecological validity）的概念。

（四）信度

案例研究的信度是指研究过程的可靠性，所有过程必须是可以重复的。因此，必须准备周详的案例研究计划草案（protocol），让后来的研究者可以重复进行研究；也必须建构研究数据库，让后来的人能重复进行分析（Yin, 1994）。研究计划草案不仅要说明特定的研究过程、所依循的资料搜集与分析原则,而且至少要包括以下内容:①研究目标与探讨议题,如研究目的、问题、背景等;②研究场所与研究程序,如研究地点的详细描述、信息来源,甚至是研究者的保证书等;③研究问题,比如特定而具体的问题,如访谈表的时程与内容、访谈对象、数据分析方式与过程;④研究报告的结构,如研究结果、如何组织、进行对话的理论,以及如何获得结论等。

除了需要周详的案例研究计划草案,也需要建构研究数据库。这些数据库至少包括现场研究笔记、参与观察记录、访谈的录音、观察的录像、誊写的文稿、档案数据及数据分析记录等,以便后来的研究者能够进行再检查与再分析。通过这种详细的文字记录与数据文件来强化案例研究的信度。

一篇严谨的案例研究文章在研究方法部分会明确提到针对方法严谨性的措施,以及详述所采取的具体研究措施。如何衡量一个案例研究设计的严谨性,可以参考 Gibbert et al. (2008) 给出的衡量指标,如表4-1所示。

表4-1 衡量案例研究设计是否具有严谨性的几个标准

构念效度	内在效度	外在效度	信度
√进行数据三角验证 ·档案数据(内部报告、会议记录或档案年度报告、出版物或其他) ·访谈数据(研究者进行的直接访谈) ·参与观察数据(研究者的参与式观察) ·直接观察数据(研究者的直接观察) √由关键信息提供者检查文稿(关键信息提供者是指正在或曾经在被调研的组织中工作的人) √用清晰的证据链来说明数据收集的环境(解释如何对数据的获取) √检查数据收集环境和实际过程(反思研究的实际过程如何影响数据收集的过程) √解释数据分析过程(清楚说明数据分析的过程)	√研究框架清晰地来源于文献(用图表或清晰的文字来描述变量和结果之间的因果关系) √进行模式匹配(把发现的模式与其他文章中研究者报告的模式进行匹配) √进行理论三角验证(使用不同的理论视角和文献资料,或者作为研究框架,或者作为解释研究发现的工具)	√进行跨案例分析 ·多案例研究(不同组织的案例研究) ·嵌入性方法(同一组织内的不同案例研究) √选择案例的理由(解释为什么该案例是适合本研究问题的) √介绍案例的情境信息(例如行业背景、业务周期、财务数据等)	√介绍案例研究计划(要报告本研究制订的研究计划,以及整个研究的开展过程) √介绍案例研究数据库(数据库包括所有可获得的文档、访谈文本、档案数据等) √注意组织的实际名称(可以明确提到的实际名称,与匿名相反)

一个完整的案例研究设计需要给出从研究问题到研究结论的若干重要步骤。这包括确定案例研究问题、准备理论视角和研究假设、理论抽样和确定分析单位、单案例与多案例设计、数据收集设计、数据分析设计等步骤。其中,理论抽样和确定分析单位、单案例与多案例设计这两个步骤是案例研究设计的核心环节。

三、案例选择

(一) 案例选择的总体原则:理论抽样

案例研究设计中,如何选择案例是一个重要的环节。案例研究中案例样本的选择采用的是理论抽样方法(theoretical sampling),也称为目的性抽样(purposive sampling)。理论抽样方法是所选案例出于理论的需要,而不是统计抽样(或概率性抽样)的需要(Claser & Strauss, 1967)。Eisenhardt(1989)认为,所选案例要能复制先前案例的发现,或者能拓展新兴的理论,或者为了填补某一个理论中提到的分类而为两种截然不同的分类提供案例。因为所选的案例数量有限,因此去选择那些有极端性或典型性案例,就像放大镜甚至显微镜一样,可以清晰地发现那些更为细微、错综复杂的作用关系和过程机制。

从原理上说,理论抽样与统计抽样有较大的区别。理论抽样的目标是要选择那些可能补充、修正现有理论或者拓展新兴理论的案例,就是要有意识地选择那些能够为构建理论服务的案例。从管理学案例研究的现实来说,也并不是等到理论确定好后再去抽样案例,而是事先通过一定的社会关系和资源、难得的案例企业进入机会等,开始准备进入或初步进入一些企业,形成一个初步的"案例库"。

理论抽样就是在研究者或研究团队已经掌握的这个"案例库"中进行有意识、有目的地选取案例,为发展理论服务。因此我们建议,可以选择国内外各行业中知名的大型企业(如海尔、格力、阿里巴巴等),或者选择聚焦在具有某些极端性、典型性的管理现象与特征的企业(如服务管理方面的海底捞、共享经济平台方面的爱彼迎等),以及选择一些较难获得进入权限进行访谈和调研的企业(如华为与"国之重器"相关的大型央企等)。当然,研究者如果是较为资深的研究者,或者具有较为敏锐的学术洞察力,那么很多企业都会是理论抽样备选的样本。

关于"理论抽样出的案例不具有代表性,理论如何能推广"以及"理论抽样的案例应该具有一定的总体代表性"这些较为普遍的质疑,Eisenhardt & Graebner (2007)进行了较好的回应,案例研究的目的是发展理论、构建理论而不是检验理论,而理论抽样较为适合发展理论,选择某案例是因为非常适合说明和扩展不同构念间的关系与逻辑。正如实验室的实验有时也不是从一个实验总体中随机抽样,而是抽取那些能够提供理论新意的样本一样,案例是根据理论原因来抽样的,如揭示一个不寻常的现象、重复验证其他案例的发现、对立重复、排除其他可能的解释、阐释新理论等。深度访谈需要详细、深入的访谈资料,它更注重访谈的质量,而不是数量。因此,深度访谈很少采用随机抽样,而是采用灵活机动的非随机抽样。

Strauss & Cobin 在《质性研究概论》中,介绍了三种不同的理论性抽样:开放性抽样、关系性和差异性抽样以及区别性抽样。开放性抽样是指根据研究的问题,选择那些能够为研究问题提供最大涵盖度的研究对象进行访谈,从而覆盖研究现象的方方面面并从中发现建构理论所需用到的相关概念和范畴,这通常发生在深度访谈的开始阶段。关系性和差异性抽样是指在对访谈资料进行及时整理和分析的基础上,更有针对性地选择访谈对象,对从访谈资料中浮现出的理论概念和范畴进行细致的梳理,以厘清不同概念和范畴之间的关系,这通常发生在深度访谈的中期阶段。区别性抽样则是指随着访谈资料的增多,研究人员在不断归纳分析访谈资料的基础上建立理论假设,选择那些有助于进一步修正、完善理论的调查对象进行访谈,这通常发生在深度访谈研究的后期。

何时结束理论抽样?当理论到达饱和时,研究者应该停止增加新的案例。理论饱和就是在某个时点上新获得的知识增量变得很小,不需要再增加新的案例(Glaser & Strauss,1967;Eisenhardt,1989)。在每一次访谈后都应进行即时的资料整理和分析,在访谈分析的基础上建构理论假设,然后根据这些理论假设继续进行抽样访谈,进一步验证和完善理论假设,直到研究人员发现,对于厘清概念、确定范畴、建构理论而言,从访谈中所获得的信息开始重复,不再有新的、重要的知识出现。这个思想颇似一篇手稿的修订,当进一步提高质量的空间达到最小时,就可以结束修订。实际中,理论饱和经常也是出于务实的考虑,例如案例数据收集时间和经费的限制。事实上,研究者事先计划好要调研的案例数量也很常见(Eisenhardt,1989),如果一个案例所蕴含的信息能够足以说明构念间的相互关系和逻辑,那么就没有必要增加更多的案例重复佐证,除非增加的案例能够拓展更多的理论。

(二)选择单案例研究还是多案例研究?

选择单案例研究还是多案例研究,是根据研究问题、预期的理论贡献、前期研究基础和研究者(团队)所具有的进入案例企业的资源等多种因素决定的。尽管单案例和多案例的研究各自具有不同的特点,特别是关于两者的优劣势,Eisenhardt(1991)和 Dyer & wilkins(1991)曾在 Academy of Management Review(AMR)上有一场关于案例研究的论战,但随着案例研究方法在管理学研究中的不断应用,学术共同体逐渐形成了一定的共识。

具体来看,选择单案例是考虑到该案例所具有的非同寻常的启发性,如 Plowman et al. (2007)关注的教堂变革的案例;或者是具有极端情境的案例,如 Weick (1993)关于曼恩峡谷大火与消防队员这一极端情境案例;或者难得的案例企业进入机会、研究机会等。另外,单案例也可以考虑选择纵向案例,纵向是指引入时间维度,分析该案例的发展历史、发展阶段、模式演进和过程机制等。

选择多案例是考虑到,由于多个案例能够相互比较,因此可以通过复制逻辑对多案例进行分析,得到仅分析其中某一个单案例而无法得到的研究发现。Eisenhardt & Graebner (2007)等文献则强调多案例能创建更为坚实的理论,因为其中的命题更深植于多种实证性证据;多案例研究也能更准确地描述和测量构念,以及分析构念间的相互关系,因为从多案例中更容易确定准确的定义和构念抽象的层次。多案例的选择同样是基于发展理论的需要,如可重复性、拓展、对立重复以及排除其他可能性的解释(Yin,2009)。Eisenhardt & Graebner (2007)建议,多案例研究一个重要的理论抽样方法是"两极模式":研究者抽取极端的案例(如绩效非常高与非常低的情况),以便更容易地发现数据中对立的模式。虽然这种方法由于所得到的理论总能为其实证数据所支持而令论文审稿人惊诧,但是这种抽样方法确实能够清楚识别所研究对象中的核心构念、关系和逻辑的模式。

四、确定分析单位

在确定好案例后,就要明确案例分析单位。案例与分析单位往往并不是完全重合一致的,如果重合一致,则认为是整体性设计;如果不重合,则一般认为是分析单位嵌入在案例中,即嵌入性设计(Yin,2009)。例如,要研究一个企业的组织变革与发展,那么此时所选择的案例与分析单位是重合的;如果要研究该企业的高管团队做出的战略决策,那么企业是案例,高管团队做出的战略决策就是分析单位。

在管理学研究中,案例分析单位的选择直接决定了调研过程中需要访谈的对象的角色性质(如职位)和数量,同时也与研究主题密切相关。例如,要研究企业的组织变革问题,如果是研究企业的组织变革对企业创新绩效的影响这一问题,案例和分析单位都是"企业",则需要访谈调研该企业的最高决策者(如总经理)、直接负责该决策的负责人(如某个副总)以及若干具体负责此次组织变革工作的执行者;如果是研究该组织变革的决策过程问题,案例是"该企业",分析单位是"该企业的高管团队成员",则需要对主要高管团队成员进行访谈(未参加该变革的高管可能也要访谈,因为很可能有其他潜在的原因需要关注到,比如他是反对者,可能提前被边缘化了)。案例分析单位的大小和所要研究的问题,决定了所要访谈的个体的数量和特征。

如果你的研究问题使得你无法确定何种分析单位优于其他分析单位,那就表明你要研究的问题要么过于模糊,要么数量太多。随着资料收集过程中出现的新问题、新发现,分析单位可能会出现变化,这也是案例研究中灵活性原则的具体体现。

第五节 单案例研究设计

基于案例选择和确定分析单元这两个关键环节,总体的案例设计一般分为四种类型(如图4-6所示):单案例研究设计与多案例研究设计,以及整体性研究设计与嵌入性研究设计(Yin,2009)。如果案例研究只考察一个计划或组织整体的本质,那就是使用整体性设计;嵌入式分析单元是比案例本身更小的分析单元(如组织中的业务单元、过程单元、运营涉及的人员角色等)。如果包括多个分析单元,那么称为嵌入性研究设计。

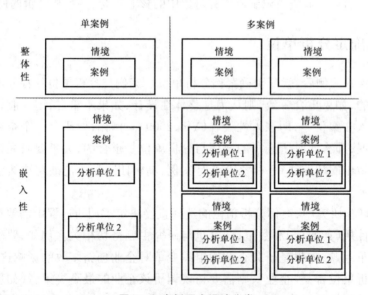

图4-6 案例研究设计分类

单案例研究根据案例与分析单位的关系(即主分析单位与子分析单位的关系)可以分为整体性单案例研究与嵌入性单案例研究。在多案例研究中,无论是整体性研究设计还是嵌入性研究设计,选择案例必须遵循同一逻辑,进行理论抽样,而不是统计抽样。

一、整体性单案例研究设计

整体性单案例研究设计较为常见,其类型主要包括以下三种。

(一)极端案例或不寻常的单案例

这种单案例类型较为常见,这类案例与现有的常识、规范或日常事件有较大差异。与此相类似的是临床医学中,经常会对那些不寻常的病例进行研究,可以进一步发现病症的特征、病因等,从而为后续进行大样本的调查研究起到重要的探索作用。如 Plowman et al.(2007)研究一家教会组织在"悄无声息"中的变革事件就是这一类型。该研究指出,既有理论认为,变革型组织变化是不连续均衡的、有意为之的,然而研究则发现这家教会组织为无家可归者提供早餐的小决策事件却导致了组织的变革性变化,发现无意识的、涌现的和缓慢的渐进性变化同样也会导致变革性变化,这对既有的理论和常识都是不寻常和有挑战性的。

(二)启发性单案例

当研究者第一次有机会去观察和分析先前无法研究的现象或事件时,即有资源、有条件或机会关注、进入某个独特情境和该情境下的企业去研究,适宜采用单案例研究。如 Gioia & Chittipeddi(1991)对美国一所公立大学的战略变革研究,他们有机会和资源进入该学校进行长达两年半的现场调查,通过民族志的方法,"每天与主要信息提供者,如校长、执行副校长或教务长,以及一些高级行政人员进行直接接触",进而通过诠释方式(interpretive approach)创造性地提出了意义建构和意义给赋等富有启发性的概念及其关系。另外,Eisenhardt et al.(2016)提出现实中重大挑战性问题,如全球性的贫困问题、昆虫传播的疾病问题及全球饥饿等,因其暂时无解且牵涉技术和社会层面的因素而显得非常复杂,在管理学研究中还较少,如果有机会选择与上述问题相关的单案例进行研究,那么得出的研究命题或理论具有较好的启发性。

(三)纵向单案例

纵向单案例研究是针对两个或多个不同时间点、时间段上的同一个案例进行研究,这些研究将能揭示所要研究的案例是如何随着时间的变化而发生变化的。特别是通过把时间段分成若干阶段,进而分析每个阶段案例的变化特征,对比各个阶段的特征及各个阶段之间的关系。在当前的管理学研究中,纵向单案例是单案例研究中较为普遍的类型。如许晖等(2017)对云南白药品牌生态系统的形成过程及机理进行分析,选择的案例就是不同时期云南白药的品牌体系。

二、嵌入性单案例研究设计

嵌入性单案例研究设计则相对复杂,主要是在同一案例中考察该案例(主分析单位)中的多个子分析单位,针对不同的子分析单位做进一步分析。通过对这些子分析单位的分析,可以聚焦到该案例的"内部细胞",深入分析这些"内部细胞"的异质性和互动关系。当然,子分析单位的特征和互动关系,也会反过来影响案例(主分析单位),因此需要从局部回到整体,即在对子分析单位进行分析之后,还要抽象、归纳回归到案例(主分析单位)。事实上,这与定量研究的跨层分析方法中的"跨层次的构念"问题类似,如研究组织氛围这一构念,对组织中的每个个体进行问卷调查所得到的组织氛围并不是真正的组织氛围,因为具有层次性。

以江鸿和吕铁(2019)这篇案例研究为例,该文在分析中国高速列车产业技术追赶中重要的基础——政府与企业的共演化问题时,在案例设计阶段提出采用嵌入性纵向案例研究方法,"本研究跨越了产业和行动主体(政府与集成商)两个层次,行动主体具有异质性,适宜采用此方法。为防止问题漂移,本文将产业定义为主分析单元,将政府和集成商定义为子分析单位"。而该文对政府与集成商之间的共演化关系从纵向各阶段进行分析,之后推演到中国高速列车产业的技术追赶。因此,嵌入性单案例研究,是从案例(主分析单位)出发提出研究问题,但不只是分析主分析单位的整体性质,还要进一步对子分析单位进行研究,最终回归主分析单位得出结论,适合探讨子分析单位具有较强异质性和互动关系,进而对案例(主分析单位)产生影响的现象和问题。

第六节 多案例研究设计

一、多案例研究设计概述

多案例研究设计的原理与多元实验的设计原理基本相同,依据复制逻辑(replication logic),即将每一个案例视为一个独立的实验,多案例则是一系列相互关联的多元实验,通过这些不连续的实验对所要产生的理论进行重复、对比和扩展。多个案例中所选择的每一个案例,或者产生与前一案例所得出的推论相同的结果,被称为逐项复制(literal replication),或者产生与前一案例所得出的推论不同的结果,被称为差别复制(theoretical replication)。根据Yin(2009)的建议,在一项多案例研究中,可以选择6—10个案例,其中2—4个案例可以逐项复制,另外的4—6个案例可以差别复制。如果得出的命题都与事前构想的理论假设相符合,那么认为这6—10个案例已经说明了最初提出的理论假设。如果某几个案例的结果呈现相互矛盾,那么就应对最初的理论假设进行修改,然后再用另外的案例进行逐项复制或差别复制,对修改后的理论做进一步测试。

然而,Yin(2009)对多案例方法的设计在操作层面上有较高的难度,学者Eisenhardt和Gilbert等的多案例研究方法则更为简化和实用。以Gilbert(2005)这篇获奖论文为例,该文分析的是处于数字时代背景下的美国新闻报刊业,其惯性所导致变化的机制。文章共选择了8家设立在线新闻的报社,这8家报社又隶属于4家报业集团。在提出与测试各个假设时,研究作者通过"逐项复制"逻辑逐一进行分析。例如,在分析假设一时,发现7个案例的情况都符合假设一的推断;在分析假设二时,发现6个案例的情况符合,而另外2个不符合,其中的一个案例与假设一相关(实际上是逐项复制),另一个案例则引申出了假设三(实际上是差别复制),进而针对假设三再进行复制逻辑的分析。

可见,在进行多案例研究设计时,需要关注以下三个方面的问题。

第一,所选择的多案例要具有可以进行复制逻辑分析的特征,尽量减少或控制无关因素的干扰。例如,选择一个产业中的多个案例企业进行分析,这样"产业"这一因素被控制住,同时所选择的案例企业在成立时间、规模(如员工数)、业务等方面具有可对比性。如上述Gilbert(2005)选择的是新闻报刊业中的8家报社,这8家报社各个维度的特征也在文中详细给出。

第二,多案例的选择并不是一次性完成的,而是一个不断调整的过程。尽管多案例研究文章的"案例选择"部分会一次性地展示所选择的案例,并没有报告其选择这些案例的过程。但事实上,很多研究在实际中,会有一个调整过程。因为在复制逻辑过程中,很可能出现新的研究问题或研究假设,此时需要补充新的案例或调整原有的案例。因此,可以说多案例选择是一个非线性的过程,只是在案例论文呈现时,并不一定要把这个完整过程展示出来。

第三,多案例选择与跨案例分析往往会交织在一起,因此,不能等到多案例全部选择完再去进行跨案例分析。事实上,很多研究先选择2—4个案例进行跨案例分析,然后看是否产生新的问题或假设,再决定是否选择另外的案例进行补充分析。

多案例研究也包括整体性多案例研究与嵌入性多案例研究。两者在案例选择、理论抽样环节的原理基本接近,只是嵌入性多案例研究设计更为复杂。例如,在Martin & Eisenhardt(2011)的研究设计中,由于分析的是公司业务单位之间的协作问题,因此,其嵌入性设计包含公司、业务单位以及跨业务协作几个分析单位。

首先,该研究选择的是以软件行业为背景,其中选择了6家上市软件公司,而后分别在消费、企业和基础设施3个领域中各选择2家公司。每家公司选择2—6个业务单位,选择的依据是有对关键业务层面战略的决策权力、销售明确产品、有管理团队和利润中心等。最后分别从每个公司的2—6个业务单位中选择最近发生的一个高绩效和一个低绩效的跨业务单位协作,这样就形成了6×2个分析单位。之后,在文中数据分析部分的几个表格中,分别对这12个跨业务单位协作的案例从不同维度进行了复制逻辑分析。

二、多案例研究的逻辑

从多个案例中推导出的结论往往被认为更具说服力(更高的效度),整个研究常常被认为更能经得起推敲。适用单案例研究的场合通常并不适用多案例研究(一般不选择极端的、独一无二的、启发性的案例)。多案例研究的数据分析更加结构化。多案例研究可能会占用更多的研究资源和时间,以至于超出一个学生或一个学者的研究能力范围。

多案例研究遵从的是复制逻辑(replication logic),而不是抽样逻辑(sampling logic),类似于多元实验。在自然科学中,通过某次实验取得某项重大发现后,学者将会重复进行第二次、第三次甚至更多次相同的实验对之进行验证、检验。有些重复实验可能要一模一样地复制前次实验的所有条件,而另一些重复实验可能会有意改变某些非关键性的条件,来考察是否能得到同样的实验结果。多案例研究的复制逻辑(replication logic)如下。

(1) 逐项复制/原样复制(literal replication):挑选出来的案例能产生相同的结果。

(2) 差别复制/理论复制(theoretical replication):挑选出来的案例能由于可预知的原因而产生与前一研究不同的结果。

在一个多案例研究中合理地安排6—10个案例,就如同围绕同一问题设计6—10个实验一样,一些案例(2—3个案例)应该是逐项复制,另一些案例(4—6个案例)应该是差别复制。如果所有的案例都与事前提出的理论假设相符合,那么这6—10个案例合在一起就能很有说服力地证明最初提出的理论假设。多案例研究的样本数量:不存在理想的案例数目,4—10个案例通常效果不错。Eisenhardt

发表在AMJ和ASQ上的多案例研究数量统计(1988—2017年)如表4-2所示。

表4-2　Eisenhardt发表在AMJ和ASQ上的多案例研究数量统计(1988—2017年)

发表年份	论文题目	案例数量	发表期刊
1988	Politics of strategic decision making in a high-velocity environments: Towards a midrange theory	8	AMJ
1989	Making fast strategic decisions in a high-velocity environments	8	AMJ
1997	The art of continuous change: Linking complexity theory and time-paced evolution in relentlessly shifting organizations	6	ASQ
2001	Architectural innovation and modular corporate forms	10	AMJ
2004	The seller's side of the story: Acquisitions courtship and governance as syndicate in entrepreneurial firms	12	ASQ
2009	Constructing markets and shaping boundaries: Entrepreneurial power in nascent fields	5	AMJ
2009	Origin of alliance portfolios: Entrepreneurs, network strategies, and form performance	6	AMJ
2010	Rewiring: Cross-business-unit collaboration in multibusiness organizations	6	AMJ
2011	Rotational leadership and collaborative innovation: Restructuring processes in symbiotic relationships	8	ASQ
2012	Catalyzing strategies and efficient tie formation: How entrepreneurial firms obtain investment ties	9	AMJ
2017	Unpacking the CEO-board relationship: How strategy making happens in entrepreneurial firms	4	AMJ

三、多案例研究的设计策略

(一)竞争性设计(racing design):强调同途陌路

所选择的案例有相似的背景,在几乎相同的时间点展开特定的某项管理或者竞争行为,但是开展管理或竞争行为发生的过程有所差异。采取竞争性设计的多案例研究,案例企业起点相同或相似,但行为过程却有着极大的差异性,导致结果产生差异。例如,在Ozcan & Eisenhardt(2009)的研究中,研究者最初从12家发行公司中筛选出4家作为研究对象,这12家公司均成立于2000年初无线游戏行业刚刚兴起之时,这些公司均在同一时期成立,拥有类似的资源、投资者、技术先进性和创立者人脉。同时,为了便于差异性复制,研究者又另外增补了2家初期实力相当的发行公司作为分析对象。这6家公司几乎同时创建,背景相似,但公司业绩却有着极大的差异性。

(二)等结果设计(equifinality design):强调殊途同归

案例分析单元有相同或相似的结果,但实现这些结果的路径和机制是存在差异性的。采取等结果设计的多案例研究,案例企业起点具有很大的差异性,但最终的结果却相同或相似,这种结果可以是成功的(例如都是高绩效),也可以是失败的(例如都是低绩效),等结果设计型多案例研究的目的在于挖掘造成同一结果的原因。例如,在 Hallen & Eisenhardt(2012)的研究中,研究者所选择的9个互联网安全企业都获得了投资(等结果),但9家企业高管团队却有着极大的差异性(A组的风投公司在硅谷,有丰富经验、联系密切的高管;B组的风投公司在硅谷外,有着一系列的管理人员)。通过研究不同性质的高管团队(赫赫有名与籍籍无名)解构了高效关系形成的原因。

(三)双尾设计(two-tail design):强调分庭抗礼

研究者抽取相互矛盾的极端案例(例如最好的与最坏的情况、绩效非常高与非常低的情况等),以便挖掘数据中的对立模式,通过创造和对比变异水平在两种极端情况下组织相关结果的状态来构建理论。采取双尾设计的多案例分析通常具有较强的视觉冲击力。例如,在 Martin & Eisenhardt(2010)的嵌套式多案例研究中,每一个案例企业都相应地选择了两个跨业务单元协作,一个绩效表现好,一个绩效表现差,这种"好"与"坏"所带来的反差直接关乎命题的提炼以及最终理论框架的形成。

(四)变异设计(variance design):强调去粗取精

变异设计的目的是控制和排除与研究问题不相关因素的干扰,即排除竞争性解释。选择案例的标准是控制和排除与研究问题不相关变量的变异,注重寻求跨案例单元间的共同主旨或主题,并重点关注核心变量的变异。例如,在 Davis & Eisenhardt(2011)的研究中,选择了10个组织之间的8对技术合作,这种多案例设计关注的变异是不同组织之间合作创新的过程和内在机制,对于其他影响组织间合作创新的前因,均被得以控制并排除。Smith(2014)强调,"我力求各战略业务合作单元所处环境的方差最小化。所有6个战略业务单元均属于高新技术行业。它们现有产品在市场上的销售年份处于8—20年,其赚取的收入在10—37亿美元,并且创新被引入市场的时间不超过1年",这也是为了控制和排除与研究问题不相关变量的变异。

第七节　景德镇陶瓷产业高质量发展的案例研究设计

习近平总书记指出,中华民族在几千年历史中创造和延续的中华优秀传统文化,是中华民族的根和魂,要推动中华优秀传统文化创造性转化、创新性发展。这需要传统文创产业实现高质量发展。陶瓷文化是中华优秀传统文化的杰出代表,景德镇陶瓷是中国走向世界、世界认识中国的重要文化符号。景德镇形成的手工制瓷工艺体系,曾创造中国陶瓷史的传奇,也正走在产业复兴/升级的道路上。2019年7月,国务院正式批复景德镇国家陶瓷文化传承创新试验区建设方案。

景德镇陶瓷文创产业为我国传统文创产业的重要组成部分,有着独特的产业价值链系统。其价值链融合了传统手工业、现代工业、文化创意产业的元素,衍生出景德镇陶瓷文创产品具有传统手工业产品、工业产品、文创产品的三维混搭属性。围绕着独特的产业价值链,景德镇陶瓷文创企业在经营过程中遇到特有经营困惑(如图4-7所示)。在供给侧,首先是传统手工制瓷生产周期长,难以寻求成本管理与品质把控的平衡点。此外,陶瓷文创产品在制造过程中,如果保持纯手工制作,则容易满足客户个性化需求,但实现规模化生产难;如果进行规模化工业生产,则会遇到难以兼顾客户个性化需求的难题。在需求侧,因文创产品的溢价多源于其内涵的精神文化价值,企业常会遇到的困惑是:如何使客户能感知到产品的精神文化价值。生产效率刚性与客户需求柔性之间的对立关系,制约着景德镇陶瓷文创产业价值链系统的升级。

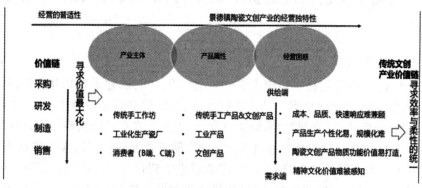

图4-7　景德镇陶瓷文创产业价值链特征与经营困惑

近年来,景德镇陶瓷文创企业为应对经营困惑,重构价值链,进行了有益探索,取得了有一定借鉴价值的经验。因此,以景德镇陶瓷文创产业为典型案例,聚焦总结陶瓷文化的创造性转化经验,有重要的现实与理论价值。

本研究将观察、记录、探讨传统文创产业价值链重构,推动产品、渠道、市场、模式创新典型企业的成功实践过程。从理论到实践探讨一个科学问题:"传统文创业如何通过重构价值链持续价值创新,实现柔性与效率的统一?"上述讨论由以下四个子问题的研究提供支撑:供应商价值链重构问题、制造商价值链重构问题、渠道商价值链重构问题、全价值链重构/价值共创问题(见图4-8)。本研究不仅可以为工商管理相关课程提供有关传统文创企业重构价值链创新发展的鲜活教学内容、总结凝练文化产业/遗产资源管理的理论,还可以为更多传统文创企业的创新发展实践提供借鉴。

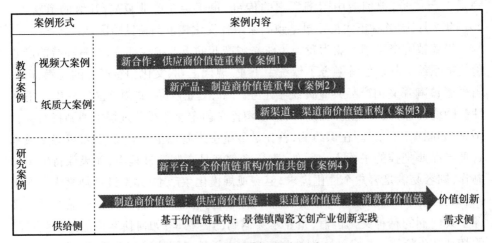

图4-8 案例内容逻辑与形式

一、瑞牛文创供应商价值链重构:如何兼具效率与柔性(案例一)

(一)案例内容

瑞牛文创(全称景德镇市瑞牛文化科技有限公司)成立于2019年2月,面对产业痛点,探索陶瓷文化创意产品走向产业化、规模化的路径。聚焦陶瓷文创细分市场推出"景瓷礼,新文创"定制解决方案,实现了以客户品牌策略提供设计创意,为政企客户按国礼品质定制瓷礼生产,按数量需求灵活供应的柔性供应服务模式。对于景德镇陶瓷文创产业而言,产业链供给侧存在生产周期长,供应链不稳定,定制产品设计研发成本高,难以规模化等问题。瑞牛文创以设计与研发为引领,整合全国供应链生产资源,形成了产量灵活的弹性定制生产能力、从设计到投产只需15天的高效供应链(一般情况下需要1个月以上),由此重构景德镇陶瓷文创产业供应商价值链。在其供应商价值链重构过程中遇到了如下问题:瑞牛文创知名度不足,如何让全国供应商愿意与之合作? 如何能保障供应链的柔性,在满足客户个性化需求的前提下,以最快的速度为提供高性价比、高品质产品等一系列挑战? 案例特色体现在企业如何重构供应商价值链,探寻到供应链柔性与效率平衡点。第一,用个性化设计研发服务能力撬动了规模化的订单。将客户品牌策略需求分析与设计服务新元素注入价值链,重构设计与研发价值链,链接需求端。第二,整合全国供应链资源外包制造环节。与供应商交朋友,通过工艺研发能力提升供应商成品率,依托需求端规模化的订单,获取供应链规模化的生产能力,降低了成本。

(二) 研究设计

案例将重点讨论传统文创企业如何重构供应商价值链,以实现文创产品供应链效率与柔性兼得、个性化与规模化统一。瑞牛文创案例实践表明,基于价值链管理环境下的企业与供应商之间的关系是一种战略性的供应链合作伙伴关系,是在一定时期内的共享信息、共担风险、共同获利的协议关系,是一种相互依存的共生关系。本案例着眼于探讨这种伙伴关系的长期性与稳定性机制。重构供应商价值链也就是要改善供应链合作伙伴之间的关系,这意味着新产品、新技术的共同开发,数据和信息的交换与共享,市场与风险的共担,用覆盖整个价值链的决策系统代替缺乏柔性和集成度差的决策体系。这也是本案例的理论和实践价值所在。

案例分析将沿着文创产业"供应商价值链重构的原因(认知特定产业价值链特征)—供应商价值链重构的要点与方法—供应商价值链重构的价值增长逻辑"等子问题/知识点展开。案例分析思路如图4-9所示。

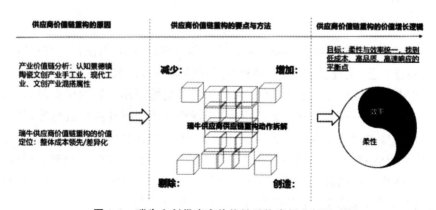

图4-9 瑞牛文创供应商价值链重构案例分析思路图

二、望龙陶瓷制造商价值链重构:好瓷为谁制?(案例二)

(一)案例内容

"千金难买心头好",蕴涵物质、精神双重价值的文创产品如何与模糊的用户需求匹配,是众多文创企业在新产品开发阶段面临的一大难题。匹配难度大主要体现在:文创产品是非标产品,消费者面临选择困惑,市场自发匹配的效率低;文创产品是经验商品,其观念价值具有因人而异的主观性,用户验证成本高。为了更快、更好地开发适销对路的陶瓷文创产品,景德镇市望龙陶瓷有限公司(以下简称望龙陶瓷)做出了有益探索,以拓展国内市场转型为重点开拓海外市场,通过为蒂芙尼、卡地亚等世界顶级珠宝品牌代工,逐步融入全球价值链,产品成功打入欧美日韩等国家的高端市场,并将出口国文化融入景德镇陶瓷文创产品开发与制造,重构产品研发生产价值链,推出文化双融型新产品,获评2021—2022年度"国家文化出口重点企业"。案例主要特色体现在企业探寻在新产品开发与海外商业模式创新的过程中,如何重构制造商价值链,实现东西方文化双融、产品与用户需求精益匹配:第一,在新产品开发的创意收集阶段,为了应对市场模糊、技术模糊问题,根据企业内部的技术引力与企业外部的市场推力形成大量新产品构思;第二,在创意筛选阶段,根据项目资金、竞争能力、开发水平等影响因素,精心筛选出能进入后期研发阶段的产品创意;第三,在创意输出阶段,运用精益创业理论方法"定义价值假设—构建最简可行产品(MVP)—用户验证",构建功能型MVP验证产品功能价值,构建以产品认知与情景体验为核心的服务型MVP验证产品观念价值,实现产品与用户需求二元匹配,降低新产品开发与海外商业模式创新过程中的产品风险。

(二)研究设计

本案例重点讨论传统文创企业如何重构制造商价值链,将出口国文化融入中华传统制瓷工艺,实现具有物质、精神双重价值属性的文创产品与用户需求精益匹配。望龙陶瓷案例实践表明,为了应对海外市场新产品开发的模糊前端问题,文创企业需要重构研发生产价值链,厘清模糊前端创意漏斗的形成机理,从技术引力和市场推力两个方面分析前端创意因素、识别甄选有效创意、输出新产品规划,构建功能型MVP、服务型MVP进行用户验证。重构制造商价值链,会形成稳定产品功能价值和拓展产品观念价值的两个价值创造闭环,二者协调互补,共同迭代,从而实现文化双融,提升海外市场新产品开发的成功率。

本案例沿着"文创产品价值特殊性—海外市场新产品开发模糊前端的创意收集—识别与甄选有效创意—创意输出阶段的用户验证"等子问题展开。具体开发步骤如下：第一，沿着望龙陶瓷文创产品与用户从不匹配到匹配的时间脉络，梳理文化双融情境下新产品开发的难点及存在的潜在风险。第二，在用户痛点和解决方案高度不确定的模糊前端，从创意搜集、创意筛选、创意输出三个阶段对望龙陶瓷的具体做法展开分析，提取其应对新产品开发前端市场模糊、技术模糊的关键因素。第三，以精益画布为基础，重点分析望龙陶瓷如何重构研发生产价值链，实现东西方文化双融、产品与海外用户需求精益匹配的动态过程。

三、陶溪川直播基地的渠道商价值链重构：当景德镇陶瓷遇到"抖音"（案例三）

（一）案例内容

2020年7月，陶溪川（即景德镇陶溪川文创街区）与字节跳动总部达成战略合作，成立全国首家陶瓷抖音电商直播基地。陶溪川live直播基地（以下简称直播基地）以服务景德镇国家陶瓷文化传承创新试验区建设为指引，致力于陶瓷文化的传承与创新、产业经济与数字经济的融合发展。通过"网红＋电商＋直播＋集群"的模式整合网红主播资源，改变景德镇当地手艺人传统的线下体验销售的模式。直播基地启动之初遇到的最大挑战是：通用品类的直播带货策略应用于具备文化内涵的景德镇陶瓷文创产品，效果不佳，直播并不能让消费者感知到景德镇陶瓷产品的价值。直播基地服务方发现，构建传统文创陶瓷产品直播电商平台远比预想复杂，需要渠道中多方参与者（直播基地、抖音平台、网红主播、陶瓷商家、消费者）相互适应、共同重构、共同演进、共创价值。如何能将抖音平台的大数据资源、网红直播资源与景德镇优质陶瓷资源相结合，与消费者产生良性互动，共创价值？直播基地尝试了系列策略的调整，依托数字化渠道助推有着深厚历史文化积淀的景德镇陶瓷为更多消费者熟知、喜爱。2022年7月，直播基地荣获"江西省电子商务示范基地"。两年来，直播基地实现了从无到有、由小到大的迅速扩张，景德镇陶瓷直播电商年交易额达70亿元至75亿元，占全国陶瓷直播电商交易量的70%左右。其中，陶溪川抖音陶瓷电商直播年交易额达30多亿元，约占抖音全国陶瓷直播电商交易量的80%。直播基地成为带动陶瓷文创产业繁荣发展的新渠道。

（二）研究设计

本案例探讨直播基地（渠道商）、陶瓷商家（供应商）、消费者三方如何相互适应、共同演化、共创价值，构建传统文创产品直播电商B2C平台。具体包括以下三方面教学目的:一是传统文创产品直播电商 B2C 平台的基本特征与构建难点;二是传统文创产品直播电商 B2C 平台的渠道重构策略;三是传统文创产品直播电商 B2C 平台多方价值共创机制。案例引发学生思考:传统文创企业应如何运用数字化渠道,重构渠道价值链,实现文创企业自身、消费者、网络主播和平台服务企业之间的动态关联与协同,并以不同营销主体的价值共创推动文创产品营销目标达成? 案例分析思路如图 4-10 所示。

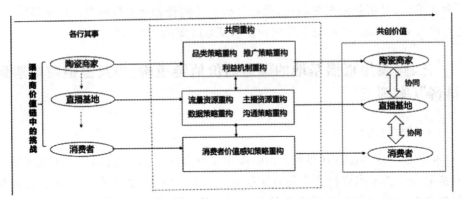

图 4-10　陶溪川直播基地的渠道商价值链重构案例分析思路图

四、价值链重构视角下文创平台价值共创机制研究:陶溪川案例(案例四)

(一)案例内容

千年瓷业的辉煌发展为景德镇留下了丰富且种类繁多的工业遗产资源。进入新时期,昔日的工业遗产资源经由文创产业的创造性转化,成功转型为陶瓷文化创意平台,成为中国和世界"读懂景德镇"的一扇文化新窗口。这其中最具代表性的案例就是陶溪川。陶溪川其前身为景德镇市宇宙瓷厂(景德镇国营十大瓷厂之一),曾被外商誉为"中国皇家瓷厂"。20 世纪 90 年代,因改制失败,大量工人下岗,整个厂区被废弃。2012 年前后,陶溪川创始人团队对陶瓷工业遗址进行再认识与再定位,聚力将其打造成为一个陶瓷文化氛围浓厚、年轻人大量集聚、街区游人如织的城市新地标和充满活力的陶瓷文创产业平台。项目以原宇宙瓷厂为核心启动区,通过结构改造、环境塑造、活力再造,建有陶瓷工业遗产博物馆、美术馆、陶公塾研学教育平台、邑空间双创基地等,并引入国内外知名机构 174 家,累计汇聚"景漂"青年 1.8 万名,孵化创业实体 2902 个,带动上下游就业 7 万余人,注册小微企业 1049 家。2017 年,陶溪川入选中华人民共和国工业和信息化部认定的第一批国家工业遗产名单,荣获联合国教科文组织 2017 年度亚太地区文化遗产保护奖之项目创新奖。截至2022年,陶溪川获国家、省市级荣誉82项,受到社会各界的高度关注,形成了"陶溪川"现象。

(二)研究设计

陶溪川文创平台的运行涉及多边参与主体,包括平台运营团队、文创企业、创客、直播机构、政府机构、艺术家、高校、游客等。陶溪川文创平台的成长与发展过程就是一个平台多主体价值共创的过程。无论是从实践还是理论来看,如何实现文创平台多边参与主体的价值最大化,探究文创平台的构建思路、内在的价值共创机制成为理论研究中的重中之重。站在工业遗产资源的保护利用实践主体来看,价值主张变更既反映了管理者如何突破固有认知局限,深度挖掘数字经济背景下工业遗产资源的独特价值,又体现了工业遗产转型为文创体验平台、满足平台多边用户群体文化消费体验的价值主张更新,进而实现价值创造方式的创新。因此,分析工业遗产转型为文创体验平台的创造性过程,对管理者认知进行深入研究,阐释管理者价值主张的动态调整,可以为工业遗产资源的保护活动与利用(创造性转化、创新性发展)及活动之间的平衡提供更有洞察力的观点。

本案例将综合运用平台理论、管理认知、价值主张、资源编排等核心理论,以陶溪川文创平台为典型案例,通过复盘工业遗产转型为文创平台的动态过程,从价值链重构理论视角出发,探讨平台运营主体如何通过管理认知转变提出新的价值主张,并依托资源编排动作来实现价值链重构,进而揭示这个过程中多边主体参与的价值共创机制。研究案例分析框架见图4-11。

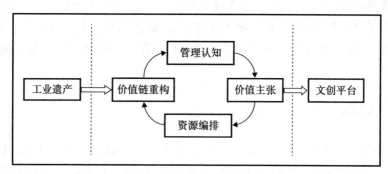

图4-11 价值链重构视角下文创平台价值共创机制研究分析框架图

第五章 案例研究的数据收集

虽然研究者对案例研究的执行步骤有不同的看法,研究过程也未必完全遵循固定的顺序,但是案例研究仍然有一定的进行步骤,可以将案例研究划分为不同的阶段,每个阶段所处理的问题与进行的活动各有重点。根据Eisenhardt(1989)的架构,将案例研究的过程区分为启动、研究设计与案例选择、研究工具与方法选择、数据搜集、数据分析、形成假设、文献对话及结束等八大步骤,并归结为准备、执行及对话等三大阶段。这些步骤与阶段虽然可以区分开来并有先后的顺序,但在进行实际研究时,各步骤之间却可能具有回路的循环关系,而不见得总是直线地往前推进。因此,类似数据的搜集与分析应是反复地进行。

第一节 案例数据收集前的准备阶段

准备阶段是案例研究者在进入现场搜集资料前所需进行的活动。这些活动包括界定研究问题、研究设计与案例选择,以及研究工具与方法选择等。所谓"工欲善其事,必先利其器",当准备阶段的思考越周详、准备越充分时,案例研究成功的概率越大。

一、启动

在启动案例研究时,研究者必须先确定要探讨的研究问题是什么,其主要构念是什么。即使案例研究所欲检验的理论不见得清晰,研究者仍然必须要有清楚的方向与清晰的焦点来加以依循,用以指引自己系统地搜集数据并回答问题。否则,将会失去焦点,而可能搜集到一堆浩如烟海却无关紧要、没有用处的资料。换言之,只有当问题意识清楚时,研究者才能掌握要采用何种研究设计、选择何种研究案例及如何收集数据等重要事项。对研究设计来说,当研究议题清楚时,研究者才能决定:要采用何种案例类型?是选择多案例还是单案例?分析单位如何?

如何衡量有兴趣的变量与事件？要采用何种方式来系统地搜集数据？也只有在这些后续研究活动都能依循一定方向、严谨地进行时,案例研究的信度与效度才能确保。

即便如此,并不表示进行案例研究时,问题与方向从头到尾都是僵化不变的。事实上,案例研究的进行常常充满了弹性。例如,在研究进行了一段时间后,如果研究者发现其问题与方向有偏差或搜集的数据与预期差距过大,是可以改变问题与方向的。有不少研究者在进行研究后,发现某些问题更有趣,更适于创新理论,而将研究焦点由理论验证(theory testing)转变为理论建构(theory building)。如Betenhausen & Murnighan(1985)的案例研究,原本要观察团体决策如何影响结盟的形成,但后来却发现各群体的特性更引人注目,从而把研究焦点由结盟转向群体规范的形成。对目的是建构理论的案例研究者而言,理论与假设也常常不在事先计划之内。理由是当一开始就局限于理论与假设时,容易画地自限,被框限于既定的理论概念内,难以发挥想象力去提出新的理论方向。因此,理想上,此类案例研究并不鼓励套用现成理论,而应保留较大的研究空间与弹性。当然,这种弹性也不是随意发散、漫无目的,而是有一定限制的,且至少不应脱离更大的研究方向与主题。

二、研究设计与数据收集

一般而言,研究者可以根据分析层次(level of analysis)与案例数来进行研究设计,并区分案例研究的类型(Yin,1993)。分析层次是指研究者有兴趣去分析对象的层次。在组织与管理的领域中,分析层次可能是个人、部门、组织或产业,视研究者的需要而定。至于案例数则指研究者所要研究的案例的数目。依照分析元与案例数的多寡,可以获得四种案例设计方式:第一型为单案例单层次,第二型为单案例多层次,第三型为多案例单层次,第四型为多案例多层次。

第一型单案例单层次设计,案例数只有一个,而分析层次也只有一种。例如,高阶领导中的案例设计,研究对象只有一个人,而分析层次也以个人为主。郑伯埙(1995)对一位家族企业领导人的观察建立家长式领导模式即是一个例子。

第二型单案例多层次设计,案例数只有一个,但分析层次不止一种。这种设计常见于组织研究当中,以一家组织为案例对象,分析层次包括个人、团体、部门及事业部等。如Barker(1993)自我管理团队的研究,他同时对员工、领导进行了访谈,观察团队运作及整个公司的制度变革,并进行分析。

第三型多案例单层次设计为第一型设计的复制,分析层次只有一种,但有多个案例。例如,Yan & Gary(1994)在合资企业的控制形式研究中,其分别针对四家合资企业的高阶经理人进行深度访谈,或是郑伯埙(2005)针对多家企业高阶主管的家长式领导的探讨,都是一种多案例单层次的设计。

第四型多案例多层次设计则为第二型设计的复制,研究案例数超过一个,而分析层次也不止一种,如探讨不同组织的制度对各阶层员工的影响等。在Zbaracki(1998)针对全面质量管理(total quality management, TQM)的口号与实际的研究中,资料来自五家制度不同的公司的高阶主管与一般员工,用以反映其研究架构。

三、案例数据收集方法

案例研究通常采用多元方法来搜集资料,这些方法除一般量化研究法之外,大多包含各种质化方法(De Vaus,1996)。质化方法,通常包括深度访谈、直接观察及档案调阅等方式(Patton,1987),在深度访谈中,又可细分为非结构访谈与半结构访谈两种。非结构访谈是研究者邀请受访者畅所欲言,但并未事先准备完整的访谈表,而仅使用一份备忘录来检核访谈的进行,查看是否有遗漏的议题。在半结构访谈中,研究者会准备一份访谈表,并依照表中的内容逐项询问,据以搜集资料。直接观察则可区分为参与观察与非参与观察两种。在参与观察中,研究者会置身于被观察者的活动场所中,查看被观察者的所作所为,并可能与被观察者进行互动。在非参与观察中,观察者是一位旁观者,通常以不介入的方式进行观察。至于档案调阅,则指研究者搜集并阅读与研究主题有关的各类文件,包括信件、备忘录、议程、会议记录、公文、企划书及媒体报道等,也有可能在被研究者同意的情况下,阅读其私人信件或日记作为数据源。

由于以上三种方法各有优缺点(如表5-1所示),所以兼而采用各种方法来搜集资料是相当重要的,并可以取长补短,产生综合效果。当然,量化与质化数据也可以一并搜集,来相辅相成,Mintzberg(1979)在论及量化与质化资料的互补时强调,理论建构依赖于对现象的丰富描述,此种描述常来自质化的轶事或典故资料(anecdotal data),而非硬性的量化资料;而且量化资料通常会局限在有限的变量当中,而无法处理所有可能的关系,但软性的质化数据则可以进行周详的考虑,并给以补足。相反,质化数据虽然生动、丰富,但也可能不够精准,而有赖量化资料的补充。

表 5-1　案例研究中常见的三种数据来源的优缺点

数据来源	优点	缺点
访谈	有针对性、见解深刻	设计不当的提问会造成回答误差；记录不当会影响精确度；受访者可能会有意识地按照研究者的意图回答
文档	稳定（可反复阅读）、非干涉性、确切、覆盖面广、精确且更容易量化	可检索性低（难找到）；如果资料不完整，会产生误差；报道本身的误差；隐私性和保密性影响某些资料的使用
观察	真实性、涵盖事件发生的情境、能深入理解个人行为与动机	费时耗力；选择时易出现偏差；被观察者察觉有人在观察时，会调整、掩饰自己的行为；成本较高；参与性观察可能由于研究者的控制而造成误差

资料来源：基于 Yin(2009)修改而得。

第二节　案例数据收集的原则

案例研究方法最大的优势在于能够展现现象的丰富性(richness)(Weick, 2007)，通过对现象进行深描进而构建更接近真实情况的理论。这一优势依托于对丰富来源的质性和定量数据的收集。然而，正如 Cherardi & Turner(2002)关于定量数据与质性数据之争的论战中所提及的，定量数据被认为是硬数据(hard data)，对应的质性数据被认为是软数据(soft data)。"Real men don't collect soft data"（好汉不收集软数据）是定量研究者中广为传播的刻板印象，面对这些质疑，如何通过严谨的程序收集各类数据（包括定量和质性数据），并严谨地分析它们，是案例研究者首要解决的问题。本节介绍案例研究数据收集的原则，其后将详细介绍案例研究的数据收集过程，最后就数据收集过程中面临的一些挑战进行讨论并提出可能的解决方案。

一、以研究问题为引领，确定数据收集的焦点和范围

尽管不同的研究者对案例研究数据收集的施行步骤存在不同的看法，但是总体而言，大部分学者（如 Eisenhardt, 1989; Yin, 2009; Gioia et al., 2013）都建议在案例研究的数据收集真正开始之前，对研究问题进行初始的定义，也就是说数据收集需要以研究问题为引领。事实上，研究问题的功能是清晰地说明研究想要尝试了解和回答的问题，帮助聚焦并指引研究完成(Maxwell, 2012)。

首先，一个相对明确的研究问题能够帮助研究者推测用于回答这一问题的潜在构念，进而指引数据收集过程(Eisenhardt, 1989)。例如，Bourgeois Ⅲ & Eisenhardt(1988)在考察"快速变异的环境下，高管团队如何进行战略决策的制定？"(How to make decision by TMT in fast changing environment?)这一研究问题时，他们从现有的文献中识别出一些潜在的重要构念，例如冲突(conflict)、权力(power)，可能是用于解释研究问题的答案，于是通过收集这些潜在构念的成熟测量量表，用于调查问卷或访谈提纲中，可以得到精准的测量数据。

其次，一个相对明确的研究问题能够帮助研究者通过进一步阅读和回顾文献中相关的理论基础，明晰研究焦点，从而让研究者更有针对性地收集数据。例如，Bingham & Eisenhardt(2011)想要考察"企业能从流程经验中学习到什么？(What do firms explicitly learn as they gain process experience?)"这一研究问题，他们从文献中了解到从流程经验中的学习大概包括组织知识、组织惯例及启示这三类视角，研究者通过了解组织知识、组织惯例、启示的内涵外延、基本分类、理论溯源并且带着这些知识背景进入调研现场，可以帮助研究者在实际调研的观察中更好地理解现象，且能够不断地与文献内容进行比对：实际观察到的数据是否与文献观点匹配？哪些数据可能是文献外新颖的发现？从而更好地明确数据收集的范围。

最后，实际操作中，在数据收集之初很难对研究问题有具体且明晰的界定，且研究问题会在后续的研究展开过程中进行持续的调整，但是有一个大概的研究方向和焦点加以依循是非常必要的，至少可以避免研究者淹没在海量的数据之中。

二、重视收集质性数据和定量数据

不可否认，我们想要了解这个世界，数字与文字都是必要的。案例研究的许多学者都建议将定量数据与质性数据融合使用(如 Graebner, 2009; Corley & Gioia, 2004)，因为融合使用能产生协同效应：质性数据擅长揭示那些定量数据关系背后的机理，而定量数据有助于揭示那些难以被研究者察觉的关系，帮助研究者避免为质性数据中那些生动形象但错误的表象所迷惑(Eisenhardt, 1989)。Rossman & Wilson(1985)就为何融合使用定性数据与定量数据给出了三个理由：第一，两种数据来源相互印证、相互巩固，可提高数据质量；第二，为细究和推动资料的分析，获得更为丰富的细节；第三，当两种资料出现歧义与矛盾时，可启示研究者开创出新的思路，产生新的知识。

定量数据既可能来自封闭式问题的答案，例如组织各部门的人数、财务绩效表现、公司新产品数量等；也可能来自访谈现场的调查问卷，如 Martin(2011)让被访者填写一份李克特量表;定量数据还可能来自某些数据库,Martin(2011)收集了Compustat数据库中被访企业的财务数据。

在案例研究中,质性数据和定量数据的融合使用是一个总体的原则,但并不要求每个案例研究都要同时使用这两类数据。例如Smets et al.(2015)在数据收集过程中提到收集的文档数据包含了"分析图表"等可能有定量数据的资料,但其作用是验证研究者观察和访谈的数据,后续分析和展示的均为质性数据。

三、三角验证保障案例研究的信度和效度

Campbell & Fiske(1959)最早提出三角验证(triangulation)的概念,之后被许多案例研究者作为案例数据收集和分析的一个重要原则(Yin,2009;Eisenhardt,1989;Flick,2004)。如今,越来越多的研究者运用多元方法来获得更为一般化的结果(Plowman et al.,2007;Corley & Gioia,2004),这就强调同一个现象或研究问题需要从不同来源的数据进行探究,即三角验证。三角验证包含数据三角验证、方法三角验证、访谈者三角验证、理论视角三角验证等。本章为数据收集部分,重点阐述数据收集过程中的三角验证。事实上,案例研究对多种数据来源的需求远远大于实验法、调查法等其他研究方法。Yin(2009)指出,好的案例研究应尽量通过多种渠道采集资料。在一个案例研究里,研究者通过全方位地考察现象和行为,对各方证据相互印证,形成真正的证据三角形(见图5-1)。通过多种证据来源对同一研究现象进行多重印证,可以提升所收集数据的可信度,基于此得出的研究结论或结果会更加准确,且具有说服力和解释力。如Corley & Gioia(2004)采用了三种数据收集来源,将访谈作为最重要的数据收集方法,辅以档案数据和非参与性观察(non-participant observation)。

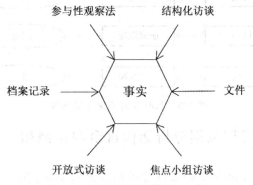

图 5-1　多种数据来源的相互验证

资料来源:Yin(2009)。

好的案例研究应尽量通过多种渠道搜集资料。把案例研究建立在几个不同但相互确证的证据来源上,研究结果或结论就会更准确,更有说服力和解释力。不同途径的资料相互印证,形成证据三角形。四种类型的三角验证/证据三角形(triangulation)包括:采用不同的证据来源,是为资料三角形;不同研究人员,是为研究者三角形;同一资料集合的不同维度,是为理论三角形;采用各种不同方法,是为方法论三角形。图5-2所示收敛的多重证据来源,形成了稳定的资料三角形。图5-3孤立地分析了每一种证据,未收敛的多重证据来源,各类证据之间没有相互印证。范例《基于金字塔底层(BOP)市场的破坏性创新——针对山寨手机行业的案例研究》:为了提高案例研究的信度与效度,本研究采用三角测量法(Yin,2009),从多个信息来源分析案例,通过二手资料搜集和一手资料采集两种方法整理出20万字的原始资料。范例《从面向合作伙伴到面向消费者的供应链转型——电商企业供应链双案例研究》:通过深度访谈、档案文件、现场观察、二手资料查询等渠道进行数据收集和交叉验证,以提高案例的效度(Yin,2008)。具体通过深度访谈和多渠道数据搜集来保证数据的充分性、准确性和针对性。

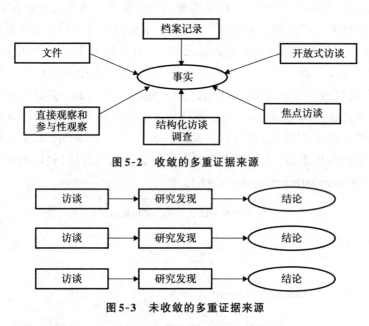

图5-2 收敛的多重证据来源

图5-3 未收敛的多重证据来源

四、数据收集和数据分析迭代直至理论饱和

案例研究中的数据收集和数据分析很难进行切割,在案例研究展开的过程中,数据收集与数据分析是重叠演进的。一方面,研究者在访谈、观察等方式开展

的数据收集过程中伴随着大量基于现象的反思,例如,"我从中学到了什么?此现象与上个现象有什么异同?"在这些反思评述涌现时,数据的初步分析其实已经开始了。此时,现场笔记(field note)是重要的工具,研究者会将收集到的数据和反思评述一并记录下来。另一方面,研究者在数据分析的过程中若有新的思路涌现,可以通过灵活增加和调整数据收集方法来进一步深入挖掘案例素材,完善理论,直至收集更多的数据也不再有新的洞见涌现,实现饱和。

强调这一原则的重要目的在于提醒读者数据收集工作不是一蹴而就的,而是伴随着整个研究过程,特别是数据分析的过程。这就要求读者善于把收集到的原始数据进行汇编和保存,并逐步完善。一个常见的做法是建立案例资料库,例如Yin(2009)建议研究者设计一个文件夹,把案例研究中所有的资料进行单独、有序的汇编,这个资料库中包含了所有质性、定量等原始数据信息。建立资料库的好处在于:第一,可以随着数据收集和分析工作的进行,不断更新资料库,让资料库逐步完善;第二,有助于形成证据链,即从研究问题到研究结论各环节找到清晰的逻辑链条和证据支撑;第三,有利于快速检索到原始资料,特别是在案例写作过程中。

五、建立案例研究资料库

资料库可以极大地增强整个案例研究的信度。可以从四个方面建立资料库:案例研究记录、案例研究文件、图表材料和描述。

(一)案例研究记录(case study notes)

记录有很多种内容和形式:可以来自研究者的访谈、观察或对文件的分析;可以是手写的、打印的、录音材料、计算机文档、日记、检索卡片等形式;案例研究记录最主要的功能是经过整理、归类、补充完整,以便于研究者本人和其他人日后查找使用。

(二)案例研究文件(case study documents)

将研究中收集的文件进行保存与检索,供后来的研究者检索并分享。做法之一是给这些文件编写注释性的目录。不同文件的重要性各不相同,因此可以建立初级和二级文件夹分类存储,方便以后阅读检索。

(三)图表材料(tabular materials)

图表材料既可能是从研究对象处直接收集的,也可能是由研究团队建立的。图表材料包括调查资料和其他量化资料,可以被保存在电脑文档中。如果使用档案或观察资料,就可能要计算各种现象出现的次数,这些计算出来的资料也应整理保存为资料库的一部分。

(四)描述(narratives)

研究者进行的各类描述可以看成正式资料库的一部分,而不是最终案例研究报告的一部分。一个做法是研究者撰写案例研究方案中各项开放性问题的答案。每个问题的回答都需要综合分析所得到的资料,把研究课题的各个事实和对它们的尝试性解释结合起来。这实际上是一个分析过程,开启了案例研究的分析环节。回答问题的答卷可以作为资料库,供以后的跨案例分析所用。

六、形成一系列证据链

形成一系列证据链,可以增强案例研究中证据的信度。帮助读者从最初的研究问题到最终的案例研究结论之间,找出每项证据的各种推论。读者应该能够双向地进行这个推导工作——从结论反推出最初的问题,或从问题推出结论。不能因为疏忽或偏见故意无视原始证据,否则对案例"事实"的分析会显得不足。

形成一系列证据链的做法:研究报告应该对案例研究中资料库的有关部分做充分的引用,包括引用具体的文件、访谈或观察记录。资料库经过检验,应反映事实,指明这些资料是在什么样的情况下收集的,比如访谈的时间和地点。资料收集的情况应与案例研究方案中具体的步骤和问题一致,从而体现资料的收集遵循了方案中规定的步骤。研究方案需确保充分体现了相关内容与最初问题之间的联系。最终希望建立起来完整的"证据链"。从案例研究过程的一个部分转移到另一部分,方法论步骤与支持结论的证据之间具有明确的相互参照关系。

第三节 数据收集的方法

一、常见的数据收集策略

回顾顶级期刊的案例研究论文,清晰描述和界定数据是每个案例研究的基础。常见的案例研究的数据来源包括访谈、直接观察、参与性观察、档案、文件、问卷、实物证据、电影和照片、民族志、举止神态学(kinesics)等。总体而言,每一种来源都有对应的一系列数据或资源,没有哪种来源完全优于其他来源,所有来源各有优缺点,将各类来源互补应用可能是较为推荐的做法。

在众多来源中,案例研究中最常用到的数据来源主要包括访谈、文档与观察这三大类。访谈数据针对性较强,可以根据案例研究的课题进行直截了当的提问,且能获得较为深刻的见解,呈现因果推断的过程。但是在访谈过程中,会因为提问方式、回答者理解偏差等造成数据的误差。而文档数据相对更为稳定、确切且更容易量化,但同时存在可检索性低、存在潜在记录误差等缺点。观察非常耗时耗力,但是却能让研究者置身其中,获得更好的真实性与前后连贯性。

如前所述,实际案例研究的数据收集策略往往是多种数据来源的混合。回顾ASQ、AMJ等管理学顶级期刊上发表的案例研究论文,发现研究者在数据收集方面一般会采取"主要策略＋次要策略"的组合方式,主要分为以下两类。

第一类是访谈作为主要策略,文档和观察作为次要策略,具体体现为"访谈＋文档""访谈＋观察""访谈＋文档＋观察"三种。举例来说,在探究企业能从国际化过程中学习到什么的文章中,Bingham & Eisenhardt(2011)选择了"以访谈为主,文档与观察为辅"的策略:首先,研究者对公司管理层进行了50次时长60—90分钟的半结构化访谈,内容包括公司进入不同国家的事件时间表,以及每一次国际化拓展所涉及的与学习相关的问题;此外,研究者对公司文件、新闻稿、年报等信息进行了查阅与归类整理;同时,研究者进入公司现场(field),对正在进行中的国际拓展过程进行了观察。这样的组合策略一方面能通过三角验证提高信度(Flick,2004);另一方面,可以同时对三种数据来源的优势进行整合,通过访谈与文档获得的回溯型历史数据能够更有效地收集多个观察的学习过程(提升外部效度),而通过访谈与观察获得当下正在发生的实时数据,可以使研究者对事件的演变发展有更为深入的理解(提升内部效度)。

第二类是以文档作为主要策略,辅以访谈、观察,甚至没有其他辅助策略。Weick(1993)的文章是一篇典型的仅采用文档作为唯一数据来源的案例文章,该文基于Maclean在1992年撰写的书籍《年轻人与火》所描述的美国曼恩峡谷森林火灾事件,将事故中的空降消防员团队视为一个组织,探讨了"组织为什么会解散"以及"组织如何能变得更加有韧性"的问题。Weick在方法部分详细介绍了Maclean在撰写该书时所用到的包括访谈、观察、文档在内的多种数据采集方法,以论证证据来源的充分性。Hargadon & Douglas(2001)对于爱迪生发明电灯的历史案例数据进行分析是另一个典型案例。

随着互联网时代的到来,网站、论坛、自媒体等新媒体兴起,关于组织或事件的报道越来越丰富,因而不少学者认为根据二手资料进行加工、整理作为案例数据来源有一定的可行性和科学性。Bansal & Corley(2011)在对质性研究方法的评述性文章中提及,对更多来源数据产生的洞见持开放态度,比如叙事、影像等。

尽管电子媒体和电子档案为研究者提供了更多的可能性，但是对于研究者而言需要格外小心。其一，面对电子材料的丰富性和无边界性，研究者需要设置限制条件，尽量将投入和花费的精力控制在一定范围之内。如 Weick(1993) 选择一本书作为分析对象，因为"对于组织研究的人来说，(这本书) 能在证据来源方面做到如此充分，已经足以令人欣慰了"。尽管 Bishop et al. (2019) 收集了非常广泛的数据资料，但文章最重要的内容是聚焦于事件爆发后五天之内的新闻报道。其二，交叉检查所用资料的来源以及所获得的资料，以避免不完整观点、偏见等陷阱。如 Bishop et al. (2019) 对不同来源的新闻报道等资料之间进行了比对，并辅以访谈13个媒体人以确认是否可靠。

接下来详细介绍通过访谈、参与性观察、收集文件和档案资料等三种常见数据收集的具体步骤和关键问题。

二、通过访谈收集数据

（一）访谈的概念及基本类型

简而言之，访谈就是提问与回答，就是对话，对研究者而言，是一种提问和倾听的艺术。访谈是人们理解他人较普遍、较为有效的方法之一。在当今社会中，运用访谈获取信息的现象越来越普遍，无论是质性研究者还是定量研究者，都倾向于将访谈视作资料收集的基本方法之一。需要强调的是，访谈不是中立的资料收集工具，而是两个人或多个人在具体情境中的商谈。这个前提暗指两个问题：第一，访谈当然可以获取"是什么"这类问题的答案，但要注意获得的答案会受到提问方式和具体情境的影响。第二，访谈也可以获得"怎么样"这类问题的答案，这个答案是访谈对象基于具体情境的一个建构。如 Bingham & Eisenhardt(2011) 在访谈过程中采用法庭式询问的访谈步骤，即要求访谈者尽量避免自己的主观偏见，按照时间顺序，逐步陈述行为细节、时间和事实，这是典型的通过访谈试图获得"是什么"这类问题答案的步骤。通过法庭式询问，研究者试图避免提问方式和具体情境的影响。而 Corley & Gioria (2004) 则让所有被访谈者以集体代表的身份来接受访谈(即为自己公司发声)，问题包括"在公司的经历……对公司发展的想法，对于即将发生/正在发生/近期发生的事件的看法，以及关于组织身份认同和代表组织形象的表现指标和对它们的理解"。这一类访谈试图理解被访谈者对事件的诠释和判断，而非仅仅"是什么"。

在理解什么是访谈之后，接下来看看具体访谈的形式。在顶级管理学期刊上发表的案例研究论文中，涉及的访谈方法包括一对一面对面访谈、面对面群体访谈、电话访谈等。这些访谈形式可以是结构化访谈(structured interview)、非结构化访谈(unstructured interview)、半结构化访谈(semi-structured interview)、焦点小组访谈(focus group interview)。结构化访谈是指无弹性的、标准化的、预先设计好了的访谈。在结构化访谈中,访谈者对被访谈者都询问同样的、事先设计好的问题,除了极少数的开放式问题,答案里的类别也十分有限,在回答时一般没什么变动的余地。在访谈开展的过程中,会根据设计好的问题控制访谈节奏,以标准化、直线性的方式一步步处理,不要对问题做过多的解释,不要让别人打断访谈,不要临场发挥,并且以设计好的编码方案记录被访谈者的答案。与此同时,访谈者需要对每一次的访谈情境一视同仁,以同样的顺序、问题甚至语态询问所有的被访谈者。总之,在结构化访谈中,提问与回答均无灵活性可言。

非结构化访谈与结构化访谈的区别在于,结构化访谈的目的是获得精准的定量资料,以便在预设的范畴中解释行为,而非结构化访谈的目的是理解社会成员复杂的行为,并不将这些行为纳入有限的预先分类之中。非结构化访谈的主要形式包括开放式的、民族志的访谈等。虽然以往的一些学者将民族志访谈与参与性观察做了区分,然而参与性观察中收集的很多资料都来自非结构化访谈,因而两者是密不可分的。AMJ和ASQ等管理学顶级期刊上的许多案例研究论文声称自己是半结构化访谈,即介于结构化访谈和非结构化访谈之间:按照一定的大纲和事先准备好的问题进行提问,但在访谈进行中会即兴表达,进而就具体的点进行深入讨论。例如,Curchod et al.(2019)在论文的附件中附录了访谈提纲(interview protocol),并说明这些问题只是引导,实际访谈过程中问了更多具体的问题。

(二)访谈的一般执行步骤

在厘清访谈的基本概念和分类后,接下来将介绍访谈的一般执行步骤。其大致分为确定被访谈对象、初始收集调研对象的背景信息、调研提纲的准备与事先发放、调研团队的默契建立与内容熟知、进入现场与启动访谈、多个访谈者策略及角色分配、多个被访谈者策略及相互验证、记录和收集完整的数据八个方面(见图5-4)。

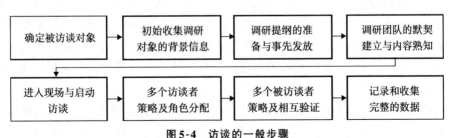

图5-4 访谈的一般步骤

值得说明的是,该访谈的步骤是本书作者结合文献和研究团队经验总结出来的实际步骤,仅供读者参考,在实际执行过程中研究者需要根据自己的实际情况进行适当调整。

第一步,确定被访谈对象。找到知情人,确定要访谈的对象是开始执行访谈的第一步。这一步往往被忽略,但是却非常重要,若你未访谈到掌握最真实情况的对象,则不仅会浪费时间,还有可能误导整个研究过程。确定访谈对象常见的做法是通过二手资料和基本管理学理论及知识确定被访谈对象的名单。在访谈对象无法确定的情况下,可以采用访谈的方式和"滚雪球"的策略。比如 Graebner & Eisenhardt(2004)对 15 名管理人员进行了初步访谈,通过访谈知悉研究关注焦点(并购)的重要决策人,并确定最终访谈名单。进一步,采用"滚雪球"的策略,即在进行访谈时,由现有被访谈对象来提供对并购有重大影响的人作为进一步访谈的对象。

第二步,初始收集调研对象的背景信息。在确定了访谈对象之后,进入现场展开访谈之前,需要做一系列的准备,尤其是在当下访谈资源较难获得的情况下,更是要准备充分,以高效率、高质量地完成访谈数据的收集工作。在开展访谈之前的一段时间,调研者可以事先从调研对象的官方网站、书籍专著、新闻报道、年报披露等二手资料渠道了解企业所从事的行业背景信息、竞争格局及主要竞争对手、主营业务相关的基础知识等背景信息,这既是对调研对象的尊重,又是提高调研效率、提升数据收集精准度的前提要求。因为在具体展开访谈的过程中,被访谈者可能会因为职业的关系提到一些行业术语或者属于该行业的独特缩写表达,而访谈者若没有提前做好功课,在访谈现场将无法充分意会被访谈者所表达的观点,也无法与其进行深入的交ύ。虽然,此时访谈者可以打断访谈就某些不理解的信息进行咨询,但是这会非常影响访谈效率,且打乱访谈逻辑的连贯性。例如李亮(2013)在对南京先声药业有限公司进行访谈的时候,被访谈者多次提到"原生药""仿制药"等行业术语,这需要访谈者事先对行业主营业务有相应的知识储备,才可以更好地与被访谈者沟通对话,进而准确收集信息。

第三步,调研提纲的准备与事先发放。在进入现场前至少两天的时间,调研者需要将调研目的及调研提纲递交给调研对象,调研对象需要根据调研提纲所列内容进行访谈人员的提前安排,如果焦点访谈人员在时间上受限,无法参与访谈或者只能参与很短时间的访谈,得到这些信息反馈后可以使调研团队根据实际情况做出及时的调整。

第四步,调研团队的默契建立与内容熟知。在正式访谈的前一两天,调研团队的每一位成员都需要将所需要访谈的内容烂熟于心,并且事先构思好怎样的访谈顺序在逻辑上更为自主,更有利于沟通的良好展开,最好能做到不看访谈提纲心里便知悉访谈的内容及访谈的逻辑。另外,调研团队的成员之间需要有良好的默契,这可能需要前期的磨合。

第五步,进入现场与启动访谈。首先,决定如何出场是一个重要的问题。访谈者应该以谦虚的"学习者"的身份出场吗?访谈者的穿着是否应该与被访谈者相像?因为访谈者呈现的自我形象在进入现场时就会被访谈者捕捉,给被访谈者留下印象,并且对访谈的成功与否产生巨大的影响。在管理学领域的一般访谈中,建议访谈者着装正式,携带名片,在开始正式访谈之前与被访谈者进行名片交换,这一方面是尊重被访谈者的表现,另一方面可以借此收集被访谈者的名片,名片上所记录的被访谈者的工作职位可以帮助访谈者更清晰地了解被访谈者熟悉的领域,从而进行更有针对性的提问。同时,名片上所记录的联系方式可以帮助访谈者事后进行补充调研。

此外,在开始访谈前,建议简单介绍访谈主题和目的,特别强调以学术研究为目的,如果需要的话所有资料将匿名处理,如果有不方便回答的问题可以说明等。最后,理解被访谈者的语言与文化。尽管我们在访谈前的准备阶段中,建议访谈者对调研对象的背景知识做初始的了解,以方便交流的顺利展开,但是在实际操作过程中,我们会遇到各种各样的访谈对象,他们可能来自不同的文化背景、语言体系。比如,很多地方企业的被访谈者,尤其是年龄较长的被访谈者只能进行方言的沟通,在这种情况下,一般的研究者会倾向于依赖翻译,但是这容易使得原有的意思、偏见、解释受到影响进而带来误解;还有一种策略就是寻找知情人,知情人是被研究群体中的一员,他愿意提供信息,愿意充当向导和翻译,解释当地的习俗、术语和语言,知情人能帮助访谈者节省大量的时间和避免错误。还有一种策略可能效果更佳,即在组建调研团队时事先考虑到这个因素,将一名懂得本地方言与文化的研究者纳入团队。

第六步,多个访谈者策略及角色分配。多个访谈者策略是指由多个成员组成团队进入案例现场。如Pettigrew(1990)、Eisenhardt(1989)建议对每个成员进行角色分配,例如访谈可以由三人小组进行,一个成员负责主要提问,一个成员负责辅助提问,一个成员负责主要记录和观察。边访谈、边记录是一件非常消耗脑力和体力的事情,因为访谈者需要一边去理解被访谈者所述的故事,一边基于收集的数据不断地思考和反问"我从中学到了什么?这个故事与前一个故事有什么相同或者不同的地方?"进而抉择是否对该故事进行详细的追问,与此同时需要在内心计划下一个访谈问题,使被访谈者的访谈逻辑比较顺利地展开。因此,在实际操作过程中,负责主要提问的访谈者时常会发生"断片"的状况,那么在这个时候,负责辅助提问的访谈者需要立刻承接上对话,以防止访谈逻辑中断。由此可见,每一位访谈者在全程访谈中都需要聚精会神且高默契配合。

进一步,多个访谈者策略以及对访谈成员进行角色分配为访谈者和被访谈者提供了不同远近距离互动的视角,可以从两方面提高数据收集的质量(Eisenhardt,1989):一方面,不同的访谈者从不同角度对数据进行收集,通过相互补充增加了从数据中捕捉到新观点的概率,提高了所收集数据的丰富性;另一方面,多个访谈者站在不同角度得出的结论产生不同观点的可能性较高,可以避免研究团队过早结束调查,而且从众多访谈者中得到的收敛趋同的观察结果增强了结论的可信度。这种策略的一种极端做法是在团队内部设立一个专门"唱反调"的角色(Sutlon & Callahan,1987)。

第七步,多个被访谈者策略及相互验证。对多个针对"焦点现场"有不同立场的被访谈者进行访谈尤为重要,这种策略可以避免单个被访谈者的个人原因而带来数据不准确这类同源偏差,因此在数据收集时,应尽可能放大被访谈者的背景差异,挑选来自不同组织层面、工作岗位、团队、地理位置,甚至是组织外部的人员,比如市场分析员(单独约谈)。Craebner & Eisenhardt(2004)在从卖方视角考察收购的案例研究里,分别访谈了来自卖方企业的两个层次的管理者、来自买方企业的两个层次的管理者、买卖双方的董事会,以及相关的投资银行人士。

第八步,记录和收集完整的数据。记录下访谈所得数据的一个关键点在于记录现场收集的完整数据,而不是只记录那些访谈者当下认为似乎是重要的事情,因为当下认为不重要的数据,也许在之后研究推进的过程中很重要。在记录时研究者应该做到:①定期和及时做笔记;②记录所有的事情,不管它当时多么的不重要;③做笔记的时候尽量不引人注意;④经常思考、分析笔记的内容。在对访谈资料进行记录时,本书作者所在的研究团队有一个经验模板,如图5-5所示,模板内容包括时间、地点、访谈人员、被访谈人员、访谈内容等基本信息。这些记录有助于数据分析的溯源,完善数据收集过程的证据链。科技进步使得录音、录像变得非常容易,在征得被访谈对象的同意之后,录音或录像可以让记录过程变得稍加轻松。

访谈问题共分为六类,分别是介绍性问题、探索性问题、一般式问题、循证性问题、转换话题式问题以及确认式问题。

介绍性问题,让访谈对象初步进行介绍以引出后续更为具体的问题,比如"您能介绍一下在贵公司的经历吗?"

探索性问题,让访谈对象就未进行准备的点进行阐述,例如"除了您提及的……您能再举一个例子来说明吗?"

```
┌─────────────────────────────────┐
│       ××企业第×次访谈记录        │
│  时间：                          │
│  地点：                          │
│  访谈人员：                      │
│  被访谈人员 （注明职务） ：      │
│  问题 1：×××                   │
│  回答：                          │
│  ×××                           │
│  （［反思：    ×××］）         │
└─────────────────────────────────┘
```

图 5-5　访谈记录模板

一般式问题，就一个具体主题请被访谈者进行一般阐述以理解被访谈者的观点及引出具体问题，比如"您认为一个企业愿意出售的原因是什么？"

循证性问题，从访谈对象处确认某些证据，比如"您当时具体做了什么事情？事情发生的时候您具体是负责哪个环节？"

转换话题式问题，当访谈进行不下去（比如已经获得足够信息，或者被访谈者回答偏误的时候），进行转换话题，例如"您之前提及了……我们想要了解更多，具体……""据我们理解，您亦参与了……，我们想了解一下……"。

确认式问题，通过重述、总结或者评论的方式进行提问以避免误解或者引导话题，例如"您的意思是不是……？"

（三）焦点小组访谈

以上我们介绍了访谈的一般执行步骤。在具体访谈过程中，我们经常会采取焦点小组（focus group）访谈的形式进行。焦点小组是指由一个经过训练的主持人以一种半结构化访谈的形式同时与多个被访谈者交谈。焦点小组这种访谈形式由于相对经济（同时对多个人进行访谈），获取资料相对丰富、详尽，能刺激被访谈者回忆，以及同时进行三角验证（不同被访谈者之间对不确定的消息直接进行反馈）等优势，在案例研究过程中经常被使用。总体而言，焦点小组访谈包含以下三个基本步骤。

第一步，招募焦点小组成员。小组成员的招募是一项困难的工作，为了确保焦点小组访谈数据的质量，Lee(2014)给出了几点实操性的建议：①焦点小组成员的选择应该基于理论抽样原则，而不是统计上的随机抽样；②尽可能缩小焦点小组的组内差异，如选择相仿年龄、管理层次的人员，从而增加组内人员在认知上趋同的可能性；③尽可能放大焦点小组的组间差异，以帮助获得更丰富、深入的数据；④避免招募成员之间交往特别密切的关系，因为熟人之间会就某些想法心照不宣，使得研究者很难理解与评估小组成员的讨论内容。

第二步，确定焦点小组的规模与数量。小组规模的大小会在很大程度上影响成员的参与度，一般情况下，相较于规模较大的小组而言，小规模小组中的成员会有更高的参与度。而在规模较大的小组中，容易产生因观点不一致而形成的小团体，这会使得讨论质量下降。焦点小组的数量根据"理论是否达到饱和"的标准来决定，当增加一个新的小组不再有新的洞见出现时，即可以停止增加焦点小组。一般情况下，针对一个研究主题，需要建立至少三个焦点小组。数量过少的焦点小组会让研究结果的可信度受到质疑。

第三步，进行焦点小组讨论。在小组讨论开始之前，参与小组讨论的成员需要对讨论的目的有一个良好的理解，此时，访谈者/主持人需要就研究目的与主题做一个基本的介绍。为了讨论顺利展开，访谈者需要制定讨论的一般规则，确定一个有助于后续讨论的基调。例如，指定每个成员都要参与讨论，但是不能主导他人讨论；一段时间内只能一个成员发言等。在真正进入小组讨论之际，访谈者/主持人需要引导性地让小组成员做一个基本介绍来打破冷场，可以是介绍自己的姓名、职位、工作经历等，也可以是说明参加此次主题讨论的原因等。如果介绍能添加趣味性是非常推荐的，因为这有助于小组成员快速进入与他人交流的状态，从而逐渐过渡到后续的主题问题之中。在进入实质性主题讨论之后，访谈者/主持人需要时刻关注讨论的走势，维持与促进小组的讨论围绕主题展开：当遇到讨论在某个重点上停留过久时，访谈者可以及时总结观点并将讨论从该重点转移至下个重点；当某个重点讨论不够深入时，访谈者可以要求某个成员就某个特殊观点进行展开解释，吸引成员注意力，从而对这些问题进行深入探讨。

讨论质量的提升可以通过多方面努力来实现。一是有经验的访谈者/主持人起到关键作用，当小组讨论中出现小群体现象，或者小组成员的参与度受到极个别成员的影响时，访谈者需要及时采取措施进行干预，并进行刻意的引导。对于在焦点小组讨论方面缺少经验的访谈者/主持人，最好先通过观察与参与讨论小组来学习掌握技巧。二是规划访谈结构。访谈结构的良好设计有助于收集到高质量的访谈数据。没有经过预先设计的、松散的结构会使得探讨问题没有被很好的理解，而过于规范的结构又会阻碍成员参与的活跃度。因而，介于松散设计与规范设计之间的半结构化访谈结构可能更为合适，即在讨论开始时内容相对松散，随着时间的推移，访谈者/主持人将讨论引入特定的主题。

三、通过参与性观察收集数据

如果要研究的案例的某种现象仍在进行中，那么研究者就可以置身于与之相关的环境条件下去观察,作为另一种数据收集的来源。参与性观察在社会科学中是应用非常广泛的一种数据收集方式,在管理学的案例研究中应用得也越来越多。参与性观察可以作为主要的数据来源(如Ashforth & Reingen,2014;Smets et al.,2015),也可以作为辅助的数据来源(如Corley & Gioia,2004)。

以参与性观察为主要数据来源的一个前提假设是,局内人(insider)和局外人(outsider)之间存在差异,研究问题需要从局内人的角度去看。基于此,参与性观察主要适用于以下研究现象:①涉及人际关系的相互作用与相互诠释;②具有争议;③远离公众视野;④不能被很好地理论化(Waddington,1994)。基于这个定义,参与性观察要求一个或多个学者进行角色扮演,建立和维持与"局内人"之间的关系;同时,整个参与性观察过程中要保持开放、灵活、随机应变,并根据具体场景获取资料,不断重新定义研究问题;这往往要求研究者除了进行参与性观察,还要不断使用其他手段辅助收集资料(Spradley,2016)。

观察法根据研究人员参与到观察中角色的不同可以分为四类(Creswell,1994):①完全参与者,即不公开身份参与到组织中的研究者。这种情况下,研究者需要在日常中注重培养与他人的关系,并且需要小心隐藏研究目的与身份。②作为观察者的参与者,即表明身份参与到组织的研究之中。这种情况下,研究者也需要在日常注重培养与组织中他人的关系,但是不需要隐藏其研究目的与身份。③作为参与者的观察者,即研究者把自己当作组织中的一员,无须隐藏其研究目的、身份与观察行为。④完全观察者,即研究者在幕后观察组织成员的行动、对话、举动等。

参与性观察法的一般步骤是从无焦点式(unfocused)观察,过渡到焦点较集中(focusing)的观察(Jorgensen,2015)。无焦点式观察是指在刚刚进入一个新的环境或现场时,保持开放的态度,全面考察这个环境的主要特征。例如,这是一个什么类型的空间?这个空间有特别之处吗?这个空间里有哪些类型的事物?这个空间是如何被利用的?这个空间里有多少人?他们的年龄、性别、样貌、社会地位是怎样的?这个空间里的人是如何被安排和组织起来的?你在这个现场有怎样的感受?这些一般性的提问模式可以帮助研究者初步熟悉了研究现场,学者们的建议是在研究者对现场发生的事情形成初步印象之前,应该限制研究者的直接参与。在熟悉研究现场之后,研究者可以对感兴趣的具体事物进行聚焦式观察。聚焦的策略是从范围最大的现象开始,逐渐将注意力集中到一个特定的现象上。也就是说,你从先前观察到的现象中获得了什么知识?这个知识可以用来指导你对感兴趣的事物进行更加具体的下一步系统探索。在这个阶段,研究者可以在现场更多地参与其中,开展非结构化访谈与交流。总之,在对研究问题进行探索与提炼的过程中,"观察、分析、聚焦、再观察"的过程被多次重复。

观察尤其是参与性观察为收集案例研究资料提供了难得的机会,可以让研究者深入某些事情和群体的内部,以局内人而不是局外人的视角进行观察,甚至可以为研究者提供机会去控制和调动某一些群体行为,虽然这种控制不可能像实验研究方法一样精准,但是比采用其他质性数据收集方式中处于被动地位的研究者提供了更多的灵活空间。然而,对于观察这种方法而言,研究者很容易因群体普遍接受的现象而趋同,以及以外来观察者的身份参与其中通常是不方便的,会带来研究结论的偏见(Becker,1958)。因而 Yin(2009)建议,在资源允许的情况下,安排几个而不是一个研究者进行观察,以提高观察所得数据的信度。

四、收集文件和档案资料

文件和档案资料属于二手资料,即不是为了研究目的而准备的材料,一定程度上能保证真实。进一步说,对比其他来源的数据,文档资料会非常确切,对事件确切的名称和细节会有很准确的描述,特别是与回溯性访谈相比。最后,文档资料还能覆盖更长时间、更广范围的内容等。基于以上优势,收集文档资料在案例研究过程中被广泛采用。大部分发表在 ASQ 和 AMJ 等管理学顶级期刊的案例研究论文都会或多或少地把文档资料作为数据来源的一种(Bingham & Eisenhardt, 2011;Smets, et al, 2015),甚至有研究以文档资料作为主要的数据来源进行案例研究(Weick, 1993; Hargadon & Douglas, 2001; Bishop, et al, 2019)。

从具体执行来看,文档资料的收集在时间上比其他数据来源更为灵活。对于案例研究而言,文档资料可能是每一次研究开始进行数据收集的第一个来源。在研究者开始进行实地访谈之前,就会利用一些网络渠道搜索可能获得的关于案例的重要初始资料;在实地访谈进行期间或者访谈之后,文档资料可以帮助验证访谈中提到的某些组织、名称书写是否正确,以及可以提供一些具体的细节检验其他资料的准确性。当文档资料与其他资料来源的数据存在歧异而无法相互印证时,研究者需要进一步地深入研究。总体而言,对于任何一次案例研究的展开,文档资料都是非常重要的(邓津和林肯,2007)。

在使用文档资料的过程中,有几个问题一定要注意。

第一,文档资料必须被置于其产生的背景中去理解。研究者需要去关心一个文本是一手资料的结果还是来自二手资料,它是否经过编辑、匿名与否等。文档资料都是为某些特定的事情而写的,为特定读者群(非案例研究者)而服务的,因此,为了更精准地诠释资料传递的信息,需要充分考虑且细致核实文本产生的背景与准确性。

第二,文档资料的可靠性值得怀疑,特别是现阶段信息技术的快速发展,使得在互联网上可以找到许多文档资料的原始版本,但里面可能充斥着大量的虚假信息。这就要求研究者们认真审视文档资料的可靠性,一个常见的策略是与其他类型的数据来源(如访谈)相结合使用,进行相互印证来提高数据的可靠性。

在少数情况下,文档资料也可以被作为案例研究的主要数据来源。如果仅使用文档资料,仍要尽可能采用多种数据来源相互印证,例如可以包括书籍、新闻报道、专业杂志文章、公司年报等。在使用书籍作为数据来源时,要确保书籍的内容有较高的信度,书籍中要有较充分的对事件(或企业)的描写,或者要有对某些关键人物的访谈原话,而不仅仅是书籍作者自己对事件(或企业)的分析解读。在使用新闻报道作为数据来源时,要确保较高的信度,例如每篇报道要有明确的来源,选择信誉较高的媒体文章等。

第四节 数据收集的策略

在数据收集过程中面临诸多挑战,可能会大大影响收集到数据的质量。本节将尝试按照数据收集的流程,罗列一些常见的挑战,并尝试给出一些可行的应对策略,以供参考。

一、数据收集前的挑战及应对策略

在数据收集前,最常碰到的挑战包括以下几个。

第一,设定资料收集的边界——要多开放。要以研究问题为引领,确定数据收集的焦点和范围。在这一原则下,常见的做法是设定一个研究草案来统领整个数据收集过程。这个研究草案中可能包含具体数据收集的时间、地点、人物、流程、注意事项等。这个设计越具体、详细,越能使得整个数据收集过程执行得更为顺畅。但越具体、详细可能会导致研究者只能收集到"想要收集的数据",而忽略了那些可能很重要但却不是研究者"想要"的数据。解决这一挑战的核心策略是保持开放心态和在收集资料过程中保持灵活性(Eisenhardt, 1989; Yin, 2009; Gioia et al., 2013)。这在参与性观察过程中可能更为重要(Jorgensen, 1989)。

第二,不要混淆案例的分析单元和数据收集的单元。案例分析的单元可以是产业层次、组织层次、团队层次、个人层次,也可以是嵌入性案例研究。数据资料收集的来源则更多为个人层面(如对个体的访谈),当然也可能收集到其他层次的数据(如公司层面的文档资料等)(Yin,2009)。研究的主题多为企业层面的研究问题,分析单元多为企业,数据收集过程多以访谈为主要数据来源,这就带来一个重要挑战:如何通过访谈个人获得全面的企业层面的数据。应对策略有两个:一是访谈能够代表组织的个体(如CEO、董事长或高管团队成员)关于组织层面的问题,如组织如何运行;二是访谈多个不能够代表组织的个体(如中层管理者或员工)关于个人层面的问题,然后进行聚合处理。例如,单个访谈参与某个公司事件的所有关键人物,询问每个人在事件中扮演的角色、做的主要工作;把这些关键人物的所有个人访谈聚合起来就得到了一个公司层面的事件全貌的描述。

二、数据收集过程中面临的挑战及应对策略

在数据收集过程中面临的挑战非常多,在这里我们尝试罗列一些我们认为比较重要/比较容易忽视的点,并提出一些可能的应对策略以供读者参考。

第一,研究者的偏见。克服偏见是案例研究各环节中,特别是数据收集和数据分析过程中面临的重要挑战。这个挑战至关重要,我们觉得怎么强调都不为过。事实上,所有的数据收集策略不可避免地是由研究者基于自身知识所做出的选择,各个环节均有能会存在研究者的偏见。比如访谈过程中,访谈提纲是由研究者设计的,那么如果研究者对事件非常重要的方面没有设计相关问题,就有可能收集不到相关数据,进而得出的结论存在较大偏差。甚至于,研究者经常自觉或者不自觉地进行选择性观察和记录相关资料。这一挑战常见的应对策略包括以下几个。

(1)批评与自我批评。在整个数据收集过程中,研究者可以与合作团队之间展开详细讨论,特别对每个人可能持有的偏见和倾向进行批判性反思,以尽量减少研究者的偏见。

(2)研究团队纳入挑刺者的角色。在整个数据收集过程中,研究团队中可以指定一位研究者主要负责挑刺工作,对数据收集过程中的任何问题均可以提出反对意见,这有助于整个研究团队避免研究者偏见(Sutton & Callahan,1987)。

(3)刻意选择反向案例。数据收集过程中可以刻意去挑选一些与研究问题相关,但是与已经收集数据完全相反的个案。通过比较,可以帮助研究者认识到现有数据收集过程中存在的偏差。

(4)高度地、长期地投入观察。长时间的重复观察、访谈以及研究者持续参与到情境中,不仅可以获得关于具体情境的或事件的更为完整的数据,也有助于避免产生假的联系和不成熟的理论(Becker & Geer,1957)。研究团队对吉利和万向

等企业每隔一段时间会进行一次深入的数据收集,保障了对这些企业实践的深入理解,一定程度上克服了研究者偏见的影响。

第二,信任和互惠关系的建立。在案例研究的数据收集过程中,建立信任和互惠关系是保障数据质量的关键所在。撒谎、夸张、有意无意的欺骗,人与人之间的表面应酬和造作,缺乏知识或者知识具有很大局限,以及误解等,均会成为数据收集可靠性的重要障碍,特别是在访谈和参与性观察过程中(Jorgensen,1989)。应对这一挑战的核心在于引入经验丰富的研究者、真诚坦率地交流和建立互惠的关系。首先,经验丰富的研究者作为研究团队成员,可以快速获得对方的信任,并规避非常多的潜在问题,比如缺乏知识或者知识局限的问题。其次,所有人都愿意和真诚、坦率的人交流,一个常见的策略是"自我暴露",即有意无意地展示自己的缺点和内心世界,这将帮助研究者快速获取信任。最后,互惠关系的建立也可以获取对方的信任,最常见的是金钱或者小礼物发放,但更多的是非物质的和象征性的。研究团队曾经以"为企业写作企业史"的方式进入企业,这对企业以及被访谈对象均有好处,企业人员均倾向于十分认真地提供准确的信息。

第三,被访谈者的偏见——回溯性偏差。在通过访谈收集数据的过程中,最常碰到的挑战在于回溯性偏差。实际上回溯性偏差影响质性数据的信度问题,但因为这个问题太过普遍,所以单独列出来做一个小的讨论。事实上,人人都是"事后诸葛亮"。即使每个人注意到这个问题,尽量去回忆细节,仍不可避免受到"印象管理"的影响,进而导致无法准确地还原事实真相。这就使得在访谈历史性事件时往往很难还原事实真相。应对这一挑战的常见策略包括:一方面,进行三角验证,通过访谈多个知情人,收集多种数据之间不断交叉比对以还原真相。这一策略在前文中已详细叙述,这里不再赘述。另一方面,回顾性数据和实时性数据相结合。如有可能,参与到要研究事件的全过程中,实时收集事件发生各环节的具体数据,以收集到"新鲜"的、未被印象管理等"污染"过的数据。

第四,质性数据的解释方式对数据收集的影响。Lee(2014)认为,质性数据的常见解释有三种类型。

(1)从字面意义上的解释,这就意味着必须要求收集的数据是"准确的",例如法庭式询问的访谈步骤。

(2)对质性数据的诠释,即研究者去探究质性数据背后的意义所在,在"字里行间"阅读。让我们回想高中语文一个经典的阅读理解题:"在我的后园,可以看见墙外有两株树,一株是枣树,还有一株也是枣树。"这句话体现了作者什么情绪?这种以诠释为主导的数据分析,就要求我们在数据收集过程中充分理解"情境"的作用。

(3) 对质性数据的自反性(reflexivity)解释,即研究者在解释数据的过程中去反省研究者为什么采用如此视角来诠释质性数据背后的意义。如采用这种数据解释的方式就要求研究者在数据收集和分析过程中厘清自我角色、定位,并不断自我反省是否受先验主义、固定的视角、政治意识形态等影响。

应对这个挑战要求研究者收集到高质量的质性数据,特别是在访谈数据收集的过程中。参考Lee(2014)总结的一个高质量访谈的条件供读者参考:访谈是自发的、丰富的、具体的吗?回答和所问问题有联系吗?问题较短而回答较长吗?访谈过程中,访谈者有没有根据被访谈者的回答进行跟进以及确认回答者的含义?访谈者对被访谈者的回答进行解释了吗?访谈过程中被访谈者认可或者修正了访谈的内容吗?访谈看起来像是一个自我沟通的过程吗?访谈者对访谈主题是否有清晰的了解?访谈者是否对访谈结构有精心设计?访谈问题是否清楚、易懂和简单?访谈者对话题是否敏感?访谈者是否是一个很好的倾听者?访谈是否带有批判性?访谈者是否记得之前的访谈内容并且和现有访谈内容联系起来?如果以上问题的答案都是"是",恭喜你收获了高质量的访谈数据以供后续分析。

三、数据收集后面临的挑战及应对策略

在数据收集完成后,研究者还有许多挑战需要应对。

第一,数据收集的信度。尽管有的质性研究者认为信度和效度不应该被过分关注(如Kvale,1996),但从实证主义角度出发,数据的可靠性是一个非常重要的指标。由于量化数据有非常多的指标(如重测信度、复本信度、内部一致性信度等),但质性数据却没有。质性数据的可靠性经常会被审稿人,特别是实证主义范式的审稿人挑战(Roulston,2010)。这里尝试初步提出三种应对策略。

(1) 质性数据的稳定性:研究者是否可以在不同的时间和/或地点收集到相同的数据。具体而言,可以采用:类似的问题在不同时间和地点询问相同的人是否可以得到相同的答案;关于同一问题,访谈不同的当事人是否可以得到相同的答案;不同数据来源(访谈、档案资料、参与性观察等)得到的答案是否一致等。

(2) 对质性数据诠释的稳定性:不同研究者对于相同的质性数据是否可以得到相同的观察和诠释;增加了质性数据后,研究者对先前质性数据的诠释和分析是否会发生变化。

(3) 知情人确认,也称为受试者核准:所有数据收集完成后可以返还于知情人,邀请知情人确认所有数据是否真实可靠(Maxwell,2012),可以把最终的数据

发还至被访谈者进行确认是否可靠和正确。

第二,质性资料管理。量化研究对资料管理的概念特别熟悉,案例研究者对质性资料的管理却往往被忽视,这会导致即使研究者本身都难以复制重新研究的过程。参考 Miles & Huberman(2008)的建议,给出一些可供操作的质性资料管理步骤。

(1) 对访谈资料、文件和档案、参与性观察记录等原始资料进行归档并保存。这些原始资料在后续处理过程中不要做任何修改,后续所有的工作都建议在拷贝版本上进行处理。

(2) 建立标准化格式,对原始资料进行初步整理和分类存放。比如,访谈的转录稿以研究者、被访谈对象、地点、时间等作为表头,以提问的问题和回答、研究者的评注等作为内容,进行格式化处理。格式化处理的目的是建立案例研究数据库,对案例研究中收集的所有资料进行单独、有序、系统化的汇编。

(3) 按照时间、主题、关键词等方式对格式化后的资料进行排序和归类,对于较长的文档进行关键词和摘要的摘取,最终建立索引。至此,我们初步建立起了质性资料库,但要注意的是后续数据分析过程中产生的各项资料,例如研究者的批注、编码系统和词库、分析资料绘制的图表等所有内容也逐步加入这个资料库中。建立这个资料库的好处一方面是为后续分析节省大量时间,另一方面也为未来重复研究提供了可能。质性研究的数据收集过程包含了大量隐性知识,"干中学"是最好的学习方式。

第五节 景德镇陶瓷产业高质量发展案例的数据收集

一、中国传统文创产品与用户匹配机制研究——以宇弦陶瓷为例(实例一)

陈莎莉等(2021)研究中国传统文创产品与用户匹配机制,严格遵循标准的案例研究流程,数据收集过程分为两个阶段:第一阶段以案例数据收集为主,第二阶段以行动干预为主,具体情况如下。

(一)案例数据收集阶段

文件资料等辅助数据的收集始于2017年6月,研究团队于2017年7月对宇弦陶瓷进行实地调研,围绕"景德镇陶瓷文创行业特征""手工文创产品特殊性""宇弦陶瓷创业经历及遭遇的主要困难"等关键问题,对创业者进行了长达4个小时的访谈,整理了3万余字的访谈记录。研究团队持续跟踪宇弦陶瓷创业活动,每3个月更新一次调研数据,陆续访谈了管理部、技术运营团队、产品作业团队、市场营销团队和售后服务团队12位专兼职员工,总计16小时(见表5-2)。

表5-2 访谈名单与主题

访谈对象	人数/人	时间小时	访谈关键词
管理部	2	5	企业管理、战略转型
技术运营团队	3	3	技术更新、团队需求
产品作业团队	3	2	生产设计、产品采购
市场营销团队	2	4	市场推广、品牌塑造
售后服务团队	2	2	用户反馈、用户维系

资料来源:本书作者编制。

(二)行动干预阶段

研究团队行动干预始于2017年9月,设计极简MVP进行验证性学习,辅助创业者填制精益画布。Maurya(2012)将商业画布改良为精益画布,为初创企业新产品开发及业务模式创新提供了可视化工具。Maurya(2013)指出,在产品与用户匹配过程中有三种风险:产品风险(P)、用户风险(C)与市场风险(M)。画布的制作与迭代体现出产品动态调整,进行测试风险,向用户试错学习,快速转型,最终找到产品与用户匹配点的过程。研究团队利用精益画布工具,帮助创业者复盘,识别创业风险,采取行动干预的步骤如下。

第一步:指导创业者运用采用"如果……那么……"的反事实思维方式进行创业反思,总结第一次创业过程中的失败事件,还原了创业初期第一阶段寻求产品与用户匹配的精益画布(如图5-6所示),发现虽然能保证产品功能价值的稳定性,但产品端存在消费者"想买又不敢买"的问题,用户端存在目标用户群不明确的问题,难以化解市场风险,销售收入不足以支撑产品运营。

第二步:针对产品端消费者"想买又不敢买"的问题,研究团队指导企业客服人员进行用户调查,寻找并甄别出用户选择困惑、对产品缺乏信任及观念价值感知三个方面的原因。针对用户缺乏信任感,建议创业者改进产地体验服务设计,以优质服务获取用户信任。针对用户选择困惑,指导创业者通过用户画像,识别用户在功能价值层面、情境价值层面、观念价值层面的不同需求,并从产品早期接纳者中筛选提炼天使用户,邀请天使用户参与MVP多轮迭代,验证产品价值假设,共同改进产品。针对用户端"不知道用户在哪"的问题,建议创业者采用社群营销策略,基于早期接纳者构建微信兴趣社群,为潜在消费者提供产品认知服务,验证用户假设。为了降低成本,研究团队建议创业者对热销产品进行聚类分析,减少器型的种类,实施半个性化定制。宇弦陶瓷验证产品价值假设,实现产品与用户匹配时的精益画布如图5-7所示。

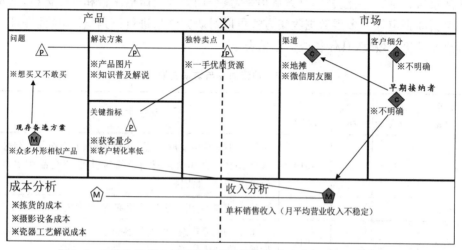

图5-6 宇弦陶瓷创业初期文创产品与用户功能价值匹配的精益画布

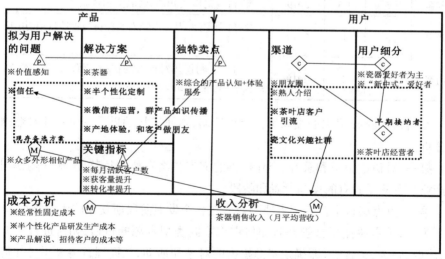

注:图中虚线方框内为研究团队行动干预采取的具体措施。

图5-7 宇弦陶瓷文创产品与用户匹配的精益画布

二、从工业遗产到文创产业平台：资源拼凑理论视角——以景德镇陶溪川为案例（实例二）

李海东等(2021)以景德镇陶溪川为案例，在资源拼凑理论视角研究从工业遗产到文创产业平台的转型过程。数据收集主要以半结构化访谈、实地调研、公司内部报告为主，并关注公司官方微信平台、公司管理层微信平台和宣传材料，以及相关新闻报道等。多重数据收集方式可以对研究结果进行三角验证，从而保证案例研究结论的效度，具体访谈信息见表5-3。

表5-3 访谈对象与访谈主题

访谈对象	人数/人	时间/h	访谈时间	访谈主题
董事长	1	3	2019年5月	陶溪川发展历程、战略定位、业态布局、园区转型、融资、合作伙伴资源评估与引入、平台品牌培育与输出、未来展望等
高管	3	8	2019年1月	陶溪川创建与运营细节、平台内外资
团队			2019年11月	源获取、投入与整合、创客空间管理、平台发展面临的挑战等
游客	5	1.5	2019年11月	对陶溪川的认知、文创体验等
摊主	3	1	2019年11月	陶溪川对年轻人的扶持与管理政策、集市进驻等
创客	3	2	2019年11月	陶溪川对创客的扶持与管理政策、创客的经营业绩、业务拓展、平台进驻等

遵循Pettigrew提出的纵向案例分析策略，本研究按照以下三个步骤对数据进行分析。

第一，对访谈记录和录音、企业提供的文字档案资料进行整理，梳理陶溪川文创产业平台从无到有的发展背景和阶段。

第二，重点确认平台管理者或创业者在各个发展阶段所使用的资源类型。

第三，重点关注平台管理者如何审视不同类型资源的价值，如何进行资源搜寻、获取、筛选、整合等，即确定资源拼凑的对象和活动，从而理解陶溪川是如何通过资源拼凑，对工业遗存开发模式进行创新，将其打造成为一个具有国内外重要影响力的陶瓷文创产业平台的动态过程。

第六章 案例研究的数据分析

Glaser & Strauss(1967)指出,案例数据的搜集、编码及分析通常是混在一起的,而非彼此分立,这和量化研究的数据搜集与分析程序有很大的不同。在案例研究中,资料搜集与分析常常是重叠在一起的;在此过程中,研究者需要保持开放敏锐的理论触角,故现场笔记(field note)可以提供极大的帮助。现场笔记记录了研究时所发生的种种事项,让研究者可以据此进行深刻的反思。研究者需要思考的是,什么是令人印象深刻的事件?这种事件为什么会发生?从这些事件中,研究者能学到什么?此事件与其他已经历过的事件有何不同?其独特之处为何?通过这些思考,更加开放自己的心胸与弹性,并随时调整数据搜集的广度与深度。必要时,也可以增加新的问题,或采取新的数据搜集方法,来处理逐渐浮现的问题。另外,则是要定期或在有需要时,进行团队会议,讨论数据搜集的状况,分享研究者彼此的想法,以作为下阶段资料搜集的方向与做法的参考(Eisenhardt,1989)。

在此过程中,研究者需要对自己的偏好与性格倾向有清楚的自觉(郑伯埙,1995),以避免个人的偏见涉入,并产生影响;研究者也需要具备良好的人际互动技能,以便能与研究对象、信息提供人及其他有关人员进行顺畅的互动;同时,需要拥有开放的心胸与同理心,能够扩大视野,针对问题进行抽象、有系统且具反省性的思考;更重要的是,要具有理论敏感度(theoretical sensitivity),能够察觉现象或事件背后的理论含义,洞察相关或无关的事物。此外,由于数据搜集的方法不少,且各有优缺点,因此,研究者必须深度熟悉各种研究方法,并对其优缺点有清楚的认识。总结而言,在数据搜集时,数据与分析常常是混在一起进行的,必须要有系统性且保持弹性;至于研究者,则必须要心胸开放,维持理论敏感度。

第一节 单案例研究的数据分析

资料分析是案例研究的核心,也是最难说清楚的部分。理由就像"金炉炼丹"一般,如何从厚达1000页以上的笔记与数据中,抽丝剥茧,摘出珠玑,获得有创意的结论,的确是一件不简单的事(Miles & Huberman,1984;Strauss & Corbin,1990)。即便如此,案例研究中的数据分析,仍有一定的程序。研究者只要小心谨慎地遵循研究程序,并多加练习,就可以获得一定水平的结果。

简单来说,案例内的数据分析包括以下的步骤。一是建立文本(text)。访谈、观察及文件等资料的誊写与摘记。二是发展编码类别。研究者详细阅读每一个段的内容,并参照全文主题,将每一段落分解成一或两个小单位,以一句话概述之,并加以编码;同时,将所分析出的小单位,依内容与性质的相近程度加以整理,以形成自然类别。如果已有初步理论,则也可以根据理论来架构类别(Yan & Gray,1994)。三是指出相关主题。仔细思考每一自然类别的内容与类别之间的可能关系,依可能的逻辑关系排列出来,并给予命名;接着,审视前一步骤是否有不合宜之处,或结果不合逻辑的地方,若有则予以修正。修正时,一方面搬动不合适的小单位,另一方面加入原先未能分类的小单位。四是数据聚焦与检验假设。进行初步假设或发现的复核,让数据主题与初步假设对话,以了解资料与假设配合的状况,作为接受或拒绝假设(或命题)的依据。五是描绘深层结构。整合所有数据、脉络及理论命题,来建构理论架构,作为未来进一步研究的基础;或是与打算验证的理论进行对话,并加以修正(Carney,1990;Strauss & Corbin,1990)。有关案例内的资料的分析步骤与深化历程,如图6-1所示。

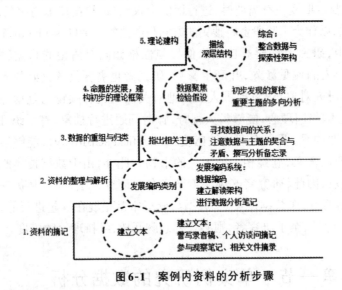

图6-1 案例内资料的分析步骤

一、单案例研究分析

单案例研究(以及归纳式质性研究)从"好的故事"开始。"把故事讲好"的数据分析策略有三种：时间线(timeline)或大事年表(chronology)，通过图形展示时间线或大事年表以及通过文字叙述展示时间线或大事年表。将关键事件按照时间先后进行排序和展示，可以帮助研究者更好地理解案例情境，并识别现象中事件的因果联系，从而揭示现象模式。时间线或大事年表的展示主要有三种形式：图形、表格以及文字叙述。

通过图形展示时间线或大事年表，范文：*Identity ambiguity and change in the wake of a corporate spin-off*(ASQ,2004)。通过表格展示时间线或大事年表，范文：*Radical change accidentally: The emergence and amplification of small change*(AMJ,2007)。通过文字叙述展示时间线或大事年表，范文：*The inherent limits of organizational structure and the unfulfilled role of hierarchy: Lessons from a near-war*(OS,2007)。在运用时间线或大事年表策略时，应该注意突出这些事件在现象中的重要意义。也就是说，在梳理现象中关键事件的同时，还应该对关键事件从概念上进行概括，或阐明每个关键事件在现象中的重要作用（如表6-1所示），范文：*The faithful rise up: Split identification and an unlikely change effort*(AMJ,2010)。

表6-1　表格展示时间线或大事年表 Timeline of Selected Key Events and Their Significance

Date	Event	Significance for Our Conceptual Model	Possible Alternative Paths
Jan.6 2002	Boston Globe publishes first of articles	Initial triggering event	Exit
Feb. 2002	More allegations surface	Crisis for faithful. pain and anger as emotional fuel	Exit
Feb. 2002	Discussion group starts at St. John the Evangelist Church in Wellesley	Wrestling over crisis moves from individual to collective in a Church setting	Individuals continue to struggle alone
Feb. 2002	Weekly discussion groups begin	Shift from emotional support to asking. "Why did this happen?" and "What can we do?"	Remain a group for emotional support
Feb. 2002	The name "Voice of the Faithful" is adopted, along with goals	Name signals attachment to the faith; Goals differentiate and assimilate group from Church	Group remains informal rather than taking on a presence with a meaningful name. Identification is restored

续表

Date	Event	Significance for Our Conceptual Model	Possible Alternative Paths
March 2002	Boston Archdiocese convenes 3000 lay leaders to discuss the crisis	Top-down effort to manage an identification crisis. Both for members and for public image	
April 2002	Cardinal Law goes to Rome and offers his resignation: Pope declines it	VOTF had maintained its moderate stance and had not called for Cardinal Law's resignation	Leader resignation could signal changes that would help repair identification

（一）时间区间策略

时序区间(temporal bracketing)策略把数据沿时间顺序分解到不同的区间之中，通过在不同阶段间进行复制和比较，解释现象发生的模式和机制(如图6-2所示)。在每个区间之内，现象呈现出较强的连续性；而在相邻区间的分界点上，现象则呈现出较强的间断性。虽然时序区间的划分有时与"阶段模型"非常相似，但时序区间的划分不一定具有理论上的重要性，而更多的是为了把数据分解为可以进行比较的分析单元，从而实现不同区间之间的复制。采用时序区间策略有两个关键：一是识别现象中要素的间断性，以此作为划分区间的依据；二是不仅要解释每个区间之内要素的逻辑关系，还要通过跨区间的比较来揭示现象动态演进的模式和机制。范文：企业信息系统实施中的意义建构——以S公司为例(管理世界，2011)。

图6-2 时间区间策略

(二)叙事分析

叙事分析(narrative)是描述现象模式,通过对现象中的事件和要素按照发生的先后顺序和相互之间的关系进行梳理,可以重新构建关于现象的故事,对现象进行"深描"(thick description)。叙事分析可以是一种主要的数据分析策略,也可以被用于其他分析策略之前,用来展示案例情境及关键事件。范文:*Radical change accidentally: The emergence and amplification of small change*(AMJ, 2007)。

数据分析共有7个步骤,叙事分析作为其中的一个步骤与其他数据分析策略结合使用。在首先厘清重要事件的时间线后,研究者中的5位分别对案例中组织变革的过程进行叙事分析,研究者不断在数据和理论间进行迭代,从而归纳出了组织变革这一主题下的主要概念(包括组织情境、组织行动和变革结果)及相关模式。初步的叙事分析可以体现为:对现场笔记的汇总和整理;围绕时间线或时序区间对案例进行描述;企业调研报告;教学案例。

二、形成假设与理论化

在经过数据分析之后,所有主题及主题间的关系,都会逐渐浮现,接着就可以进行系统性的比对,查看数据主题、主题间关系与构念架构间的契合程度,并逐一形成假设、验证假设,然后建立理论。当然,在比对之前,需要先检视数据的构念效度,看数据是否能够代表所要探讨的构念,一方面精炼或重新界定构念,另一方面提供构念效度的证据。当所有来源的数据都显现出某一类型构念的证据时,则可以定构念效度的确存在。因此,有些研究者利用构念矩阵的做法,摘记某些构念下的资料证据,来表明案例研究的构念效度(Miles & Huberman, 1984)。

之后则是检视内部效度,考察构念与构念间的关系是否能与各案例所提供的证据契合:契合时,提供了支持的证据;反之,则提供了不支持的证据。这一过程,虽然与传统量化研究中的假设检验颇为类似,但仍有差异。在案例研究中,假设是根据复现逻辑并通过一连串的案例来逐一检视的,而非组合起来。这种做法就像进行了许多次的实验一样,每一个案例都能提供支持与不支持的证据。在许多案例都支持假说的状况下,我们对某一关系的信心就会更加强化;反之,当不支持时,则提供假设修正的机会,或提出迥然不同的新颖假设。通过上述过程可以确保案例研究的内部效度。

此外,研究者也会想了解:"为什么"各构念间存有如此的确定关系?其理由何在?这就涉及理论基础的提问,而需要进一步思考关系背后的原因所在。例如,Barker(1993)在观察某家公司工作团队的运作过程之后,认为自主管理团队的控制变得更为紧密的理由乃是基于协和控制(concertive control):通过将实质理性与形式理性混合在一起,而成为一个"公共理性"的系统,来发挥作用。换言之,在假设形成的过程当中,研究者需要反复检视研究者的测量是否具有一定的构念效度;所探讨与逐渐浮现的关系是否稳定且与假说一致,以检视内部效度;各关系的背后理由或理论依据为何,以发展与建构理论。通过这些事项的检视,提供严谨且具说服力的证据。

总结而言,在执行阶段,不论采用何种数据搜集与分析的策略,都必须讲求数据与分析的质量。首先,数据要多元,尽量避免偏见;其次,资料分析是以所有相关证据为基础,尽可能搜集可以取得的证据,并进行周详的检视;再次,分析要彻底涵盖所有重要的对立假说,作为进一步分析的基础,且据以修正原先的假说;最后,分析要紧紧扣住研究目的,回答所要探讨的主要问题,或处理最重要的一个方面,以免过于发散,而模糊了问题的焦点(Yin,1993)。而在整个过程中,理论化无疑是最困难的一个阶段。好的案例研究不能仅仅立足于一堆描述性的内容,还必须能够提供概念上的启发(Siggelkow,2007)。换句话说,若我们将一个案例研究中的描述性资料抽离后,读者仍然能够被文章中的逻辑论述说服,这是判断理论化工作是否成功的一个方式,也会大大提升这篇案例研究被接受的可能性。此外,以多案例研究进行理论化工作时,其难处常在于无法同时兼顾一般化、精确及简单化的理论要求。这是因为某个案例可能比其他案例更令人感兴趣,导致研究者所产生的理论解释可能与这个案例紧密连接,但与其他案例的连接则明显较为松散;针对这个问题,Weick(2005)的建议是单一研究者不可能完成的事,通常可以由一群研究者来达成。也就是通过多位研究者进行集体三角验证,将有助于理论朝向一般化、简单及精确的目标趋近。

三、案例研究中的理论构建

案例研究中理论构建的常见形式有描述模式、解释机制以及做出预测(如表6-2所示)。

一方面,案例研究的主要逻辑以归纳推理为主。从现象/数据出发,通过一定的实证概括(empirical generalization),得到理论结果的过程。另一方面,案例研究是逻辑分析性类推,而非统计性类推。统计性类推(statistical generalization)从样本推断总体;分析性类推(analytical generalization)从案例推断理论。案例的研究发现包含了特定的理论构念、理论关系或理论上前后相继的事件,并且这些构念、关系或事件可以在以后的案例中重复发现,用来解释其他相似情境中的现象。

表6-2 案例研究中的理论构建形式

理论构建形式	描述	举例
描述模式（patterns）	通过对现象中事件、活动、阶段等要素的描述,回答有关"是什么"和"如何"的研究问题	·现象是在什么情境中发生的? ·各个阶段发生的顺序是怎样的? ·事件是如何交织在一起的?
解释机制（mechanisms）	通过回答关于"为什么"的研究问题,对现象进行解释	·为什么现象会在某种情境中发生? ·为什么各个阶段发生的顺序是这样的? ·为什么事件以某种方式交织在一起?
作出预测（predictions）	通过提炼命题的方式,预测现象中的因果关系	·"更高程度的X会导致更高程度的Y" ·"在某种情况下,事件A的发生会导致事件B的发生"

（一）通过编码得到构念

什么是编码？编码(coding)就是标签,是一个有意义的分析单位。编码就是"贴标签",就是研究者把一个标签指定给所搜集到的资料,通常编码可以针对长短不一的"文块"——字词、词组、句子或段落(如表6-3所示)。例子:ERP实施中的用户有效参与——头脑风暴会议的作用(管理学报,2010)。

表6-3 通过编码得到构念

文本	标签
后来我们又开会,各部门统一过,就是说一定要以开放的心态去接受SAP所带来的变化	接受SAP
我觉得头脑风暴最重要的一点还是鼓励大家的一个信心,去激发大家的这个斗志,至少我通过这次头脑风暴树立的信心,被激发了斗志	确立信心

(二)不同的编码方法

第一,预设式编码。在开展实地调研前就先建立一套初始代码清单,在案例研究中较少使用。

第二,归纳式编码。在搜集资料前并不预设任何代码,代码是在阅读资料时渐渐出现的,让所搜集到的资料去"塑造"出代码系统。

第三,介于预设式与归纳式之间的编码方法。理论指引下的编码,为代码先提出一个基本的说明系统,它虽然不能满足某特定情境,但它指出了一个基本范围,研究者可以在此范围内归纳式地建立代码。

理论视角(参照理论)有两大作用:一是为研究发现提供合法性,二是避免淹没在数据的汪洋大海之中。容易犯的错误包括:通过案例去印证或检验现有的理论,简单地应用现有理论/框架来对案例开展分析,而没有任何新的理论洞见。范文:*The effect of CRM use on internal sales management control: An alternative mechanism to realize CRM benefits*(I&M,2012)。

(三)编码过程

将组织控制理论作为编码的一个基本的说明系统,它虽然不满足CRM应用的特定情境,但指出了一个基本范围,使我们可以在此范围内归纳式地建立代码。归纳式编码是指在搜集资料前并不预设任何代码,代码是在阅读资料时渐渐出现的,让所搜集到的资料去"塑造"出代码系统。典型代表:Gioia Methodology、一阶(1st-order)编码、二阶(2nd-order)编码(如图6-3所示)。

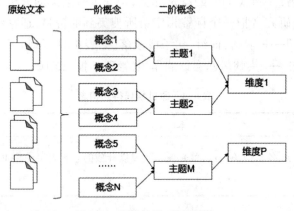

图6-3 编码结果:数据结构

1. 归纳一阶概念

一阶概念(first-order concepts)代表的是"facts",是受访者对现象的认识和描述。尽可能使用本土代码(in vivo codes)将访谈数据进行概念化。这一步骤类似于扎根理论方法中的开放式编码(open coding)。在归纳一阶概念时,研究者要以一种开放的心态,尽量"悬置"个人的"倾见"和学术界的"定见",将所有的资料按其本身所呈现的状态进行编码。这是一个将资料打散,赋予概念,然后再以新的方式重新组合起来的过程。如一位中央民族大学教授在云南省开展调查:"木戛乡的拉祜族学生家长不愿意送子女上学,一开始,研究生们就说他们教育观念落后,我跟研究生讲,从功能主义的立场看,如果学校教育能使拉祜族孩子和他们的家庭摆脱贫困,他们肯定愿意送孩子上学,如果我们的学校教育做不到这一点,而且还因为要收费而加重他们的负担,使他们更加贫困,他们就不愿意送子女上学。如果我们设身处地去思考,这是他们在'义务教育不义务,基础教育不基础'的状况下的一个合理的选择。"

2. 归纳二阶概念

二阶概念(second-order concepts)代表的是"theories",是研究者对现象的认识和描述。基于一定的逻辑线索将一阶概念进一步概念化,这一步骤类似于扎根理论方法中的主轴式编码(axial coding)归纳二阶概念。归纳二阶概念的主要任务是发现和建立主题与其对应的一阶概念之间的各种联系,以表现资料中各个部分之间的有机关联(如图6-4所示)。这些联系可以是因果关系、时间先后关系、情境关系、相似关系、差异关系、对等关系等。随着分析的不断深入,各个概念之间的联系变得越来越具体、明晰。

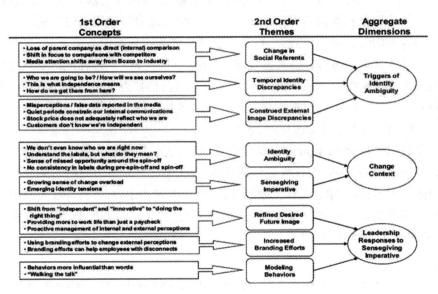

图6-4 归纳式编码的初步结果:数据结构(data structure)

四、故事与理论间的持续迭代

好的故事,在叙事分析的生成性机制中体现了数据结构(构念)与过程理论(构念间的关系);好的理论,归纳性编码得到的过程理论(构念间的关系)可以支撑有趣的故事讲述(storytelling),并解释故事中的因果逻辑。叙事分析是从描述现象模式到解释现象机制。叙事的结构从表层到深层包括四个层次,分别是样本(text)、故事(story)、寓言(fabula)、生成机制(generating mechanism)(如图6-5所示)。

等级	定义	例子
样本	特定叙述者对故事的特定讲述	他或她的故事的实际文本:"当我出现在采访时……"
故事	从特定角度看的寓言版本	新员工自己的雇佣方式
寓言	对一组特定事件及其关系的一般描述	一个特定的人是如何被雇用的;发生了什么,谁做了什么
生成机制	启用或约束寓言的底层结构	整体招聘流程:一般人是如何被聘用的

（左侧：参与者的故事；右侧：研究者的故事）

图6-5 叙事结构层次

通过叙事来解释现象,需要从现象的表层结构深入到深层结构,对现象机制的解释也就是探索叙事的深层结构。最有趣、最具说服力的叙事并不是单纯描述性的,其中应该嵌入理论性的情节(plot)和主题(theme)作为解释的手段,将作为编码结果的概念和数据结构嵌入故事讲述之中。故事与理论间的持续迭代是指故事与理论的契合,更有趣的故事是围绕理论要素重新组织故事情节,更有洞见的理论是从数据结构(构念)到过程理论(构念间的关系)。过程理论重点考察因果关系中的时序性,而不是程度上的相关性[①]。通过对"方框—箭头(boxes-and-arrows)"关系中"箭头"的理论构建,重点回答"事件是如何发生的"以及"事件为什么以这样的方式发生"(如图6-6所示)。

在数据结构(data structure)涌现出来之后,我们需要与文献进行对话。研究从归纳(inductive)转变为寻找最佳解释(abductive),并不是用归纳出来的数据结构(data structure)去印证以往文献和理论,而是要通过比较,寻找以往文献中被忽视掉的研究缺口。要在文献中的"已知"和"未知"之间寻求平衡,既要有新的发现,又不能"重新发明轮子"。

[①] 因素理论考察两个变量之间的相关性,更高程度的X会导致更高程度的Y。过程理论考察在某种情况下,事件A的发生会导致事件B的发生。

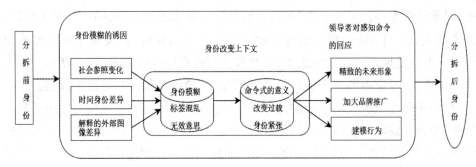

图6-6 过程理论考察构念间的关系

五、与文献对话

在执行阶段的资料搜集、分析、假设形成与理论化工作告一段落之后,研究者需要将先前的专家知识纳入案例研究中。研究者必须熟悉与该案例有关的研究主题的主张与争议,并与现有的文献进行对话:或提供支持的证据,扩大文献的应用范围;或提供反证,对文献提出修正的看法。

与文献对话的主要目的,是在将获得的研究结果与既有的理论或概念进行比较,以促进理论或构念的演化。这一比较的内容通常包括两项:与现有文献有何相似之处? 又有何相异之处? 以相似之处而言,当研究结果与过去研究类似或支持现有理论时,代表证据更为强而有力,理论所具备的内部效度更为坚韧、外部效度更强,构念的可信度与正当性更高。郑伯埙(2005)、郑伯埙等(2006)在探讨华人组织的家长式领导模式时,在许多案例中都发现了这一领导方式,从而肯定了家长式领导在华人社会的普遍性。Ross & Staw(1993)则采用模式契合(pattern matching)的方式,用以验证其承诺升级的理论,并发现多数假设获得支持。

以相异或矛盾之处而言,与既有文献矛盾的研究结果,可以促使研究者寻找进一步的原因,并提供另一项思考的窗口,从而对理论或构念提出进一步的修正:或产生重大的突破,或掌握重要的调节因素。因此,有时矛盾的证据反而比支持的证据更有价值。Eisenhardt(1989)强调,如果研究者忽略了矛盾的证据,则读者对研究的信心就会降低。理由是读者会认为研究结果有偏差,内部效度不高;或是研究结果只能局限于少数几个特殊案例,而不能提升外部效度。

更重要的是,矛盾的证据往往迫使研究者做更周详的考虑,并提出新的观点,从而可对现象有进一步的洞察,也可以对现有理论的类推范围有更深刻的了解。如Eisenhardt & Bourgeois(1988)的案例研究发现,中央集权常导致组织政治的发生,但此结果是与过去主张的"地方分权往往导致组织政治"的结论互相矛盾的。为了解决这一矛盾的问题,研究者做了更进一步的分析,并发现了更重要的原因——不管是地方分权或中央集权,当权力过度集中或过度分散时,就容易引发人际竞争,从而使得群体内的挫折气氛增强,并导致自私自利与组织政治。换言之,权力支配与组织政治呈现的是一种U形的曲线关系,不管是权力集中或权力分散,都会导致组织政治,而只有在权力分配中等的状况下,才会进行合作,进行组织内的政治游戏。从以上的例子可以了解,针对矛盾的结果进行更深入的剖析,往往能提升理论的清晰性,并掌握确切的类推范围。

六、结束

什么时候可以结束案例研究？这个问题涉及两项重要的考虑因素:其一为现实上的考虑,其二则是研究上的考虑。理想上,一个研究没有现实上的限制当然是最完美的,可是案例研究通常费时费力,所以当时间不允许、经费已经用尽或案例企业不想再配合时,案例研究就得结束。如果现实条件都能配合,案例研究的结束就得视两项条件而定:一是案例所提供的信息是否已达饱和,二是数据对理论的改善是否幅度有限。前者关系案例数量是否需要再增加,后者则涉及理论与数据的契合分析是否需要再进行等问题。

就信息饱和而言,当新增的案例无法提供更多的信息,或研究者很难从新的案例学到更多新知时,就是结束案例选择的时机(Glaser & Strauss, 1967)。显然,这一原则还不够具体,所以有一些经验丰富的研究者往往建议,案例搜集的范围或个数为4—10个是最为恰当的。理由是当搜集的案例在4个以下时,由于案例数目少,可能无法掌握组织或管理的复杂度,从而无法建构坚实有用的理论;而案例在10个以上时,则又因为数据过度浩繁庞杂,而无法处理,或分析难度太高,以至于不知如何下手(Eisenhardt, 1989)。

就理论与资料的契合分析而言,当来来回回、反反复复的分析已经逐渐趋于总和,理论或概念与数据契合的改善十分有限之后,则可以终止数据的分析。换言之,研究者通常会检视案例研究的证据,修正理论假设与命题,再根据新的观点检视证据,并反复进行此项过程。当所带来的改善与修正十分有限以后,则可以结束数据的分析。事实上,此过程颇类似论文初稿的修改过程,当能够修改的空间越来越有限、改善幅度越来越小时,即可以结束。最后,则根据主要的故事轴线或问题焦点,铺陈研究目的、研究过程及研究结果,来撰写案例报告或相关论文,就此而言,报告或论文最好有一个清楚、重要的主题,并且写作生动,从而能吸引读者一直阅读下去,并给读者留下深刻的印象。

第二节 多案例研究的数据分析

在理解多案例研究的底层逻辑,并拟定了初步的设计策略后,初学者前进的"拦路虎"就是面对浩如烟海的数据如何开展分析。数据分析是案例研究构建理论的核心,但又是最难且最不易言表的一步,很多研究一般会介绍研究对象和数据收集方法,但对数据分析的讨论却一带而过,因此留下数据与结论之间的鸿沟(Eisenhardt,1989)。数据分析最重要且最难的工作是如何从所收集的海量数据中归纳并贡献于理论构建,本节将介绍一套简单、易操作的多案例数据分析方法。

一、多案例研究的数据分析原则

在开展多案例研究的过程中,务必要坚守多案例数据分析的基本原则,否则容易迷失在浩瀚的数据中,并影响研究结论的信度和效度。对于案例研究初学者,有必要遵循多案例研究的数据分析原则:反复迭代原则、不断比对原则与三角验证原则。

(一) 反复迭代原则

多案例数据分析过程不是一个线性的过程,数据收集与数据分析也并非一次就能够完成,而具有高度的迭代性。在多案例数据分析过程中,研究者通常会遇到某个案例分析单元与最初设计的研究方案不匹配甚至毫无关联,或者是所得到的结果与原有的理论假设有出入,这个时候就需要研究者对于原有的方案进行重新设计(见图6-7),如果案例研究者拒绝修订最初的设计方案,审稿专家或其他读者就会质疑研究者是否为了使研究结果与最初的假设达到一致,而有选择性地采集数据,故意扭曲和忽视与事实不相符的研究发现(Yin,2009)。多案例研究的迭代还体现在案例样本的调整上,在研究过程中发现一些新的关系时,就需要扩充案例数量进一步论证。例如,Ozcan & Eisenhardt(2009)首先选取了同时具有可比资源、投资者、卓越技术和创始人关系的四家公司,然后增加两家具有一定差异性的公司到研究中。

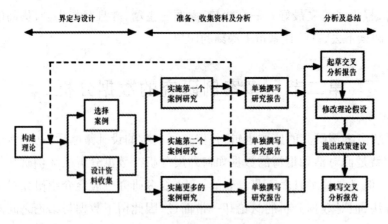

图6-7 多案例研究的步骤

（二）不断比对原则

与单案例一样,多案例数据分析的核心是贡献于理论的构建,而理论的构建则是通过案例数据、形成的理论以及现有文献之间进行反复比对而交替进行,这使得案例研究的数据分析过程具有重复、不断滚动、波动前行的性质。与单案例研究只需要在一个案例数据和文献之间不断比对所不同的是,多案例研究还需要在多个案例之间进行比较,以期发现稳定的模式。因此,多案例研究需要将在单个案例中发现的关系(即单个案例数据与理论比较),与其他案例进行反复比较(案例之间的比较)。只有该关系能够反复出现,才能说明该关系是有效的。

令初学者时常感到困惑的是,数据分析过程中是不是应该一头扎进数据的海洋中"两耳不闻窗外事",力求关键构念的涌现？答案是否定的,一篇好的多案例研究要求研究者在着手分析数据时就开始展开数据与理论之间的反复比对,这样做的好处是尽管通过数据分析所建构的理论看似"很主观",但成功的案例理论往往达到令人惊讶的"客观",因为其与数据唇齿相依而使研究者保持"坦诚"(Eisenhardt & Graebner,2007)。

（三）三角验证原则

三角验证是提升多案例数据分析质量、提升案例研究结果效度和信度的重要保障(Yin,2009),前文已经详细介绍了不同数据来源的收集与整理。这里强调的是在案例数据分析过程中也需要关注三角验证(Fielding & Fielding, 1986)。首先,研究者的三角验证——不同研究者对相同的资料进行分析是否可以得出相同的结果。其次,方法的三角验证——不同的数据分析方法能否得出相同的结论。最后,理论的三角验证——采用不同的理论视角能够形成竞争性假设。最后提醒一点,方法的三角验证和理论的三角验证受到一定的质疑,比如不同方法和理论基于不同的假设和视角,如果考虑三角验证则可能导致极端的折中主义(extreme eclecticism)。因此,研究者应该小心地和有目的地使用方法的三角验证和理论的三角验证来增加数据分析的宽度和深度(Fielding & Fielding, 1986)。

二、案例内分析

案例内分析通常包括对每个案例的详细描述,虽然只是简单纯粹的描述,但它对新见解的产生却非常关键,因为它能帮助研究者在数据分析阶段及早开始处理海量数据(Eisenhardt, 1989)。研究者在开展案例研究时,通常面对浩如烟海的数据。例如,Mintzberg & McHugh(1985)在研究加拿大国家电影局的战略制定时查阅了2500多部电影,而且这还只是数据的一部分。由于在开展案例研究初期,案例研究问题的设定通常是开放性的,大量的数据更加令人望而生畏,通过案例内分析可以帮助研究者应对数据的汪洋大海。对于如何进行案例内分析,理论界尚未形成一个统一的范式,但初学者需要谨记两点。

第一,多案例分析过程中的案例内分析要尽量在寻求跨案例普适性模式之前,将每个案例独有的模式涌现出来。这样可以帮助研究者深度了解每一个案例分析单元,并作用和贡献于跨案例模式的提炼。

第二,分别针对每个案例做案例内分析时,梳理的主线要围绕同一个核心问题展开,这个核心问题是与研究问题相关的研究领域,可以比研究问题更宽泛一些。例如,研究问题是供应商如何应对金融危机时客户订单突然锐减的境况,而研究者在梳理每个案例时,让每个案例单独回答供应商如何应对金融危机。尽管对案例内数据分析的策略选择"仁者见仁,智者见智",本研究总结了两种简单、易操作的案例内分析策略供初学者参考。

(一)事件流分析:编制关键事件时间表

基于事件流(flow of events)的案例内分析策略,可以让研究者在研究问题的指引下,清晰地梳理出与研究问题相关的关键事件发生时序,并根据一系列的事件流,挖掘事件之间的关联所在。采取这种分析方式的研究者,首先要衡量自己所要研究的每一个案例分析单元的数据能否形成一个清晰的时间轴,如果答案是肯定的,就需要研究者进一步地处理事件流:选定关键事件、按时间轴排序以及挖掘事件前后关键变量的关联性。例如,Mintzberg & McHugh(1985)先是编写了383页加拿大国家电影局的发展历史,在进行描述和分析时,大量使用了时序图来追踪收入、电影赞助商、员工及电影主题等。为了更加清晰地展示事件流,我们建议初学者在采取这种方式进行案例内分析时,编制关键事件时间表,该表格不一定呈现在最终的文章中,更重要的作用是更加清晰地展示关键事件的变化轨迹。

(二)关系网分析:绘制关系网络拓扑图

基于关系网的案例内分析策略,可以让研究者在研究问题的指引下,清晰地绘制出研究主体与其他主体之间的关系网络,并通过分析由不同行为主体所构成的网络结构与网络关系,洞察隐藏在关系网背后的关键线索。采取这种分析方式的研究者,首先要考察的是研究对象的适配性问题,并不是所有的案例分析单元都能够以关系网的形式得以解构,关系网的分析策略更适用于研究高管、团队、合作伙伴等研究对象。Eisenhardt & Bourgeois Ⅲ(1988)以战略决策为切入点,绘制高管团队与团队成员在决策过程中的关系网,使"冲突""政治"等关键变量之间的关系得以挖掘。为了清晰展示关系网,建议初学者在采取这种方式进行案例内分析时,绘制关系网络拓扑图;同样,与关键事件时间表的作用相类似,该图不一定呈现在最终论文中,更为关键的作用是厘清案例分析对象的复杂关系。

在案例内分析过程中,有多少研究者就可能有多少种分析方法,但总的来说,这些方法就是要将每一个案例看作独立的个体,然后细致入微地熟悉它们(Eisenhardt,1989)。尤其对初学者,更应该结合自身的资源禀赋以及案例分析单元的特色,去选择合理的案例内分析模式,而不是一味地追求单一的分析策略。

三、跨案例分析

在完成案例内分析以后,研究者就需要着手进行跨案例分析。跨案例分析要求研究者突破案例内分析时的思维局限,站在系统性、全局性的角度,通过结构化、多样性的分析手段,将跨案例分析过程中涌现的构念与现有理论进行反复比较,并借助大量的图表挖掘构念之间的潜在联系,在不断完善研究发现的过程中逐渐实现数据与理论的匹配,增强理论的抽象程度,以形成稳健的因果关系证据链。同时,在数据资料、涌现构念以及已有文献之间反复穿梭,直至形成稳健且综合性的理论框架。在进行跨案例分析的过程中,正如Eisenhardt(1989)指出,人们只根据有效的数据就跳跃式地得出结论,被鲜明的数据或更杰出的受访者过度影响,忽略基本的统计性特征,或者有时放弃了反面证据。由于这些信息处理过程中的偏差,导致研究者过早下结论甚至得出错误的结论。因此,跨案例分析的关键就是从不同的途径来分析数据,以克服偏差。下面我们基于 Miles & Huberman(1994)提出的案例导向的策略(case-oriented strategies)和变量导向的策略(variable-oriented strategies),进一步深化总结,以供初学者参考。

（一）案例导向的策略

案例导向的策略，是根据案例本身的属性进行对比，以建立类型或组群，寻求案例间的相似点与不同点。因此，需要研究者根据每一个案例的属性去挖掘案例之间是否拥有某种模式或构造，能否予以分组。例如，美联储的鹰派与鸽派是指美联储联邦公开市场委员会委员们在控制通货膨胀和刺激就业这对矛盾体上的倾向，鹰派偏向于美联储尽早收紧货币政策，而鸽派则是偏向于维持宽松的政策更长的时间或是较晚加息，鹰派和鸽派的划分就是从美联储联邦公开市场委员会委员们的属性出发来划分的。Du & Pan（2013）也是基于东软（全称东软集团股份有限公司）和SAP中国两家企业的特点，对比分析了两家企业在技术服务外包的能力构建与相应的战略匹配（见图6-8）。其中，东软在成立之初就定位于培养技术人才，并逐渐确立了开发窗口式的交流平台，即东软有专门的客户代表与客户沟通，而技术人员的职责则是满足客户代表与客户沟通时技术支持的需求；而SAP在成立之初就建立了开放式的交流平台，所有员工既需要与客户沟通，又需要解决技术问题。

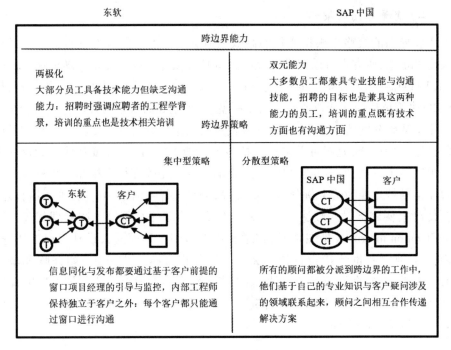

图6-8　东软与SAP中国跨边界能力与跨边界战略对比

Awate et al. (2015)将发达经济体跨国企业(AMNEs)与新兴经济体跨国企业(EMNEs)的风力涡轮机生产厂商的研发国际化进行了分类。对于AMNEs,研究者选取了丹麦的行业引领者Vestas;对于EMNEs,研究者选取了印度的Suzlon公司。在进行跨案例分析时,研究者对两个案例的知识获取(knowledge accessing)和知识输送(knowledge sourcing)进行了配对分析,并发现了AMNEs的主要知识流动是以"教学"的形式由总部流动到子公司,随着时间的推移,可能会出现子公司获得能力创造的地位,并为AMNEs的整体创新活动做出贡献;而EMNs国外研发子公司的知识水平更有可能高于总部。因此,总部创新追赶的主要驱动因素是从这些子公司到总部的"逆向"知识流动。

Eisenhardt & Bourgeois Ⅲ(1988)也采取了案例导向的策略,研究者选取两个公司作为研究对象,列出它们之间的相同点和不同点,并根据公司是公有还是私有、是创业者经营还是职业经理人经营、规模大小,以及生产线属于第一代还是第二代等属性进行分类。在分类的过程中,研究者发现类似规模、几代产品这些类别并没有清晰的模式,但是类似于绩效这种类别,就会产生组织内相似与组织间相异这样的重要模式。

(二)变量导向的策略

变量导向的策略是根据变量的高低取值或变量的不同维度进行的。在类别或维度设定上,研究者可以根据研究问题本身或依托于现有文献予以设定(Eisenhardt,1989)。例如,Eisenhardt & Bourgeois Ⅲ(1988)采取了变量导向的策略,根据CEO决策风格的高低取值归类为专制型、共识型和商议型三种风格进行分析。

除了从研究问题本身出发,研究者也可以根据现有文献对变量的类别或维度予以设定。例如,研究者可以进一步拓展为一种2×2的矩阵或其他单元设计来同时比较多个案例,但需要初学者注意的是,2×2矩阵在横坐标和纵坐标设计上必须非常精妙才能为跨案例分析提供支撑,如果边界不清晰、划分标准关联性差,则会使跨案例分析误入歧途。2×2矩阵最为典型的案例是时间管理优先矩阵(prioritization matrix)(见图6-9),初学者可以参照此种模式去设计自己的矩阵。国内的案例学者也开始尝试使用2×2矩阵进行跨案例分析,如许晖和单宇(2019)关于《打破资源束缚的魔咒:新兴市场跨国企业机会识别与资源"巧"配策略选择》的研究中,就是利用了顾客资产与创新资产的深度和广度构建了2×2的跨案例分析矩阵(见图6-10)。

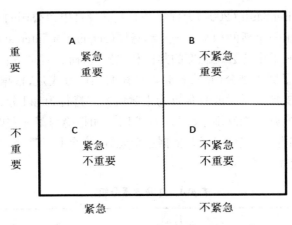

图 6-9 时间管理优先矩阵

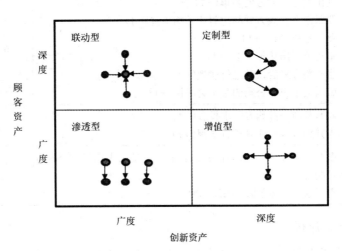

图 6-10 顾客资产—创新资产

四、多案例研究中的构念测量

相比于单案例研究,多案例研究的数据分析更强调对构念程度进行测量,以此在案例内分析时来挖掘构念间的关系(显性关系和/或隐性关系),并作用于跨案例分析时的比对与命题提炼。几种常见的测度型数据处理方式有构念赋值、打分评估和组合评估,供初学者参考。

(一)构念赋值

构念赋值是指对已经存在的构念或数据分析过程中涌现出来的构念,采取和选定统一的评判方式进行定量赋值,并依托于赋值指标对构念属性进行分级。例如,Graebner & Eisenhardt(2004)为捕捉企业领导者对出售公司的立场,在数据分析的过程中发展出一个新的构念——并购意愿(acquisition interest)。为了比对不同企业的领导者对于出售公司态度的共性和差异性,研究者采取构念赋值的方式对并购意愿进行了层级划分(见表6-4)。具体的操作方式是,根据管理者或投资人对出售企业的支持或反对的具体行为来赋值。支持行为加1分,如雇用投资银行或主动联系并购方。相反地,反对行为减1分,如拒绝与潜在并购方进行接触。最后,将分数累加得出一个总分,并依据这个总分,将企业管理者的出售立场划分为积极、中立和消极三类。

表6-4 并购意愿分级

公司名称	行动	得分	类别
Tosca	列出潜在并购方的名单(+1) 联系潜在并购方并与之讨论并购事宜(+1) 雇用投资银行(+1) 举行公司出售拍卖会(+1) 当并购方来洽谈时进行谈判(+1) 做出关于出售公司的董事会决议(+1)	6	积极
Cheetah	向有意向的并购方寻求投资(+1) 当并购方来洽谈时进行谈判(+1)	2	中立
Tiger	多个买家成为公司潜在投资者,有意识地阻止任何一个投资者并购公司(-1) 有买家与之接触时,拒绝商谈(-1)	-2	消极

(二)打分评估

打分评估是指研究者邀请受访者对构念进行打分评估,分值标准设定在有限的区间内(如7点李克特量表)。与构念赋值最大的区别是,构念赋值是由研究者根据受访者的行为和意愿进行定量赋值,而打分评估是直接由受访者对构念进行定量评估。Martin & Eisenhardt(2010)对于跨业务单元协作绩效就采用了这种方式进行评估(见表6-5)。具体的操作方式是采用10点李克特量表,邀请公司高管和业务单元总经理对协作绩效进行打分,并取平均值。采取打分评估的时候,研究者通常还会引用其他证据与打分所形成的结果进行印证,以保障数据分析的效度。Martin & Eisenhardt(2010)除了运用了打分评估的方法对协作绩效进行测度,还通过质性数据(代表性观点引用)予以支撑。

(三)组合评估

组合评估是指研究者通过设计多维的测度指标完成对关键构念的测量,这些测度指标组合在一起能够更好地反映构念的属性。与构念赋值、打分评估这两种方式不同的是,组合评估涉及多个指标的评测,且评测标准和过程更为复杂。例如,Hallen & Eisenhardt(2012)对于投资关系形成效率就采用了这种方式进行评估。对于投资关系形成效率研究者选取了投资完成度、关系形成所需月数和投资者期望性三个指标进行组合评估(见表6-6)。

表6-5 跨业务单元协作绩效

公司	绩效	协作类型	公司高管评分	总经理评分	财务、市场和战略结果	代表新观点引用
Adlib	高	捆绑影响	7	7	业务单元在它们的市场中几乎占据了垄断地位,第一年有超过1亿美元的收入;捆绑营销成为公司的一个新战略	他们干得非常好(总经理) 它转变为了数百万、数千万至上亿美元的业务(总经理) 这是一笔巨大的收入,超过1亿美元(总经理) 从收入的角度来看,他们非常成功(总经理) 各部门之和大于总体(业务单元报告者)
	低	标准化平台	4	3	目前没有平台;创新性最近显著降低了	这些都是支离破碎的(总经理) 我认为许多人依然很迷惑,当你提到这个的时候肯定有很多人感到不解(总经理)

表6-6 投资关系形成效率测度指标

构念	评估指标	测量
投资关系形成效率	投资完成度	通过查验投资是否产生了正式的已接受的报价
	关系形成所需月数	通过计算时间流逝(从高管正式开始寻找新的投资者开始,直到他们收到第一个正式报价为止)测量形成时间

续表

构念	评估指标	测量
投资关系形成效率	投资者期望性	通过三个方面进行衡量： 一是公司是否收到多个期望的投资者的报价并可以从中选择； 二是当一个报价被接受时，其他投资者是否仍积极开展尽职调查； 三是一个明确的理想投资者(即目标投资者)发出的报价

在确定投资关系形成效率评估指标及其测量方式以后，研究者对每一轮的效率进行四档定位：高(在两个月或更少的时间内实现新的投资关系，以及投资者的期望高)；适中(具有高投资期望的新的投资关系花费超过2个月实现，或者具有低投资期望的新的投资关系在2个月内实现)；低(新的投资关系具有低投资者期望和超过2个月实现)；放弃(没有新的投资关系)。在此基础上，研究者通过计算平均关系所形成的效率的阈值对不同公司投资关系效率进行评估(见表6-7)。

表6-7 投资关系形成效率

时期	潜在合作伙伴	结果	投资完成度	关系形成所需月数	投资者期望性	投资关系形成效果
\multicolumn{7}{c}{Heavenly(高效率)}
种子期	1位风险投资人	收到1位风险投资人报价	○	1	○	高
A轮融资	2位风险投资人	收到1位风险投资人报价；其他风险投资人尽职调查	○	1	○	高
B轮融资	10位风险投资人	收到1位风险投资人报价；4份其他报价	○	1	○	高
C轮融资	1位风险投资人	收到1位风险投资人报价	○	1.5	○	高
\multicolumn{7}{c}{Donner(低效率)}
A轮融资	10—15位风险投资人	放弃	▲	2	▲	放弃
A轮融资	30—40位风险投资人	收到3位风险投资人报价；4份其他报价	○	7	○	适中

注：○代表存在；▲代表不存在。

五、多案例研究中的数据呈现

相对于定量研究而言,案例研究包含了太多的质性细节,需要在数据呈现时更加严谨和丰富,以打动审稿人和读者。事实上,借助构思精妙的表格、附录和其他视觉辅助手段来呈现数据,对于案例研究者是非常有必要的,因为这样可以为理论构建提供丰富而坚实的经验性证据(Eisenhardt & Graebner, 2007)。

在进行多案例数据呈现时,初学者对多案例是否应像单案例一样展现一个完整的故事心存疑惑。事实上,"要更好的故事,还是要更好的理论"取决于单案例研究与多案例研究的属性。单案例研究能够通过描述一个好的故事,实现故事与理论的交融,克服展示丰富质性数据的挑战,揭示数据与新理论之间的紧密联系。多案例研究在进行数据呈现时,对于理论的坚实性和实证资料的丰富性之间的取舍是非常困难的,如果对每一个案例都面面俱到地描述,就会造成文章过于冗长,而使审稿专家和读者陷入文字的海洋中。

多案例研究者在进行数据呈现时,可以借助大量的表格和/或图形等其他视觉手段来清晰地展示相关的案例证据,这种方式可以补充多案例分析过程中"选择性故事描述"所带来的局限性,并能够进一步强调理论的实证基础的严密性和深度。每个理论构念都用表格的形式来展示其证据是一种特别有效的办法,这些构念表格概括了案例证据,而且还指出了该构念如何测量,提高了理论的可验证性,建立了一座由质性证据通向理论验证的坚固桥梁(Eisenhardt & Graebner, 2007)。对于多案例研究的表格呈现,没有统一的范式,最核心的是要向审稿专家和读者清晰地展示证据。我们重点阐述质性证据和定量证据的混合呈现方式。依据质性证据和定量证据的不同作用关系,可以分为不同的类型:质性证据赋值表格与质性证据、定量证据交叉表格。

在质性证据赋值表格中,研究者对于关键概念的质性证据进行援引,并对所援引的证据进行判断和赋值,以展示构念与构念间的关系。Graebner & Eisenhardt(2004)对于战略障碍与公司领导者出售立场关系的证据展示就采用了这种表格的呈现方式(见表6-8)。研究者在数据中发现了战略障碍出现的证据,包括增加融资次数、扩大销售规模等,并援引了这些证据的访谈数据,在此基础上,对所访谈数据所体现出来的战略障碍赋值(容易跨越的战略障碍赋值1分,难以跨越的赋值2分),以此展示战略障碍与出售立场的关系。

表 6-8　战略障碍与出售立场

公司名称	战略障碍	难易程度	对出售的兴趣
Tosca	战略缺陷：需要扩张到关联领域，但充满风险。公司产品单独出售的持续时间不会超过 12 个……与其他产品整合……风险很高，意义不大。(风险投资人) 扩大销售规模：在我们这个行业，为了向大客户表现可靠性和吸引力，规模至关重要。为了使我们的销售收入大幅度提升……我们要么收购别人，要么与别人合并。(CEO)	难：2 难：2 总分：4	积极
Traviata	扩大销售规模：产品正在测试，有望准时推出。潜在客户已电话订购。我们有好的产品，好的销售团队。产品将准时推出。(CEO) 战略缺陷：我们已经开始考虑我们的产品是单独出售，还是与其他产品集成起来出售。(销售副总) 融资：正在进行的第二轮的资金募集，还没有到截止但想投资的已经排长队了。(主管服务的副总)	易：1 易：1 易：1 总分：3	中立
Mariner	融资：我们的投资人有钱，他们想主导下一轮融资，以增加他们在公司的股权。(CEO)	易：1 总分：1	消极

在质性证据、定量证据交叉型表格中，研究者通过质性证据与定量证据的同时展示，以呈现构念与构念间的关系。Ozcan & Eisenhardt（2009）对于公司业绩证据展示就采用了这种表格呈现方式（见表6-9）。研究者对公司业绩评估时通过定量证据（成功游戏的数量、成功游戏的百分比、行业排名等）与质性证据（典型的描述），以此展示不同企业的绩效高低。

表 6-9　跨业务单元协作绩效

公司	成功游戏的数量	成功游戏的百分比	行业排名	游戏数量，安装每款游戏的手机数量	研究后的绩效	质性秒速（典型的描述）
Starclick	7	14%	第一	55 款游戏，每款游戏 8 部手机	行业领导者：2004 年 PO 市值达到 1.5 亿美元；2005 年以 7 亿美元的价格被收购	Starclick 被当作移动游戏行业标杆。移动游戏企业都嫉妒它的地位(文章) 它们就是品牌(总经理)
Phone-mix	0	0%	非十强	5 款游戏，每款游戏 2 部手机	在 2004 年退出行业	他们做出了一些出色的东西，却没有得到公认(运营商高管)

六、多案例研究中的命题提炼

通过案例内分析与跨案例分析,试验性的主题、构念甚至变量之间的关系开始逐渐清晰,下一步就是系统地比较数据分析过程中所形成的框架与各个案例分析单元的证据,并在评估理论框架与案例数据吻合程度的过程中,完成理论构建(Eisenhardt,1989)。通过案例研究所形成的理论是对构念及其相互关系的陈述,能够显示现象的发生方式和/或原因。事实上,纵观 AMJ、ASQ、SMJ 等国际期刊的多案例研究,存在着多种方式构建理论,且各具特色。下面着重介绍通过命题(proposition)提炼来搭建理论框架的方式。

(一) 命题的内涵与边界

对于案例研究初学者而言,在进行命题提炼时,很容易犯的错误之一就是对命题与假设的混淆,甚至通过数据分析提炼的"命题"并不是真正意义上的命题,缺乏科学性与严谨性。为了在多案例数据分析过程中提炼出科学、有意义的命题,就要求研究者深入地理解命题的内涵与边界。

1. 什么是命题

在哲学、数学和语言学研究的不同流派中,对于"什么是命题"的判断仍存在着争议,以哲学研究的不同流派为例,命题就具备着多层含义:既可以被看作语句的意义(meaning of sentences),也常被视为真值的载体(truth-bearers)。在数学中,一般把判断某一件事情的陈述句叫作命题。尽管理论界对于命题内涵的界定存在一定争论,但仍可以发现一些共通之处,即命题被视为一个判断(陈述)的语义(实际表达的概念),这个概念是可以被定义并观察的现象,当相异判断(陈述)具有相同语义的时候,它们表达相同的命题。

2. 命题的特点

第一,命题是陈述性的语义表达。陈述性的语义表达意味着研究者对于命题的提炼须为陈述句(declarative sentence),以更简短和形式化的方式捕捉论点,并充当进一步实证研究的桥梁,例如雪是白的。因此,疑问句(interrogative sentence)"雪是白的吗?"、祈使句(imperative sentence)"请不要玩雪!",以及感叹句(exclamatory sentence)"多白的雪啊!",都不属于命题的语义范畴。

第二,命题是清晰性的语义表达。清晰性的语义表达意味着研究者提炼的命题必须是非常清晰的,例如"喝水能够缓解口渴""厚羽绒服可以抗寒"等,而模糊的陈述不能被视为有效命题,例如"今天天气很凉""这个人不胖"等。

第三,命题与语句(sentence)之间有充分不必要关系。尽管命题被视为一个判断(陈述)的语句,但并不是所有语句都是命题。语句仅仅是符合当前语言以及语法规则的字符串,这使得语句并不都是有意义的。例如"清晨的哈佛桥喝光了查尔斯湖的水""摆在书桌上的案例书一口吃了三个烧饼"等,尽管符合语法规则,却没有任何意义。

(二)命题与假设的区别

案例研究的初学者在尝试通过多案例数据分析提炼命题时,常常面临着这样的困惑:命题与假设有什么区别? 针对这一问题,研究者可以从三个方面进行区分和辨识。

第一,内涵上的区别。命题与假设均指对特定科学问题的可能答案,但正如前文所言,命题是指一个判断(陈述)的语义(实际表达的概念);而假设则是关于在既定情况下会发生什么的有根据的猜测。进一步来说,假设是指按照预先设定,对某种现象进行的解释,即根据已知的科学事实和科学原理,对所研究的自然现象及其规律性提出的推测和说明,而且数据经过详细的分类、归纳与分析,得到一个暂时性但是可以被接受的解释。因此,从内涵上来看,尽管假设和命题都规定了可检验的关系,但命题则是涵盖了新颖理论基础构架之间关系的更广泛描述(Cornelissen,2017)。

第二,底层逻辑的区别。命题的提出遵循的是归纳逻辑,即以一系列经验判断或知识储备为依据,寻找出其遵循的基本规律或共同规律,并假设同类事物中的其他事物也遵循这些规律,从而将这些规律作为预测同类其他事物的基本原理。归纳逻辑的基本结构为:案例(A)→结果(B)→规则(若A则可能B)。例如,经常熬夜(案例)→影响健康(结果)→经常熬夜影响健康(规则)。可以发现,归纳逻辑的本质是从特殊归纳出普遍,结论明显是不确定的。而假设的提出遵循的是演绎逻辑,是指由已知的规律层层推导出下一个规律。演绎逻辑的基本结构为:规则(若A则B)→案例(A)→结果(B)。例如,经常熬夜影响健康(规则)→经常熬夜(案例)→影响健康(结果)。可以发现,演绎逻辑是由普遍到特殊,通过定义基本规律层层推演,但由于结论本身就包含于前提之中,从而限制了新知识的创造。

第三,测量上的区别。科学假设的一个重要要求是它是可检验的,提出假设的最常见原因是在测试中使用,因此如果假设无法通过检测进行证伪,则不能将其视为有效科学理论的一部分。命题的主要目的是在无法通过实验验证链接的情况下构建构念之间的关系。通过提出构念之间的联系,科学命题可以为研究人员提出有希望的研究领域,通过命题刺激对问题的进一步研究,以期找到进一步的证据或实验方法,使之成为可检验的假设。在很少能做出有效假设的研究领域中,命题可以支持研究者做出进一步的推测。例如,考古学和古生物学研究中,仅发现了部分证据,命题也很有价值。

(三)案例研究中命题的构成

在对命感的内涵、边界以及命题与假设之间的关系和区别有了一定的了解以后,案例研究的初学者可能会发问:对于多案例研究的命题呈现是否存在一种标准化的范式?事实上,尽管理论界对于多案例研究命题呈现方式并没有统一的规定或达成一致的共识,但仍可以从中获取一定的规律性特征,即命题是构念以及构念间关系的差异性陈述。为了能够让初学者更为直观地理解这种呈现方式,我们选取了1989年和2011年发表在AMJ上的两篇文章的命题构成来进一步说明。

第一个例子是Eisenhardt(1989b),研究者在这篇文章中共提出了6个命题(见表6-10),可以发现,每一个命题都涉及两个关键的构念,例如"即时信息—决策速度""冲突解决—决策速度""决策速度—绩效"等,且每一个命题研究者都对构念间的关系做出了判断,例如"越多越快""越积极越快""越快越好"等。此篇文章一个潜在的命题提炼规律是每一个命题都锚定了一个关键的构念"决策速度",以此来链接"决策速度"与其他关键构念,并形成前后呼应的系统性理论框架。

表6-10 命题、关键构念以及构念间关系解构

命题	关键构念	关系
命题1:使用即时信息越多,战略决策的速度越快	即时信息—决策速度	多—快
命题2:同步考虑的备选方案的数目越多,战略决策的速度越快	备选方案数目—决策速度	多—快
命题3:使用有经验的咨询顾问越多,战略决策的速度越快	咨询顾问数量—决策速度	多—快
命题4:冲突解决越积极,战略决策的速度越快	冲突解决—决策速度	积极—快
命题5:决策整合程度越大,战略决策的速度越快	决策整合程度—决策速度	大—快
命题6:在快速变化的环境中战略决策的速度越快,绩效越好	决策速度—绩效	快—好

第二个例子是Martin & Eisenhardt(2011),研究者在这篇文章中共提出了5个命题(见表6-11),与前一个例子中命题的区别是它对构念的属性进行了分类。例如,通过"跨业务单元协作(业务单位发起)—高绩效"与"跨业务单元协作(高管发起)—低绩效"得到命题"跨业务单元协作由业务单位发起比由公司高管发起更可能产生高绩效",这种构念间的关系不再是第一个例子中"多—块"或"快—好"

这种横向关系的对比,而是采取了纵向的关系对比"相比于B,A更好",这种构念与构念间关系更明显地体现了归纳逻辑,并最终形成理论框架。

表6-11 命题、关键构念以及构念间关系解构

命题	关键构念	关系
命题1:跨业务单元协作由业务单位发起比由公司高管发起更可能产生高绩效	跨业务单元协作—绩效	业务单位发起—高绩效 高管发起—低绩效
命题2:在决策前进行主动的学习活动比其他活动更可能产生高绩效的跨业务单元协作	活动—绩效	学习活动—高绩效其他活动—低绩效
命题3:多业务团队决策比公司层面的决策更可能产生高绩效的跨业务单元协作	决策—绩效	团队层面—高绩效公司层面—低绩效
命题4:由很少协调关系的重构的团队比其他团队形式更有可能产生高绩效的协作	团队形式—绩效	很少协调关系的重构团队—高绩效 其他团队形式—低绩效
命题5:重新连接,即以业务单元为中心的过程,比以公司为中心的过程更可能产生高绩效	协作过程—绩效	业务单元为中心—高绩效 公司为中心—低绩效

(四)命题的提炼方式

命题由构念以及构念间的关系所构成。那么,在多案例数据分析过程中,如何定义和测度构念以及如何挖掘构念间的关系以形成命题?本小节将基于归纳逻辑为案例研究的初学者介绍命题提炼的3个步骤(见图6-11):完善构念定义并测量构念(识别并测量构念A、B、C与X);建立构念间的关系(每个案例单独分析,发现案例一中A、B、C会导致X,案例二中A、C会导致X);通过对比和迭代形成命题(寻找相同点,A、C、X之间的关系构成命题)。

第一步,完善构念定义并测量构念。

多案例分析过程中,首先要对构念进行清晰的界定,否则会导致最终提炼的命题过于模糊,从而违背了"命题是清晰性的语义表达"的原则,并可能导致研究者对于多案例分析对象产生认知偏差。例如,Eisenhardt & Bourgeois Ⅲ(1988)在引言部分就将政治(politics)和快速变化的环境(high-velocity environments)做出了清晰的界定。多案例数据分析构念的定义与测量往往是在数据分析过程中

逐渐形成的,而不是逻辑演绎出来的,对于初学者而言,也不能仅仅是将构念的定义限制于以往的文献或数据分析之前,而是随着数据分析的展开逐步完善构念的定义。Ozcan & Eisenhardt(2009)在数据分析之前对联盟组合(alliance portfolios)以及企业绩效(firm performance)(研究方法的测量指标部分)做出了清晰界定,而关于行业架构(industry architecture)的界定则是在数据分析过程中得以确认和完善。

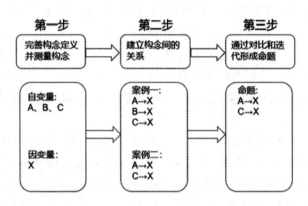

图6-11 多案例研究命题提炼步骤

在完善构念的定义以后,就需要建立证据以对构念进行清晰的度量,这是挖掘构念关系前非常关键的一步,需要借助数据和构念的不断比较,以使多来源的累积证据收敛于单一的、良好定义的构念。

第二步,建立构念间的关系。

在对核心构念进行清晰的界定与度量以后,就需要研究者针对每一个案例进行单独分析,不断地对比和分析关键构念间的关系(隐性或显性),逐一撰写每一个案例的构念间关系,并将其与支持性的证据联系起来。在挖掘构念关系的过程中,清晰表述隐含的理论论点是至关重要的,这些论点可以从案例证据中(例如某受访者提到了这种逻辑关系)和/或客观的逻辑中提取(Eisenhardt,1989a)。例如,Eisenhardt(1989b)对8个案例企业分别进行了单案例分析,以挖掘构念间的关系。在这个过程中,研究者发现有4家公司决策速度很快(制定决策的时间少于4个月),并且这4家公司即时信息使用均较多;而另外4家公司决策速度则很慢(至少需要6个月,通常超过12个月),并且这4家公司即时信息使用较少。这样,通过对每个案例即时信息使用情况与决策速度之间关系的建立,就为进一步的跨案例关系的对比并提炼最终命题提供了基础。

第三步,通过对比和迭代形成命题。

在案例内分析挖掘出构念间的关系以后,就需要研究者进行跨案例分析,以进一步验证构念间的关系是否能在其他案例分析单元中仍可以得到支持或修正,当所构建出来的关系在其他案例中得到支持时,则可以利用该关系进一步提炼命题;如果其他案例分析单元缺乏足够的证据来支持这种关系,则需要研究者去进一步审视所收集的数据是否缺失,在查验数据充足而关系仍不能支持的情况下,就要舍弃这种不能复制的关系。但这并不意味着多案例研究就此终止而以失败告终,而是在提醒研究者要重新回到起点再次审视研究设计、研究问题以及所选择的构念解释边界是否合理。在这种反复迭代的过程中,不仅能够提升多案例研究的信度和效度,有时也会使研究者在"山重水复疑无路"中发现新的研究价值点。为了能够让初学者更为清晰地理解如何挖掘构念间的关系,我们抽取了1988年和2009年发表在AMJ的两篇文章中的关键命题,以进一步说明构念间的关系如何得以挖掘。

第一个例子是Eisenhardt & Bourgeois Ⅲ(1988),研究者在对"冲突""政治"等关键构念进行界定以后(第一步:完善构念定义),以目标冲突、政策冲突、人与人之间的分歧对"冲突"进行了测量(步骤1测量构念),在对部分单案例分析的时候,研究者构建了"冲突"与"政治"的关系,即冲突导致政治的运用(第二步:建立构念间的关系)。但是在进行跨案例分析的时候,研究者发现部分案例冲突并没有导致政治的形成(第三步:对比)。于是,研究者重新审视了各个案例影响"冲突"与"政治"之间关系的其他关键构念,并发现在所有冲突形成政治的案例中,权力都非常集中(第三步:迭代),由此提炼出最终的命题"冲突不是运用政治的充分条件。相反只有当权力集中时,冲突才会导致政治"(第三步:形成命题)。

第二个例子是Ozcan & Eisenhardt(2009)研究者在对"联盟组合绩效""企业绩效""行业架构"等关键构念进行界定以后(第一步:完善构念定义),以直接关系数量、关系多样性、关系特征等多种指标测度了联盟组合绩效和企业绩效(第一步:测量构念),并以受访者对行业架构的认知、关系建立日期、事件等指标测度了企业是否倡导独特的行业架构(第一步:测量构念)。在此基础上,研究者进行单案例分析并分别构建了行业架构与联盟组合绩效的关系(第二步:建立构念间的关系)。在进行跨案例分析时,研究者就发现了高绩效联盟组合、高企业绩效的企业都倡导并执行独特的产业架构,而低绩效联盟组合、低企业绩效的企业则是注重寻求一系列单一关系(第三步:对比),由此提炼出最终的命题"和寻求一系列单一关系的企业相比,倡导并执行独特产业架构(即企业角色和相互依存关系)的企业更可能(a)建立高绩效联盟组合,(b)实现高绩效"(第三步:形成命题)。

第三节 高质量的案例研究实例

深入了解案例研究较好的方式之一,便是阅读一些高质量的案例研究论文。因此在这里,我们要举三个实例,说明在不同类型的案例研究中,研究者如何提出问题与进行研究设计,以确保达成研究目的与研究质量。前两个实例都是发表在理学重要期刊 ASQ 上的最佳论文,第三个实例是发表在 AMJ 上的论文。第一个实例是 James Barker(1993)的协和控制(concretive control)研究,其属于一种探索性的案例研究,目的在于建构理论;第二个实例是 Mark Zbaracki(1998)的 TQM 的口号与实际研究,属于一种描述性的案例研究,目的也在于建立理论;第三个实例则是 Aimin Yan 和 Barbara Gray 的中美合资企业(joint venture)的协商与控制的研究,属于因果性案例研究,目的则在于验证理论。

一、自我管理团队中的协和控制(实例一)

(一)研究问题

此研究是探讨官僚组织在往自我管理团队倾斜时所产生的协和控制的议题。控制从 Max Weber 的时代开始,就已是组织理论中的核心议题。传统上,控制包括了简单、技术及官僚等三种策略(Edward,1981);而在当代,则产生了第四种协和控制策略。协和控制是指通过协商、互动,群体成员形成共有的价值观与规范,用以控制群体行为。由于这是一种新的控制策略,所以研究者打算探索以下几个问题:①协和控制是否优于官僚控制?②协和控制是如何形成的?③协和控制的正当性是如何取得的?并以自我管理团队为对象,考察团队控制由建立到成熟的历程——选择自我管理团队的理由是,此类团队不但是协和控制中的一个范例,而且人们对此团队的规范形成与规则建立并不太了解。

(二)案例选择

为了了解以上的问题,研究者选择一家小型的通信制造公司作为研究案例,称之为 ISE 公司。ISE 生产声音与传输电路板,员工 150 人,其中有 90 人从事生产工作,其余则负责其他工作。员工的背景也反映了当地工作阶层的特色。该公司从 1988 年开始改变生产结构,由官僚组织转变为自我管理团队。在经过一段时间的混乱以后,于 1992 年逐渐形成团队规范,并树立具体规则。因此,ISE 是一个能回答研究者问题的合适对象;此外,由于研究者认识 ISE 公司的副总裁,彼此在团队问题上有共同的兴趣,从而有助于研究者进入现场进行观察。

(三)资料搜集

在 ISE 公司副总裁的精心安排与介绍之下,研究者于 1990 年年初进入公司搜集资料,那时 ISE 的变革已经进行了两年。前六个月,研究者的主要工作在于熟悉工厂,并访谈了工厂中的团队成员及管理与后勤支持人员;也观察了不同生产阶段的员工工作行为,询问他们如何执行工作以及为什么要这样工作。在此期间,也培养了团队中的主要信息提供者(informant),并拟订员工的深度访谈计划。此外,研究者定出每周的访谈与观察时间表,每周进行半天的访谈,通常上、下午交叉进行,即有时在上午访问,有时则在下午;同时,也进行了一些傍晚时分的轮班观察。当然,每周时间表也并非是完全固定不变的,会视具体情况调整,例如在有重大事件发生时,会增加访问的次数;但当研究者课业繁忙之际,则减少为两星期一次。

六个月以后,研究者开始扩大资料搜集的范围,包括主要信息提供者的深入访谈与观察,也搜集公司的备忘录、传单、公司通信及内部调查等的资料。在资料搜集告一段落以后,研究者从现场抽离,开始分析数据、记录及笔记,并提出经过修正的研究问题。如此,来来回回、反反复复,持续进行调查架构的修正,再提出问题,搜集更多资料、再分析、再记录及再修改等。研究者也参与团队与企业会议,观察并记录会议的内容,以搜集自然出现的团队互动事例。另外,研究者还对一个团队进行了四个月的追踪调查,访问了一些非生产部门的员工与 ISE 离职的员工。除此之外,针对团队领导人与团队成员,则提出团队如何做决策、解决问题及进行日常工作等开放性问题,要求被访谈者回答,从中获取重要的关键事例。在搜集资料的过程中,研究者的观察者角色从未改变。资料搜集结束时,研究者总共累积了 275 个研究小时与 37 次的深度访谈,每次访谈时间由 45 分钟到 2 小时不等。

(四)资料分析

分析时,研究者先从一个基本问题入手:"ISE 新工作团队的控制实务如何?这一控制与过去的做法有何不同?"在与数据对话之后,研究者也逐次、逐步修正分析架构,使得架构更为细致与深化。此过程的关键在于概念与数据的反复对话,以便尖锐地反思理论与资料是否契合(Jorgensen,1989)。例如研究者会询问:在团队互动中,价值共识是如何发生的?各团队都已发展出新的决策规则与前提了吗?如何发展的?当重要主题或主题有数据浮现之后,研究者会通过访谈或其他数据搜集方式,再加以厘清,以切实掌握各主题间的关系及其模式。通过上述分析历程,研究者描述了协和控制的特性,了解此特性如何在 ISE 自我管理团队中逐渐变得明显,并将之区分为不同阶段加以铺陈。

(五) 信度与效度

为了确保分析架构与资料的有效性和可靠度,研究者交叉检查了各种方法所搜集的数据,这些方法包括现场笔记、民族志观察、对员工与重要信息提供人的访谈,以及相关的客观数据等,以查看数据的一致性。另外,在进行资料分析时,则要求未参加现场访谈与观察或不熟悉研究架构的同事一起来分析资料,以提升研究结果的严谨度与正确性。

(六) 研究结果

研究者将自我管理团队的协和控制的发展,区分为三个阶段来叙述:第一阶段的主要内容是凝聚价值共识,开始于传统生产结构转变为自主团队时,并由一团混乱凝聚出共识为止。其要点有:首先,上级提供愿景成为团队价值观的指南;其次,团队成员商议如何表现与愿景或团队价值观相符的工作行为;再次,团队价值观如何开始拥有权威,并填补管理者消失的空白,于是价值观由实质理性转变为形式理性;最后,团队价值与形式理性成为群体行为的指引。第二阶段所出现的规范规则,乃是价值观作为行为指引的自然发展,规范变得更加具体、清晰及明确,更有利于互动。因此,团队工作的规范规则逐渐浮现,规则不但变得越来越理性,而且会通过团队成员的内化作用来发挥影响力。当规则越来越稳定时,就进入最后的规则巩固阶段。此时,团队成员已经惯正式规则的运作,这些规则指导成员的工作,形成自我管理体系,使得成员能够客观地处理棘手的特殊状况,于是成员成了自己的主人,也成了自己的奴隶。根据上述三个阶段的分析,Barker(1993)讨论了协和控制的后果,并得出结论:协和控制并没有将员工从 Weber 的理性规则的铁笼中释放出来,这个铁笼变得更为坚实有力。协和控制将同事压力与理性规则混在一起,创造出新的笼子,这个笼子的铁条却几乎是看不见的……于是,人们仍然身陷于铁笼之内。

二、TQM 的口号与实际(实例二)

(一) 研究问题

此研究起源于人们对 TQM 的争论:有些人认为 TQM 是提升组织效能的有效方法,有些人则认为 TQM 只是一种管理时尚,华而不实。为何对 TQM 有如此截然不同的观点? 这是一项值得探讨的议题。另外,从过程而言,TQM 是如何从一种具有明确定义、颇为完善的技术发明（技术TQM），演变为一种模糊且令人质疑的手法（修辞TQM）的？为了回答上述问题，研究者打算探讨TQM的引入、使用及维持的历程，用以了解制度化的过程是如何将TQM的技术优势转化为制度现实，从而使得TQM变得越来越模糊，且越来越不可信。总之，此研究的目的，主要在于考察制度要求、组织修辞及技术现实间的关系，并建构一个演化模式来加以解释。

（二）案例选择

本研究依照理论抽样的方式，寻找不同的多元案例来加以分析，以提升研究结的类推性。为了确保各案例的差异，研究者根据 Scott(1987)区分技术环境与制度环境的做法，将案例分为高高、高低、低高及低低四种类型，并据此选择研究案例。在本研究当中，除了高高型有两个案例（分别为国防设施承包商与医院），其余各类型都只有一个案例，分别为制造公司（高低型）、政府机构（低高型）及（低低型）。这些公司均曾导入TQM，且行之有年。

（三）资料搜集

研究者采用多种方式来搜集数据，包括半结构访谈、档案（含内部出版品、TQM通信、TQM训练手册、组织内TQM档案）、活动观察，以及参与TQM训练的笔记等。访谈尽量涵盖各案例内上上下下的各阶层人员，并以滚雪球、由被访谈者推荐的方式，扩大样本规模。访谈表是在预备调查之后，经过仔细考虑才设计出来的，能反映所要探讨的问题。正式访谈表涵盖了各种封闭与开放的题项，包括所使用的TQM工具、实施TQM的背景、如何定义TQM及实施TQM的感受等。访谈时间由45分钟至120分钟不等，但平均大约90分钟。访谈时，研究者特别注意两方面的信息，一个是组织成员如何看待TQM，一个是组织如何推动TQM，以同时了解他们的说辞与实际。每次访谈结束后，则记下大量的现场笔记，除了国防承包商不允许录音，其余的访谈都进行了录音。最后，总共进行69次访谈，获得数百页的现场访谈记录及1000页左右的文本。

在档案搜集方面，内部数据（包括TQM使用的材料）描绘了组织进行TQM的状况。借此，研究者能够了解各案例成员的感受、他们对TQM工具的了解，以及参与TQM的程度。研究者在三个案例中拿到了TQM标准定义的训练手册，这些手册罗列组织要传授给TQM参与者的必备知识；研究者也尽量到工作现场观察成员如何使用TQM，并主动参加一个案例的TQM训练，用以体验TQM的训练过程，并且探讨组织成员对TQM训练与材料的看法。同时，也通过此类数据来与访谈数据互相检核，以提升数据的正确性，确保数据的不偏不倚。

(四) 资料分析

此研究针对TQM的修辞(口号)与现实的主题来加以分析。修辞是指用来建构、传播或维持TQM假设的一系列叙述,包括使用TOM的提议、实施TOM的主张及不同组织使用TQM的证据等。而现实则界定为组织推动TQM时的实际情形,以及所使用的各种模型与工具,例如统计品管的基本元素、分析工具及脑力激荡等技术。为了使探讨的构念与维度更为清晰,研究者也将工具区分为四类,并依照技术水准的高低来加以排序,技术程度由低到高,分别为一般的TQM手法(最低)、新的七种工具(次低)、TQM的七种工具(次高)及统计与实验设计(最高)等(Zbaracki,1998)。

在定义与维度界定清楚之后,研究者根据归纳研究所描述的标准方法来建构理论。首先,提出一个概括架构来分析修辞与现实的案例。初步结果显示:有些结果是一致的,如所有组织都有一些成功的案例、所有组织都觉得实施TQM的现实与口号是有落差的。因此,在后续的分析中,研究者将修辞与现实区分开来,并考察TQM的导入与演变,以及组织成员的社会建构的变化。通过进一步的资料分析,研究者决定采用演化的观点来分析资料,并以Weick(1979)的合理化(sense making)模型与Miner(1994)的演化模型为依据,将TOM的导入区分为改变、选择及维持三个连续过程。利用这一架构,研究者探讨组织在推动TQM时的修辞与现实,并分析由引进到维持是如何演变的。研究者来来回回,不断地在理论架构与实证数据间游走、穿梭,以获得较为一致的发现。当研究者从组织成员的数据中获得一致性的结果之后,则进行更高、更广的组织层次分析,并根据数据不断更新理论架构,使得资料与理论逐渐契合。接着,再由TQM的启动(或改变)阶段迈入下一个阶段的选择与最后阶段的维持。

(五) 信度与效度

为了提升研究结果的信度与效度,研究者依赖三角验证的方式来搜集数据,并进行分析。数据源包括半结构访谈、组织内部出版品(如TQM通信、TQM训练手册、组织内部TQM档案、TQM活动观察及参与某一组织的TQM训练的笔记)。通过这种多信息的数据源,以及数据间的相互检核与比较,来提高研究资料的准确性,并使得分析结果更为一致与坚韧。

(六) 研究结果

本研究首先根据资料分析结果,建立一个"TQM导入"的演化模型。此模型将TQM的导入细分为改变、选择及维持三个连续的流程,各流程又再细分为三个更小的流程(仍然命名为改变、选择及维持),并将修辞与现实区分开来。就改变过程而言,TQM的导入始于组织需要"变革"的暗示与线索,使得组织开始启动TQM的实施,并产生选择与维持的循环。研究数据显示,修辞在推动这种变革的过程中居于核心地位。修辞包括推动TQM的论述、成功案例的强调等,使得组织能够了解并愿意相信TQM的好处。在这个阶段,修辞等同于TQM的现实,并且后来的技术性TQM创造了有利的条件;可是奇怪的是,修辞虽然促进了TQM的活动,但也过滤了TQM中知识与技术的成分,使得员工觉得无法了解,并为其困惑感到害怕。证据显示,在被研究的五个组织中,有四个组织在引进TQM的启动过程中,即已过滤了TQM的技术成分。

在步入选择流程之后,接受TQM价值不久的管理者,需要去说服其他员工接受此价值,于是设立专职部门或委员会、提供训练项目,并成立问题解决团队。在此过程中,修辞包括了宣告实施TQM的决心、强调TQM的成功故事及发放TQM相关手册等。此时,赞成TQM的修辞处于优势地位,而反对者则显得相当无力。这一状况,也为以后遭受挫败埋下伏笔。在现实层面上,管理阶层则创造出多种做法来鼓励员工采用技术性的TQM,如衡量指标的制定、要求员工参与TQM、TQM顾问的介入及TQM的训练等。理想上,这些推动TQM的现实足以麻利且有效地实施TQM,但仍存有阻力。包括管理者与员工对TQM的复杂度不够理解,以至于看起来就像推动一项新实验一样;而管理者也低估了员工接触TQM技术时的难度,从而使得重要工具的采用无法落实;最后,则是TQM不能与原有的组织活动接轨,以至于无法融入日常工作当中。以上种种现实障碍,都会使TQM的推动走入岔路。

走完选择过程之后,接着就会启动维持过程。此时,由于组织成员对TOM已有经验,但每位员工的经验又是如此的不同,因此对TQM的修辞开始有了不同的见解。处于这一阶段,往往是现实塑造了修辞:对管理人员而言,由于总是接收到正面的信息,所以其修辞往往偏向TQM美好的一面;但对其他成员而言,却可能有截然不同的印象,于是热情将逐渐消退。在推动TQM的现实方面,主要有两类现实较为常见:一类是TQM团队的成效,成功时感到高兴,而失败时则会觉得信心崩溃;另一类则是TQM工具与术语的使用,使用多,代表TQM的推动较为广深;反之,则窄浅。数据显示,饭店与医院的TQM推动是最为表面的,口号也最多。

在维持过程的最后,组织成员已由对TQM完全没有经验,到知道、实践,且形成自己的看法,于是成员拥有了自己的故事。对强调成功的管理者而言,其修辞可能会对TQM歌功颂德,并且有想拿出来展示的欲望。因此,当TQM扩及整个组织时,这种对TQM的失真论述将会导致不正确且过于乐观的态度。可是,对许多员工而言,管理者的修辞与他们的经验不符,于是怀疑程度将大为增加。尤其是开始时,大力支持且信心满满的员工,更会感到极大的失落。此时,修辞虽然还能够促进TQM的推动,但却已经脱离TQM的技术现实,也忽略了TQM技术的局限。当然,员工流动的现实也会导致TQM的持续推动,尤其是当推动TQM的CEO离职后,换上一个对TQM不甚了解的高层主管时,TQM可能就只剩下一具躯壳了。

综上所述,本研究的研究者从五个案例中归纳出关于TOM导入的演化模型,用以说明TQM的修辞与现实间交互发展的动态过程,从而填补了组织在决定引进TQM后,从开始到进行制度化之间的空白。本研究也证实了制度论长期以来所坚持的观点:随着时间的推移,即使制度化的做法已经脱离最初所设想的技术本质,但看起来,一切都是那么的合理。因此,研究者郑重呼吁:"我们必须严肃对待管理实践中的社会建构,也需要仔细考察管理实践中的技术本质!"

三、中美合资企业的协商权、管理控制及绩效(实例三)

(一) 研究问题

在全球化的冲击下,跨国合资企业越来越多,也越来越受到研究者的瞩目。可是,这方面的研究在深度与广度上都颇为不足。同时,由于测量与概念上的问题,也使得现有的理论模式常常无法获得一致性的结果。因此,本研究采用合资者协商的观点(interpartner negotiations perspective),以多案例研究的方式,探讨合资企业的形成,考察合资双方的协商权、管理控制及合资绩效间的关系。

采用多案例研究的理由,是因为这种方式可以发挥过去合资研究所没有的优点,包括:第一,可以提供丰富的现象描绘,对协商权、管理控制及合资绩效间的关系能有进一步的洞察;第二,可以掌握合资企业形成的动态历程,了解其中的改变与演化;第三,能够同时了解合资企业双方的观点,兼顾双方的诠释;第四,可以深入探讨来自发展中国家的合资者的看法,提供中国经验,以丰富现有的以发达国家观点为主的合资企业文献。

根据研究问题,研究者便依据Yin(1989)的理论验证的做法,首先回顾了既有文献,并提出一项初步的理论架构(见图6-12),用以发展先验理论命题(prior theoretical propositions),再采用分析归纳(analytic induction)的方式,验证合资企业的协商权、管理控制及绩效的理论模式。

图 6-12　合资企业权力与控制的初步模式

(二) 案例选择

此研究依照四项标准来选择案例:第一,将案例局限在制造业的合资公司,以避免因同性质差异太大而产生变异;第二,必须是典型的中美合资公司;第三,已经成立一段时间,如至少在1987年以前成立,以方便取得较长期的合资绩效资料,第四,要有良好的信息提供人(informant),以同时获得合资双方的数据,并有利于研究的进行。

(三) 资料收集

本研究通过访谈与档案来收集资料。在访谈方面,同时以预先设计的访谈表。深度访谈中美双方的CEO与经理等信息提供人,这些人大多参加过合资时的协商会谈或经历过合资企业的初始阶段。每项访谈平均三小时,每人至少一次,有些则在两次以上。除非信息提供人反对,否则访谈都会加以录音。访谈时间为1991年5月至1992年1月。在档案方面,研究者同时搜集合资双方的档案资料20页以上,包括合约书、合资企业与母公司的组织结构、公司宣传品与年度经营报告,以及报纸与杂志的报道等。

(四) 资料分析

在原始数据的编码方面,通过典型内容分析(content analysis)的方式来加以编码。首先,根据初步理论架构的主要变量与类别来编码,这些类别有协商情境、合资双方的战略目标、初始贡献、管理结构、营运变化,以及双方达成其战略目标的程度。其次,根据既有文献,建立次级类别(subcategory),例如初始贡献中的产品设计、特殊设备及生产知识再归类为"技术"(technology)类别。最后,在次级类别中,如果不同来源的数据不一致,则增加其他来源的数据或参考信息提供人的意见来加以调整。通过这种三角验证的方式,来提升数据的可靠程度。数据的编码是由两位研究者共同负责的:首先,两人一起建立编码架构,并共同分析一个案例;接着,由一位研究者负责其他三个案例的编码,而另一位则加以复核(auditing)。

数据分析则采用分析归纳的方式来进行,通过案例类别的比较,逐渐精炼既有理论;注重对例外案例进行分析,以修正有的结论。其步骤如下:第一,给予所要解释的现象粗略的界定;第二,对现象提出假设性的解释;第三,分析一个案例,查看假设是否与案例的事件契合;第四,如果彼此不契合,则重新修正假设或者对现象重新界定;第五,在考察一些案例之后,可以获得一些明确的结论;第六,重复上述程序,一直到建构出普遍性的关系为止,如果有异例,则重新界定现象与修正假设;第七,考察适用范围以外的案例,以确定最终的假设是否可以应用于此案例,以提供进一步的证据。

(五)信度与效度

在本研究中,不管是数据的搜集或是数据的编码与分析,研究者都依赖三角验证来提升资料的准确度与分析的严谨度。数据源包括访谈数据与档案文件,而编码与分析则通过信息提供人与研究者的复核来确保一致性与准确度。

(六)研究结果

本研究相当程度地深化了既有研究,不但掌握更多的信息,而且提出一项整合模型(integrative model),如图6-13所示,用以描述合资双方协商权、管理控制及合资绩效间的关系与动态历程。在主要变量方面,本研究扩大了既有的变量、范围,并纳入新的变量。例如,就主要变量的协商权而言,本研究进一步指出两种脉络因素,包括替代方案与战略重要性,以及七种资源因素,包括技术、管理能力、全球服务支持、本地知识、产品分销、材料取得及资金等。同时,也纳入变迁(change)与调节因素(moderators),据以明确各变量之间的动态历程及可能的情境限制。最后,则根据整合模型,提出可以进一步验证的五大命题,包括协商权与管理控制的正向关系、管理控制与合资绩效的关系、调节因素的作用、环境变化与协商权的关系、合资绩效对协商权的影响,从而进一步扩大跨国合资研究的视野。

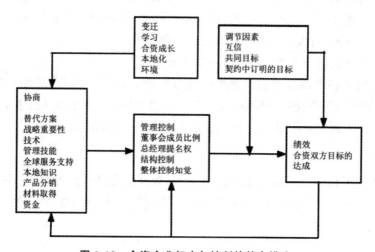

图6-13 合资企业权力与控制的整合模式

第四节 景德镇陶瓷产业高质量发展案例研究范例

一、中国传统文创产品与用户匹配机制研究——以宇弦陶瓷为例（实例一）

（一）研究问题

根植于互联网创业情境下的产品与用户匹配方法，强调对产品具体功能做出价值假设，能否应用于传统文化产业创业情境，需要学术界回应研究这一新课题。

（二）案例选择

选择宇弦陶瓷工作室为研究样本，是基于案例研究样本选取的以下三个原则。

1. 兼顾重要性与代表性的原则

景德镇国家陶瓷文化传承创新试验区现有数万家作坊型陶瓷文创企业，绝大多都是小微型企业，宇弦陶瓷是其中一家小而美的企业，基于中国传统文化底蕴开发半个性化定制手工文创产品，其探索传统文创产品与用户匹配的艰难历程，代表了行业中具有相同特征的初创企业开发新产品时遇到的普遍困惑，体现了案例选取的重要性和代表性。

2. 遵循理论抽样原则

已有文献对文创产品独特性与匹配难度关注不足，本研究以宇弦陶瓷文创产品与用户匹配的过程为分析单元，探索蕴含物质、精神双重价值的传统文创产品如何与用户匹配，有助于丰富传统文创产品创业理论。

3. 兼顾理论目标与案例对象的一致性原则

宇弦陶瓷在产品开发阶段面临的主要困难，即传统文创产品如何与用户匹配，研究团队高度重视这一问题，在这方面保留的历史数据也较为完整，与构建传统文创产品与用户匹配机制模型的理论目标具有较好的适配性。

（三）资料搜集

本研究严格遵循标准的案例研究流程，数据收集过程分为两个阶段：第一阶段以案例数据收集为主，第二阶段以行动干预为主。具体如本书第五章第五节所述，此处不再赘述。

(四) 资料分析

精益创业方法在产品与用户匹配过程中的实践以及理论,为探讨具有物质、精神双重属性的传统文创产品与用户双边匹配提供了有价值的启示。通过明确研究问题,回顾相关文献与案例数据收集,本研究数据分析阶段的逻辑是:首先,沿着宇弦陶瓷创业经历的时间脉络,梳理新产品开发阶段遇到的主要困难及存在的潜在风险;其次,重点分析宇弦陶瓷如何寻求文创产品与用户双边匹配,化解创业过程中的难点;最后,探讨并识别传统文创产品与用户匹配的机制,分析框架如图6-14所示。

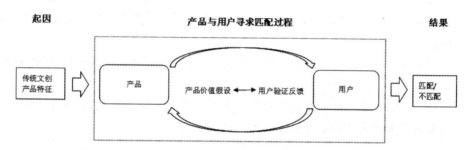

图6-14 中国传统文创产品与用户匹配机制研究分析框架图

(五) 研究结论的理论贡献

第一,丰富了文创产品价值理论的研究。已有文献主要关注文创产品价值构成的特殊性,以及对于文创产品不同属性的价值在产品与用户匹配中具体起到的作用,缺乏追踪性研究。通过对宇弦陶瓷传统文创产品与用户匹配过程的研究发现,产品功能价值与观念价值在产品与用户匹配过程中所起的作用不同。其中,观念价值的创造与传递是影响传统文创产品与用户匹配的关键环节。传统文创产品包含着丰富的历史文化情感因素,会因为对人和文化的认同而产生观念溢价。在其匹配过程中,不仅要关注功能价值的实现,更要关注历史文化等无形附加物、能产生精神"共鸣"的无形的观念价值,以赢得用户的认同和信赖。

第二,引入传统文化产业情境,拓展了精益创业产品与用户匹配方法的理论边界。已有文献关注互联网创业情境下产品与用户匹配的方法与工具,强调对产品具体功能做出价值假设构建MVP,验证用户需求,对于探讨传统文创产品与用户匹配存在着明显的局限性。本研究发现,基于传统文创产品的双重价值属性,会形成稳定产品功能价值和拓展产品观念价值的两个价值创造闭环,在确保传统文创产品工艺稳定性的同时,创造文化体验场景,影响用户心智,使用户感知产品观念价值。构建功能型MVP验证产品功能价值的同时,构建服务型MVP验证产品观念价值假设,二元匹配机制协调互补,共同迭代开发具有双重价值属性的产品。

二、从工业遗产到文创产业平台:资源拼凑理论视角——以景德镇陶溪川为案例(实例二)

(一)研究问题

本研究以工业遗产保护与开发、文创产业平台搭建的成功样本——景德镇陶溪川文创街区为例(以下简称陶溪川),基于资源拼凑理论,探讨工业遗产开发者如何唤醒与活化遗产资源,以推动文创产业园可持续发展,拟从如下两个方面开展。

(1)围绕工业遗址进行价值再定位,探讨创业者的资源拼凑逻辑、拼凑对象、拼凑活动的动态演化。

(2)聚焦创业者对工业遗产有形和无形资源的唤醒与活化,探究工业遗产转型为文创产业平台的动态过程。

(二)案例选择

在研究样本确定方面,本研究遵循案例研究方法提出的"典型性"和"可行性"两个理论抽样原则,选取陶溪川为研究样本。

首先,"典型性"原则主要体现在三个方面。

1. 产业代表性

陶瓷文创产业作为国家文创产业的示范基地,已入选文旅部第一批国家级文化产业示范园区创建资格名单。

2. 管理实践代表性

陶溪川是在一家倒闭的国营陶瓷企业闲置的工业遗存上发展起来的,从大片厂房和土地闲置或者低效率利用、厂区缺乏活力的工业遗址,升级为充满生机与活力的文创产业平台,其独特的创造性改造与资源价值再认知,值得全面系统总结。

3. 文创产业平台的代表性

工业遗产的保护与开发存在多种模式,从国内大多数文创园区的运营实践来看,大多遵循的是传统商业模式,而陶溪川的最大不同之处在于其成功地搭建起具有可持续运营性的、文创产品丰富、年轻人大量集聚的陶瓷文创产业平台。

其次,"可行性"原则主要体现在以下两方面。

(1) 陶溪川文创产业平台项目起始于2012年,历经八年的发展,创业者充分动员不同利益主体积极参与,共同推动工业遗产转型为文创产业平台。

(2) 研究团队与陶溪川的管理层有着良好的校企合作关系,有利于本研究的实地调研和数据收集。

(三) 资料搜集

数据收集主要以半结构化访谈、实地调研、公司内部报告为主,并关注公司官方微信平台、公司管理层微信平台和宣传材料,以及相关新闻报道等。具体情况如本书第五章第五节所述。

(四) 资料分析

基于已有资源拼凑构念以及文创产业情境,构建如下分析框架(见图6-15),分析工业遗产向文创产业平台转型的过程。重点分析陶溪川转型的两个阶段,开发者是如何唤醒与活化工业遗产资源,提升文创产业平台的经营活力。

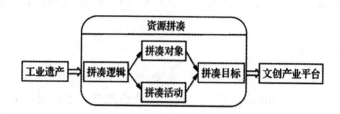

图6-15 从工业遗产到文创产业平台分析框架图

2012—2015年为平台初期,工业遗产价值再认知与平台规划如图6-16所示。2016年至今为平台成长期,植入多元文创资源和丰富平台内涵如图6-17所示。

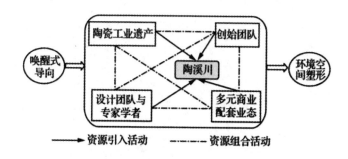

图6-16 文创产业平台初创期的资源拼凑

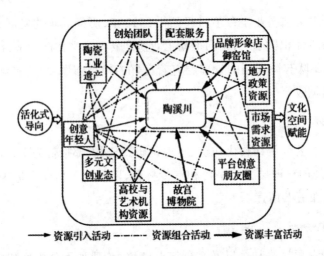

图 6-17 文创产业平台成长期的资源拼凑

（五）信度与效度

多重数据收集方式可以对研究结果进行三角验证，从而保证案例研究结论的效度。

（六）研究结果

第一，由工业遗产到文创产业平台转型，是对工业遗产的资源价值再认知与资源拼凑行动相互驱动的动态过程；第二，工业遗产向文创产业平台转型的过程中，经历初创期和成长期两个阶段，每一个阶段遵循着不同的资源拼凑导向、资源引入和资源组合方式，并产生了不同的拼凑目标；第三，工业遗产转型过程中，呈现出明显的迭代演进特征，文创产业平台引入的资源类型与组合方式随着平台发展日趋丰富而多元。

第七章 案例研究中的模型表达

尽管绘制理论模型并非案例研究论文的硬性要求,但由于案例研究论文篇幅长、信息量大、分析层次多,评审者和读者往往会面临较重的阅读负担和理解负担,如何将研究者的核心观点和亮点高效地传达给评审者和读者,这是作为研究者必须要解决的关键问题。其中,绘制有效的理论模型,就像良好的写作能力一样,是展现核心观点的一种重要表达方式,应该成为研究者必备的一项表达技能。与研究方法和语言表达不同,很少有学校开设专门的课程教授如何绘制理论模型,也很少有相关书籍详细说明案例研究模型的绘制方法。所以,以下来自阶段性经验总结的内容,可以为初学者提供入门的科普引导,为进阶者提供可供参考的范例。

第一节 理论模型的价值

很多原因使案例研究论文篇幅较长。例如,评审者和读者往往期待能看到完整翔实的案例证据,研究者提供了丰富的例证呈现;研究问题本身包含多个分析层;研究设计包含多对象、多阶段或多重关系,不仅需要"讲故事",还需要"故事"与"理论"进行充分的对话。这些往往导致案例研究论文提供给评审者或读者的信息量极大,自然会产生较重的阅读负担和理解负担。国内期刊发表的逾2万字的案例研究论文非常常见,国际期刊发表超页篇幅的案例研究论文也屡见不鲜。作为研究者,如何能让评审者和读者高效地理解论文,这是关乎论文是否能被专家认可,以及在论文发表后是否能被越来越多的同行认可所必须解决的一个重要问题。理论模型作为一种图形表达,非常有利于呼应文字表达,至少具有以下四个方面的价值。

一、显著减轻阅读负担或理解负担

理论模型是对核心观点的抽象概括,往往通过展现最核心的概念、概念和概念之间的关系,并突出分析的结构和层次,使读者一目了然地理解论文最核心的理论观点。相比于在几万字中寻找具体描述,理论模型通过一个箭头、几个框图来体现研究者关注的影响关系或研究路径,使评审者和读者能快速"抓重点"形成对论文的"全局观"。通过先看模型,反过来再理解文字,使阅读变得容易很多。

理论模型在视觉上的"辨识度"极高,如果一个理论模型在设计和构思上做得不够完善,就会使评审者一目了然地看到论文的缺点。这时,很多研究者会选择不去做理论模型,只依赖文字表达。但是,如果一个理论模型做不好,大概率是研究者还未想清楚论文的核心观点,未能做好整体的设计。简而言之,想不清楚,则画不清楚;画不清楚,很多情况下是本来就没想清楚。所以,并非是理论模型导致评审者对论文产生了偏见,根本上是论文核心观点和设计本身就存在可提升的空间。

二、快速吸引新读者

理论模型可以成为研究者的"法宝",如果绘制得当,那么信息就会以最清晰、有效的方式涌入读者的眼帘。理论模型与摘要和引言的作用一样,都可以用于快速吸引新读者。三者通过各自不同的简洁表达,高度凝练论文的核心,将之传达给新读者。三者在表达的重点上略有不同,但具有极强的互补性:摘要往往通过展现高度凝练的研究问题和研究结论,使读者可以快速辨识论文的"定位";引言通过突出研究动机解析研究问题的重要性和迫切性,使读者产生初步的认同感和共鸣;理论模型本质上表达了研究者提出的"解决方案",使读者能够通过视觉化表达快速了解研究者的研究设计和核心观点。更重要的是,一个好的理论模型能够非常清晰地突出研究者的分析层次和分析对象,加之恰当的表达,能够快速吸引同样关注类似分析对象和层次的读者。

三、串联全文

有些研究者会选择在一篇论文中做两个以上的理论模型,以形成在不同论文结构中的不同作用。例如,在理论基础或文献综述部分提出一个研究框架模型,以概括研究者在现有研究基础上但区别于现有研究提出的研究思路;如在研究发现部分提出一个过程模型,以概括整个理论故事的关键概念、过程和机制;又如,在理论探讨部分提出一个理论概念模型,以凝练该研究的核心理论观点。当一篇文章存在两个以上的理论模型时,模型之间就能够形成相互呼应的作用,正如一篇案例研究论文各个不同结构间的相辅相成,嵌入在各个结构中的模型之间也会形成相互呼应的关系。这使得读者在阅读论文过程中能够通过各部分的模型快速了解论文各结构所表达的重点,因此形成串联全文的作用。

四、个人创作成就

理论模型很大程度上反映了研究者对一篇论文能否被评审者和读者高效理解的自我要求与追求。与文字表达所追求的美感不同,理论模型这一图形表达方式追求的是一种视觉上的美感——既不能过于复杂加重读者的理解负担,也不能像文字表达般给读者预留过大的理解空间,所以要制作好理论模型,需要不断地平衡,以实现不同于文字表达的另一种和谐,这往往依赖研究者对核心观点的反复推敲和极致凝练,不仅追求核心观点是"清楚的",还要达到"清楚的可视化",这往往对研究者提出了更高的要求。如果能开发一个能够被评审者认可、被读者欣赏的理论模型,对研究者而言,这无疑是一种类似艺术作品创作的个人成就。

第二节　理论模型的类型

一般而言,可以从结构和功能两方面理解理论模型的类型,主要存在以下三种类型:研究框架模型、研究发现模型和理论框架模型。

一、研究框架模型

研究框架模型主要放在理论基础部分,可以用来展现研究者通过文献梳理形成的分析框架,或者呈现研究脉络,或者突出研究缺口(research gap)。例如,Homburg et al.(2017)利用如图7-1所示的研究框架模型清晰地提出的三个研究问题,使读者通过这种视觉呈现非常容易理解这些研究问题与现有文献的联系与区别。部分研究框架模型还可以在模型表达中加入对研究设计的解释,如肖静华等(2014)在文献综述"简要评述和研究框架模型"中提供了一个基于文献分析得出的模型,这个模型既是对现有文献的总结,也同时清晰地告诉读者这个研究的核心思路,即市场环境动荡形成压力筛选,使企业和消费者根据对方的变化,利用信息技术进行学习,进而调整自身行为,因此形成了企业与消费者协同演化的动态能力。研究框架模型能很好地引导读者阅读下文,尤其对于文字表述较长的研究发现部分,能够形成一定的引导和呼应。

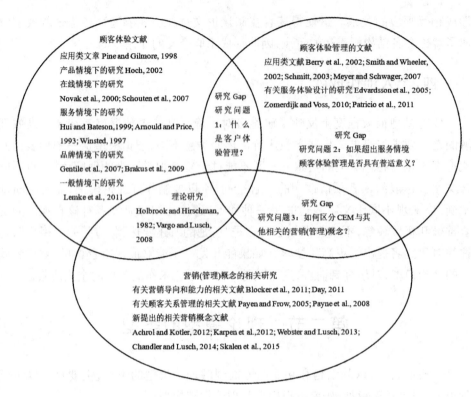

图 7-1 Homburg et al.(2017)研究中提出的研究框架模型

二、研究发现模型

研究发现模型,顾名思义,是体现基于数据形成的研究结论的模型,用以展现研究者通过案例分析梳理形成的主要结论。这种模型应清晰地表达出研究对象、阶段特征、过程特征、主要概念和行动,以及行动之间的影响。以图 7-2 中肖静华等(2018)的模型为例,研究发现模型往往与案例数据有较强的呼应关系,能较为详细地表达研究者所关注的各种概念(如构建规则能力、优化决策能力、细分客户能力等)、主要过程(如图中的①至⑥)以及核心观点(如该模型揭示了企业与消费者协同演化的互动关系,以及数据驱动机制)。有些研究者还习惯在模型中加入命题或观察结论(observation),如 Aoki & Wilhelm(2017)的模型。尽管该模型中囊括了多个主体和多个分析层次,但通过清晰地标注出研究者所观察的结论,读者也能够清晰地了解研究发现部分的核心观点,很好地辅助文字理解。

图 7-2 中:

第一,①③⑤表示各协同演化阶段中消费者的主要行为及其数据化过程。其中,从交易数据到市场数据,反映了消费者产生的数据类型逐渐增多。

第二,②④⑥表示各协同演化阶段中企业数据利用的行为及其能力形成过程。其中,从数据获取到数据驱动,数据对企业研发创新的影响逐渐增强。

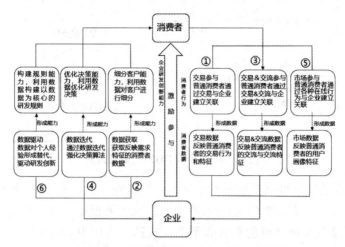

图 7-2　以肖静华等(2018)的模型为例

第三,市场参与是指普通消费者作为承载需求信息的市场群体,通过将其在线行为转化为反映其需求特征的大数据,与企业建立关联。

第四,交易数据是指普通消费者在参与交易过程中形成的数据,如基本订单数据和交易沟通数据;交流和交流数据是指普通消费参与群体间交流过程中形成的数据,如虚拟社群消费者间的交流互动数据;市场数据是指普通消费者参与线上互动过程中形成的数据,包括在搜索引擎中的浏览、点击和搜寻行为等形成的数据,以及在电商平台"购物在线"操作产生的数据。

三、理论框架模型

理论框架模型主要放在理论探讨部分,用来进一步凝练研究发现模型,通过抽象化、理论化展现研究者基于案例发现形成的理论结论,这一个模型往往与论文的理论贡献相互呼应。区别于研究发现模型,理论框架模型可以被理解为是基于研究发现模型的进一步凝练和概括,所以往往非常简洁,用以突出研究的理论贡献。如许晖等(2013)在论文第五部分"案例结论与讨论"呈现如图 7-3 所示的理论框架模型,概括了研究发现中详细描述的三个转型的核心特征及相互关系。通过在该部分先提出这一理论框架模型,可以很好地引导接下来的理论对话和贡献描述,便于读者在阅读完篇幅较长的研究发现部分后,能够清晰地获取基于研究发现的理论贡献。

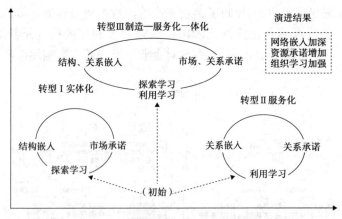

图 7-3 以许晖等(2013)的模型为例

研究问题的差异性会影响理论框架模型的呈现形式。换言之,理论框架模型为研究问题服务。从模型功能上看,理论框架模型能根据研究者想要表达的理论观点的特征呈现多种多样的形式和形态。从这一点出发,因为理论观点的多样性,理论模型在呈现上往往各具特色,这里列举几类常见的类型。

(一)因果类模型

因果类模型在视觉上非常接近定量研究模型,主要用以揭示概念之间近似因果的影响关系。放在模型最右边的概念往往是"结果",模型最左边一般是"前因",模型中间由若干个概念组成,代表哪些因素作用于前因变量对结果变量的影响(见图7-4)。因果类模型可能存在较多视觉变形,如 Hazee et al.(2017)和 Colm et al.(2017)提出的理论框架模型都属于因果类模型,但视觉形式很不一样。

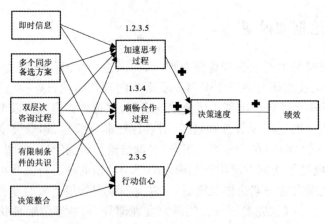

图 7-4 Eisenhardt(1989a)的因果类模型

(二) 机制类模型

机制类模型侧重展示概念之间的独特影响关系,不同于阶段类模型,机制类模型中的"机制"并不一定有清晰的时间顺序。如图7-5中,Murmann(2013)提出的行业与其所在环境的协同演化模型,其中内嵌了对两种机制的展现:一种是由变异(variation)、选择(selection)、保留(retention)组成的演化机制;另一种是连接行业演化和学界演化的双向因果机制,包括人员交换(exchange of personnel)、商业联系(commercial ties)和游说(lobbying)。

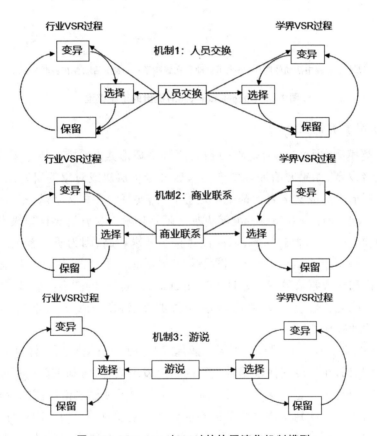

图7-5 Muemann(2013)的协同演化机制模型

(三) 阶段类模型

作为案例研究中较为常见的模型类型之一,阶段类模型常出现在探讨"发展""转型""演化"等需要描述过程的研究议题中(见图7-6)。阶段类模型往往能呈现具有时间先后顺序的发展过程,用来描述具有不同理论特征的发展阶段或过程。

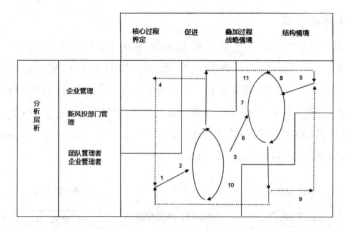

注:1,…,11表示过程中活动的顺序;→表示活动存在强联系;----表示活动存在弱联系。

图7-6 Burgelman(1983)提出的阶段模型

(四)图表类模型

图表类模型,顾名思义,是将图和表两种呈现形式融合在一起的模型类型。很多研究者发现,如果要清晰地整合包含较多分析层次或对象的研究结论,往往单纯依靠图形表达或文字表达都是不足够的,需要将图形和文字以一种协调的方式整合在一起,让评审者和读者能够更加清晰地理解。尽管这类模型极大地减少了文章中包含过多图表的问题,但往往对构图要求较高,因为研究者在绘制过程中要保证在视觉上有清晰的结构,图和文字都不能过于复杂,因此对概念及其关系的抽象化和取舍要求更高。如Homburg et al.(2017)做的图表类模型,清晰地汇总了该研究的理论假设、核心观点、相关支撑的文献和未来研究的方向,非常有助于对全文的理解和把握。

此外,图表类模型还可以将援引的例证和对应的相关概念很好地联系在一起,如Su(2015)在呈现案例数据时绘制的研究发现模型,将基于数据形成的概念与支持这一概念的例证都融入一个图形中,既兼顾了过程理论特征的变化,又使读者能够清晰地阅读到支持这些变化的证据链。上述对理论模型的划分,并不包括非理论化的图形表达。例如,在研究方法部分经常看到的"时间轴模型",用以梳理案例企业在一个时间区间的主要事件或转型特征。这类非理论模型不纳入本章探讨的范围内。不可否认的是,图形表达也是研究者在描述研究方法步骤时的一个很好的选择。如Beatty et al.(2016)在研究方法部分绘制了一个描述数据收集步骤的图形,清晰地展现了四个主要数据收集阶段、如何操作每一阶段以及对应的受访者数量。又如Homburg et al.(2017)在研究方法部分绘制了一个描述整个研究思路和步骤的图形,清晰地展现了所有步骤之间的关系以及执行各步骤之后所形成的结果。这一图形使得读者对研究者的思路和重点有所把握,很好地促进了读者对该研究内容的理解。Su(2015)在论文研究方法部分还绘制了体现受访者职位结构的框架图,非常清晰地体现了哪些业务单元的哪些受访者接受了访谈。

第三节　理论模型的设计与操作

在初步了解了理论模型的价值和类型后,本节进一步为学习案例研究者提供制作模型的具体操作步骤和技巧。首先,将解释理论模型的基本构成要素和设计原则,无论何种模型,都应该包含这些必要的要素,满足基本的表达原则。然后,根据之前提出的三个主要模型类型研究框架模型、研究发现模型和理论框架模型,分别展示各类模型在设计中需要注意的重点问题,并提供可行的操作步骤。

一、理论模型的基本构成要素

一个好的理论模型主要有三个构成要素:准确的内容、恰当的视觉效果和精细的制作。准确的内容本质上与理论发现和研究设计息息相关,恰当的视觉效果和精细的制作则依赖于研究者的视觉思维。有效的视觉思维有助于内容的高效传达,使理论模型不仅在科学上经得起推敲,在视觉上也兼具美感。

(一)准确的内容

评判一个理论模型最核心的标准应是在理论上是否准确,因此,从根本上讲,内容才是模型的根本。无论一个理论模型在形式上做得多么漂亮,如果其中的呈现的概念以及概念之间的关系经不起推敲,那么这个理论模型就是不成立的。毕竟,理论模型追求的是科学的表达。那么,如何确定概念和描述概念之间的关系?这就需要回到核心的研究结论中。研究者需要凝练能够反映研究结论的关键概念及其与核心概念之间的关系,将它们提取出来,绘制模型,使之视觉化。这一过程也可以理解为:研究结论由概念和概念之间关系组成,理论模型是将研究结论进行可视化。

(二)恰当的视觉效果

与文字表述不同,在绘制理论模型的过程中,研究者应该建立个人的有效视觉思维,基于文字但超越文字,构建能与文字表达相互呼应的图形表达。这就需要充分利用视觉技巧,如动态、线性、迭代和对称等。图 7-7 中 Forkmann et al. (2017)的模型,通过勾勒一个对称式图形来表示双边视角中的供应商视角和顾客视角,不仅在视觉上直接突出了"双边"含义,且通过对称设计,让两方视角所涵盖的内容清晰地展现。如果仔细阅读可以发现,作者在两方视角中所列的维度(如服务提供等)是统一的,增强了对比性,因此也提高了被理解的程度。利用视觉技巧来体现动态性或动态关系的模型,可参考 Gkeredakis(2014)绘制的体现协同动态性的理论框架模型。

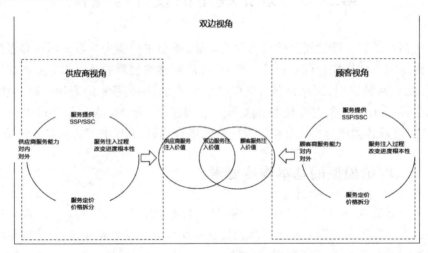

图 7-7　Forkmann et al.(2017)模型的视觉体验

(三) 精细的制作

精细的制作能使理论模型活灵活现,但往往最容易被研究者忽略。研究者倾向于不断打磨文字,打磨理论贡献,却往往忽视打磨模型。在实际评审过程中,模型是最容易吸引评审者的一处,也是评审者可能花费更多时间反复阅读的地方。因此,一个精细打磨的模型,往往最容易体现研究者对论文的"精雕细琢"。单纯从制作角度来看,理论模型的精细打磨需要考虑模型整体的美观度,包括图形文字排列是否整齐、和谐,字号字体是否合适,如果一个模型包含很多概念和子概念,是否能够在视觉上体现出主次。这些都需要研究者不断修改,可以为评审者和读者提供更好的视觉体验。

此外,建立图示(legend)十分必要。一个理论模型可能包含很多视觉化的要素,比如实线箭头和虚线箭头。作为严谨的学术呈现,研究者不应该过于随心所欲地使用这些视觉化要素,应该赋予它们准确的定义。就如同定义概念一样,给予模型中这些视觉化要素,包括框图、直线、曲线以界定,这样才能够有效帮助研究者快速、准确地识别出模型要表达的意思。图示应该被视为模型的一个部分,在图中直接予以呈现(见图7-8)。

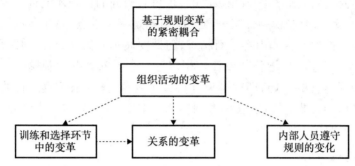

注:实线箭头表示直接影响,虚线箭头表示间接影响。

图 7-8　Lom(2016)对实线箭头和虚线箭头的解释

二、理论模型的设计原则

无论对于何种模型,包括研究框架模型、研究发现模型和理论框架模型,它们都应遵循三个共同的设计原则:一是目标原则,即始终围绕着研究者想表达的核心观点来设计模型,先确定核心观点(目标),再开始绘制模型;二是简化原则,即理论模型不是为了展示细节,而是为了突出重点;三是迭代原则,与论文一样,好的理论模型是改出来的,需要通过不断的自我否定与外部评审,提升模型与理论思想的匹配度。

(一)目标原则

如果没有一个清晰的核心观点,也就无法绘制出一个清晰的理论模型。核心观点因模型类型不同而不同。对于位于文献综述部分的研究框架模型,核心观点可能是研究者提出的理论缺口,也可能是研究者想要选取的理论视角,还可能是研究者基于文献得出的分析框架;对于研究发现模型,核心观点可能是基于案例数据归纳得出的概念、发现和命题;对于理论框架模型,核心观点可能是对理论贡献的直接表达,也可能还包含与相关研究的对比分析结论。无论何种模型,核心观点都应该是"不可或缺的",即如果不表达这个结论,则难以说清楚研究的目的和特色。因此,一个研究者在提笔绘制模型之前,最重要的是明确核心观点。换言之,理论模型就是核心观点的视觉化表达。

(二)简化原则

初学者往往会陷入无限繁杂的细节中,在案例研究中,这一问题当然不仅仅出现在绘制模型上，而且在该环节尤为突出。其实从评审者或读者的角度，如果模型过于复杂，那么理论模型本身也会失去"辅助文字理解"这个重要价值。因此，无论何种模型，它们都应该是极简的，也只有极简的模型才能进一步追求视觉上的美感。所以，绘制模型的另一重要原则就是突出重点，而非展示细节。突出重点强调要对模型本身的内容不断精炼，包括要展示的概念、概念间关系、视觉框图、分析层次、对象和模型整体设计。相信每一个研究者在绘制模型的前几次初稿中都会遭遇这样的问题，即模型设计得过于复杂，其中很多概念和关系描述可能是不够精炼和必要。因此，在模型制作和模型修改中，需要一直坚守简化原则，增强理论模型的可理解性。

（三）迭代原则

与文字表达一样，研究者往往认为自己绘制的模型能清楚地表达理论观点，但其实很大概率上这是一种"自我感觉良好"。因为研究者对于模型背后的观点及其背景更熟悉，很容易忽视模型表达中可能存在的一些冗余、偏差或复杂的内容，而这些都会导致其他人其实难以理解研究者的理论模型。好的理论模型也是改出来的，需要不断地自我否定，也需要不断地引入外部评审，这与写论文一样，是一个反复迭代的过程。更重要的是，修改模型往往不是在修改模型的绘图技巧，很多时间其实花费在修改模型背后所反映的研究设计和理论结论上。因此，绘制模型本身不会一蹴而就。研究者应该做好充分的心理准备，也应预留充分的时间，待确定核心观点后尽快绘制理论模型，然后反复修改迭代，使理论模型在图形表达上能够成为论文的另一亮点。

三、理论模型的操作步骤

那么，如何绘制模型？本节提供了一个可供参考的绘制理论模型的操作步骤。但是，绘制模型与执行一个严谨的数据分析不同，它不需要通过严谨的程序性实现结论规范。模型是一种表达方式，应该兼具科学的严谨与艺术的自由，科学的严谨依赖于模型背后的理论观点，而艺术的自由则允许研究者发挥个人的创造力和巧思来使模型表达得更活泼，更能让读者产生共鸣。因此，下述步骤主要为初学者如何绘制模型提供一种选择，而不倡导对其亦步亦趋。

（一）研究框架模型的操作步骤

研究框架模型主要放在理论基础或文献综述部分，或者展现研究者通过文献梳理形成的分析框架，或者呈现研究脉络，或者突出研究缺口。初学者可以先尝试学习绘制突出研究缺口的研究框架模型，并参考以下步骤。

1. 建立文献表格

研究框架模型只是图示化的呈现,其基础应该是表达文献梳理的结论。因此,先形成一个文献表格非常重要。在很多案例研究论文中,也能看到研究者会选择直接用文献表格来表达文献梳理的结论,其作用与研究框架模型一致或类似。

文献表格应包含必要且相关的信息,包括但不限于:①根据研究问题所确定的代表性文献,包括文献的基本信息,如作者、年代、出处(期刊、书籍或网络)等;②与本研究相关的核心结论;③文献分析;④研究缺口(见表7-1)。制作文献表格的目的在于凝练出研究缺口,并使研究缺口有理有据。因此,文献表格为初学者提供了一个可供参考的模板。其内在逻辑是,先梳理现有研究,逐步归纳现有研究的特征,并分析这些特征,最后提出研究缺口。在实际操作中,通过不断补充表格,初学者会对相关文献越来越熟悉,逐步厘清现有研究的边界和不足,这样就有了提出研究缺口的基础。

表7-1 一个文献表格示例

现有研究		文献分析	研究缺口
代表性文献	核心结论		
文献的基本信息,如作者、年代、出处等	与本研究相关的核心结论	现有研究的分析视角是什么?结论有何特征?边界在哪里?限制条件是什么?	在文献分析基础上提出研究缺口

2. 选择合适的制图工具

当凝练出研究缺口后,研究者就可以着手图示化。首先要选择自己熟悉的设计工具,如 Visio、PowerPoimt 或 Proeson,这些软件都非常适合绘制理论模型。这些软件里面包含非常丰富的图形工具包,既有常规图形(如方框、椭圆、三角、箭头、括号等),也有专业图形(如软件图形、工程图形、流程图形等)。对这些软件的熟练使用需要研究者根据不同的需要去实际操作练习,了解软件在图形绘制上的优劣和个人偏好。

3. 利用图形勾勒出研究边界,定位研究缺口

在绘制突出研究缺口的研究框架模型时,研究者应首先通过文献表格想清楚现有研究的边界或限制,可重点参考 Homburg et al. (2017)的图示思路。首先,在图形中列出几个核心研究领域,如顾客体验研究、顾客体验管理研究和营销管理研究;然后,列出代表性文献,以及这些文献的范围或特征,如"在线情境下的研

究",这样读者可以清晰地理解研究领域中的核心议题;再利用圆形重叠的方式来勾勒各类研究领域的边界和交叉,突出研究缺口。

(二)研究发现模型的操作步骤

研究发现模型用来展现研究者通过案例分析梳理形成的主要结论。这种模型应清晰地表达出研究对象、阶段特征、过程特征、主要概念和行动,以及行动之间的影响。初学者可以先尝试绘制突出阶段的研究发现模型,并参考以下步骤。

第一步,确定基于案例分析的核心概念。核心概念是模型的基本构成要素,研究者在绘制研究发现模型的第一步应是确定那些不可或缺的核心概念,这些核心概念应至少满足以下条件。

(1)来自数据,但"高于"数据:核心概念应该是数据的抽象凝练,不建议直接使用信息提供者的语言。

(2)不可或缺:描述结论可能会涉及很多概念及其关系,但并非每一个概念都应放入模型中,研究者应做出取舍,哪些概念是展现结论不能缺少的,而哪些概念只是用来描述一些非核心的结论。

(3)成体系:成体系的概念才能够被高效组合用来展现研究结论需要表达的理论关系。尤其对于阶段类的模型,每个阶段内分析的对象在层次上应该是一致的,如果在研究数字化转型的第一阶段考虑的是资源特征的变化,那么在第二阶段应该也选择相应表示资源特征变化的概念,而不应该换成其他分析对象或层次(如组织能力特征或流程特征)。研究者应该通过控制对概念的选择来控制模型在呈现上的简洁和准确。因此,核心概念应该是成体系的,具有一致的或强关联的分析层次,这样才更容易让读者理解。

第二步,确定基于核心概念的核心结论。在确定了核心概念后,研究者应准确描述核心结论。理论模型是一种表达方式,表达的就是研究的核心观点。如果不先确定核心观点,那么理论模型相当于缺少引导其形式的灵魂,无论如何修改,都无法向评审者和读者传达有效的信息。所以,研究者应该在研究过程中先尽量学习凝练核心观点,然后根据这些观点来绘制模型。需要注意的是,如果研究者选择在研究发现部分提供多个模型,这些模型间应该具有一定的对比性和连续性。例如,在探讨转型议题中,如果研究结论显示转型分为A、B、C三个阶段,研究者希望通过三个模型来分别体现三个转型过程,那么这三个转型过程模型的呈现应该在视觉上尽量保持一致。研究者可以通过概念及其关系的变化来形成对比性。

第三步,确定研究视角。研究视角会影响视觉呈现效果。研究视角在做研究设计时就已经确定,如 Forkmann et al.(2017)的双边视角,以及 Murmann(2013)

和肖静华等(2014)的协同演化视角。可能未必每一个研究视角都可以通过图示化来精准呈现,尤其对于立体的、多维的,可能平面设计的图示在这些方面有所局限,但是大部分的研究视角都可以通过简单的框图和文字来提示研究者。因此,先明确研究视角,然后参考较为成熟的范文中的图示形式,可以为研究者提供一些思路。

第四步,选择合适的制图工具。这部分与"研究框架模型的操作步骤"中的第二步一致,不再赘述。

第五步,利用图形勾勒出阶段,然后加入核心概念。先画出已经确定的阶段或过程,然后加入各个阶段中表示阶段特征的核心概念,再在加入概念的过程中,反复思考如何通过箭头或线来关联各种概念,以展现已确定的研究结论。具体可参考许晖 等(2014)、吴瑶等(2017)和肖静华等(2018)在研究发现部分展现的多个阶段模型,这些模型都包含了精简的核心概念,体现了不同的核心结论,并且在视觉上保持了一致性又兼具了对比性,使评审者和读者比较容易看到各阶段的特征变化。

(三) 理论框架模型的操作步骤

总体上,理论框架模型的绘制与研究发现模型非常类似。理论框架模型主要用来进一步凝练研究发现模型,通过抽象化、理论化展现研究者基于案例发现形成的理论结论。理论框架模型往往非常简洁,突出研究的理论贡献。因此,理论框架模型的绘制步骤基本与研究发现模型一致。在已发表的案例研究中,很多研究者选择仅呈现研究发现模型或理论框架模型中的一种,从而避免论文中出现过多的模型。理论框架模型的绘制常见问题如下。

1. 确定理论概念时的常见问题

一是概念过多。即认为哪个概念都不可或缺,因此都放入模型中。解决这一问题往往需要研究者做出果断取舍,并多绘制几个版本,请其他人来判断哪个版本更清晰易懂。

二是概念不清。这可能是源于核心观点还不够成熟。成熟的核心观点一定包含成熟清晰的理论概念。解决这一问题需要研究者回到确定核心观点阶段。

三是层次不统一。这可能是不成熟的理论模型较为常见的一个问题。例如,研究者在呈现一个观点时,采用的概念可能既涉及能力又涉及战略模式,还涉及资源,甚至还描述人的行为,这会使评审者和读者马上形成"这个模型关系十分混乱"的印象,反而使模型成为论文的一个短板。解决这一问题需要研究者强化研究设计,在选择理论概念的同时确定好分析的层次和结构。例如,如果是选择从资源和能力的角度,那么所有的相关概念均应来自这两个角度,而不应出现从第三个角度描述的概念。

2. 确定核心结论时的常见问题

一是研究者在没有确定核心观点之前就盲目绘制模型,这样等同于"利用战术的勤奋,来替代战略的懒惰",反而会极大增加工作量,延误进度。

二是研究者认为理论模型"说不清楚"核心观点,因此迟迟不绘制模型。除了极个别的核心观点可能真的无法可视化,如超越三维空间的概念关系,大部分的观点都可以通过不同的表达形式、以不同的程度呈现在评审者或读者面前。因此,如果研究者认为画不清楚理论模型,很大程度上可能是因为核心观点还不够成熟,亟须对这些观点进一步凝练和重新思考。

3. 确定概念间关系时的常见问题

一是过于复杂。如研究者在一个模型中列出 A、B、C 三个概念,如果在理论上三个概念都存在相互影响,且这种影响是有方向的(如 A 对 B 的影响,以及 B 对 A 的影响被视为两种关系),那么就存在六种关系。这往往致使模型大大复杂化。研究者可以问自己:我这个研究的核心观点是要覆盖这么多关系吗?其中哪些关系是我所关注的,或者我的数据能够充分解释的?总之,研究者应该根据研究关注做出取舍,一个研究本身并不能探讨过多的理论关系,一个理论模型也不应覆盖过多的理论关系。

二是逻辑不清晰。这与概念不清晰一样,可能是源于核心观点还不够成熟,需要回到核心观点的打磨过程中。

优秀的模型与优秀的论文一样,都体现了研究者对知识、细节、设计的驾驭能力。这种能力的培养不仅仅来自接受有益的指导,更多还需要操作者去实际磨练。别人分享的经验,只有落实到对自己的磨练上,才能够形成真正的价值。本章内容旨在为初学者、进阶者提供引导和范例,其中提及的技巧还需要研究者们实际动手操练、琢磨,将图形表达内化为与文字表达并重的一种技能。

参考文献

[1] 陈晓萍,徐淑英,樊景立.组织与管理研究的实证方法[M].北京:北京大学出版社,2008.

[2] 肯·史密斯,迈克尔·希特.管理学中的伟大思想:经典理论的开发历程[M].徐飞,路琳,苏依依,译.北京:北京大学出版社,2016.

[3] 李亮,刘洋,冯永春.管理案例研究:方法与应用[M].北京:北京大学出版社,2020.

[4] 罗伯特·殷.案例研究:设计与方法[M].周海涛,李永贤,张蘅,译.重庆:重庆大学出版社,2017.

[5] 马克斯·韦伯.学术与政治:韦伯的两篇演说[M].冯克利,译.北京:生活·读书·新知三联书店,2005.

[6] 潘善琳,崔丽丽.SPS案例研究方法流程、建模与范例[M].北京:北京大学出版社,2016.

[7] 迈克尔·马尔凯.科学社会学理论与方法[M].林聚任,等,译.北京:商务印书馆,2006.

[8] 朱丽叶·科宾,安塞尔姆·施特劳斯.质性研究的基础:形成扎根理论的程序与方法[M].3版.重庆:重庆大学出版社,2015.

[9] 黄江明,李亮,王伟.案例研究:从好的故事到好的理论——中国企业管理案例与理论构建研究论坛(2010)综述[J].管理世界,2011(2).

[10] 李高勇,毛基业.案例选择与研究策略——中国企业管理案例与质性研究论坛(2014)综述[J].管理世界,2015(2).

[11] 毛基业,陈诚.案例研究的理论构建:艾森哈特的新洞见——"第十届中国企业管理案例与质性研究论坛(2016)"会议综述[J].管理世界,2017(2).

[12] 毛基业,李高勇.案例研究的"术"与"道"的反思——中国企业管理案例与质性研究论坛(2013)综述[J].管理世界,2014(2).

[13] 吴瑶,肖静华,谢康,等.从价值提供到价值共创的营销转型——企业与消

费者协同演化视角的双案例研究[J]. 管理世界,2017(4).

[14] 肖静华,吴瑶,刘意,等. 消费者数据化参与的研发创新——企业与消费者协同演化视角的双案例研究[J]. 管理世界,2018(8).

[15] 肖静华,谢康,吴瑶,等. 企业与消费者协同演化动态能力构建：B2C电商梦芭莎案例研究[J]. 管理世界,2014(8).

[16] 许晖,冯永春,许守任. 基于动态匹配视角的供应商与关键客户关系的构建与演进——力神开发12家关键客户的案例研究[J]. 管理世界,2011(4).

[17] 许晖,许守任,王睿智. 网络嵌入、组织学习与资源承诺的协同演进——基于3家外贸企业转型的案例研究[J]. 管理世界,2013(10).

[18] 许晖,单宇. 打破资源束缚的魔咒：新兴市场跨国企业机会识别与资源"巧"配策略选择[J]. 管理世界,2019(3).

[19] 张霞,毛基业. 国内企业管理案例研究的进展回顾与改进步骤——中国企业管理案例与理论构建研究论坛(2011)综述[J]. 管理世界,2012(2).

[20] Awate S, Larsen M, Mudambi R. Accessing vs sourcing knowledge: A comparative study of R&D internationalization between emerging and advanced economy firms[J]. Journal of International Business Studies, 2015(1).

[21] Alvesson M, Sandberg J. Generating research question through problematization[J]. Academy of Management Review, 2011(2).

[22] Aoki K, Wilhelm M. The role of ambidexterity in managing buyer-supplier relation-ships: The Toyota case[J]. Organization Science, 2017(6).

[23] Bourgeois Ⅲ J, Eisenhardt M. Strategic decision processes in high velocity environments: Four cases in the microcomputer industry[J]. Management Science, 1988(7).

[24] Brown L, Eisenhardt M. The art of continuous change: Linking complexity theory and time-paced evolution in relentlessly shifting organizations[J]. Administrative Science Quarterly, 1997.

[25] Besson P, Rowe F. Strategizing information systems-enabled organizational transformation: A transdisciplinary review and new directions[J]. Journal of Strategic Information Systems, 2012(2).

[26] Bingham B, Eisenhardt M. Rational heuristics: The simple rules that strategists learn from process experience[J]. Strategic Management Journal, 2011(13).

[27] Böhm E, Eggert A, Thiesbrummel C. Service transition: A viable option for

manufacturing companies with deteriorating financial performance? [J]. Industrial Marketing Management, 2017(60).

[28] Backhouse J, Hsu W, Silva L. Circuits of power in creating de jure standards: Shaping an international information systems security standard[J]. MIS Quarterly, 2006 (S1).

[29] Bergh D. From the editors: Thinking strategically about contribution[J]. Academy of Management Journal, 2003 (2).

[30] Beatty E, Ogilvie J, Northington M, et al. Frontline service employee compliance with customer special requests[J]. Journal of Service Research, 2016 (2).

[31] Burgelman A. A process model of internal corporate venturing in the diversified major firm[J]. Administrative Science Quarterly, 1983 (2).

[32] Cornelissen J. Editor's comments: Developing propositions, a process model, or a typology? Addressing the challenges of writing theory without a boilerplate [J]. Academy of Management Review, 2017 (1).

[33] Colquitt A, George G. Publishing in AMJ-part 1: Topic choice[J]. Academy of Management Journal, 2011 (3).

[34] Corley G, Gioia A. Identity ambiguity and change in the wake of a corporate spin-off[J]. Administrative Science Quarterly, 2004 (2).

[35] Cui L G, Su S L, Feng Y C, et al. Causal or effectual? Dynamics of decision making logics in servitization[J]. Industrial Marketing Management, 2019(10).

[36] Cret M, March G. A behavioral theory of the firm[J]. Englewood Cliffs, 1963 (4).

[37] Colquitt A, Zapata-Phelan P. Trends in theory building and theory testing: A five-decade study of the Academy of Management Journal[J]. Academy of Management Journal, 2007(6).

[38] Cunliffe L. Orientations to social constructionism: Relationally responsive social constructionism and its implications for knowledge and learning[J]. Management Learning, 2008(2).

[39] Colm L, Ordanini A, Parasuraman A. When service customers do not consume in isolation: A typology of customer copresence influence modes (CCMs) [J]. Journal of Service Research, 2017 (3).

[40] Davis P, Eisenhardt M. Rotating leadership and collaborative innovation: Recombination processes in symbiotic relationships[J]. Administrative Science

Quarterly, 2011(2).

[41] Du W, Pan L. Boundary spanning by design: Toward aligning boundary spanning capacity and strategy in it outsourcing[J]. IEEE Transactions on Engineering Management, 2012(1).

[42] Davis P, Eisenhardt M. Rotating leadership and collaborative innovation: Recombination processes in symbiotic relationship[J]. Administrative Science Quarterly, 2011(2).

[43] Dattee B, Alexy O, Autio E. Maneuvering in poor visibility: How firms play the ecosystem game when uncertainty is high[J]. Academy of Management Journal, 2018(2).

[44] De Groot D. Methodology: Foundations of inference and research in the behavioral sciences [M]. The Hague: Mouton, 1969.

[45] DiMaggio J. Comments on "What theory is not"[J]. Administrative Science Quarterly, 1995(3).

[46] Eisenhardt M. Building theories from case study research[J]. Academy of Management Review, 1989(4).

[47] Eisenhardt M. Making fast strategic decisions in high-velocity environments[J]. Academy of Management Journal, 1989(3).

[48] Eisenhardt M. Better stories and better constructs: The case for rigor and comparative logic[J]. Academy of Management Review, 1991(3).

[49] Eisenhardt M, Bourgeois Ⅲ J. Politics of strategic decision making in high-velocity environments: Toward a midrange theory[J]. Academy of Management Journal, 1988(4).

[50] Eisenhardt M, Graebner E. Theory building from cases: Opportunities and challenges[J]. Academy of Management Journal, 2007(1).

[51] Eisenhardt M. Building theories from case study research[J]. Academy of Management Review, 1989(4).

[52] Eisenhardt M, Graebner E. Sonenshein S. Grand challenges and inductive methods: Rigor without rigor mortis[J]. Academy of Management Journal, 2016(4).

[53] Elsbach D, Kramer R. Assessing creativity in Hollywood pitch meetings: Evidence for a dual-process model of creativity judgments[J]. Academy of Management Journal, 2003(3).

[54] Fielding N, Fielding L. Linking data(Vol. 4) [M]. Beverly Hills, CA: Sage, 1986.

[55] Feldman S, Pentland T. Reconceptualizing organizational routines as a source of flexibility and change[J]. Administrative Science Quarterly, 2003 (1).

[56] Ferlie E, Fitzgerald L, Wood M, et al. The nonspread of innovations: The mediating role of professionals[J]. Academy of Management Journal, 2005 (1).

[57] Forkmann S, Henneberg C, Witell L, et al. Driver configurations for successful service infusion[J]. Journal of Service Research, 2017 (3).

[58] Fredrickson W, Mitchell R. Strategic decision processes: Comprehensiveness and performance in an industry with an unstable environment[J]. Academy of Management Journal, 1984(2).

[59] Galunic C, Eisenhardt M. Architectural innovation and modular corporate forms[J]. Academy of Management Journal, 2001 (6).

[60] Garg S, Eisenhardt M. Unpacking the CEO-board relationship: How strategy making happens in entrepreneurial firms[J]. Academy of Management Journal, 2017 (5).

[61] Graebner E, Eisenhardt M. The seller's side of the story: Acquisition as courtship and governance as syndicate in entrepreneurial firms[J]. Administrative Science Quarterly, 2004(3).

[62] George G, Kotha R, Zheng Y. The puzzle of insular domains: A longitudinal study of knowledge structuration and innovation in biotechnology firms[J]. Frontiers of Entrepreneurship Research, 2007 (4).

[63] Gioia A, Chittipeddi K. Sensemaking and sensegiving in strategic change initiation. Strategic Management Journal, 1991 (6).

[64] Graebner E. Caveat venditor: Trust asymmetries in acquisitions of entrepreneurial firms[J]. Academy of Management Journal, 2009 (3).

[65] Greenwood R, Suddaby R. Institutional entrepreneurship in mature fields: The big five accounting firms[J]. Academy of Management Journal, 2006 (1).

[66] Glaser G, Strauss A. The discovery of grounded theory: Strategies for qualitative research[M]. Chicago: Aldine Publishing, 1967.

[67] Gkeredakis E. The constitutive role of conventions in accomplishing coordination insights from a complex contract award project[J]. Organization Studies,

2014(10).

[68] Hallen L, Eisenhardt M. Catalyzing strategies and efficient tie formation: How entrepreneurial firms obtain investment ties[J]. Academy of Management Journal, 2012(1).

[69] Heinze L, Weber K. Toward organizational pluralism: Institutional intrapreneurship in integrative medicine[J]. Organization Science, 2016(1).

[70] Huang L. The role of investor gut feel in managing complexity and extreme risk[J]. Academy of Management Journal, 2018(5).

[71] Hazée S, Delcourt C, Van Vaerenbergh Y. Burdens of access: Understanding customer barriers and barrier-attenuating practices in access-based services[J]. Journal of Service Re-search, 2017(4).

[72] Homburg C, Jozic D, Kuehnl C. Customer experience management: toward implementing an evolving marketing concept[J]. Journal of the Academy of Marketing Science, 2017(3).

[73] Johnson B, Christensen L. Educational research: Quantitative and qualitative approaches[M].Allyn & Bacon, 2000.

[74] Kashdan B, Silvia J. Curiosity and interest: The benefits of thriving on novelty and challenge [M]. Oxford Handbook of Positive Psychology, 2009.

[75] Lee W, Mitchell R, Sablynski J. Qualitative research in organizational and vocational psychology, 1979-1999[J]. Journal of Vocational Behavior, 1999(2).

[76] Li L, Su F, Zhang W, et al. Digital transformation by SME entrepreneurs: A capability perspective[J]. Information Systems Journal, 2018(6).

[77] Locke K, Golden-Biddle K. Constructing opportunities for contribution: Structuring intertextual coherence and problematizing in organizational studies[J]. Academy of Management Journal, 1997(5).

[78] Lom E. Changing rules, changing practices: The direct and indirect effects of tight coupling in figure skating[J]. Organization Science, 2015(1).

[79] Martin A, Eisenhardt M. Rewiring: Cross-business-unit collaborations in multi-business organizations[J]. Academy of Management Journal, 2010(2).

[80] Mintzberg H, McHugh A. Strategy formation in an adhocracy[J]. Administrative Science Quarterly, 1985.

[81] Miles B, Huberman M. Qualitative data analysis: An expanded sourcebook [M]. Thousand Oaks, CA, Sage Publications, 1994.

[82] McGahan M. Academic research that matters to managers: On zebras, dogs, lemmings, hammers, and turnips[J]. Academy of Management Journal, 2007 (4).

[83] Mintzberg H. Strategy-making in three modes[J]. California Management Review, 1973(2).

[84] Murmann P. The coevolution of industries and important features of their environments[J]. Organization Science, 2013(1).

[85] Bickman L, Rog J. The SAGE handbook of applied social research methods [M]. Thousand Oaks, CA, Sage Publications, 2008.

[86] Merton K. Social theory and social structure[M]. New York: Free Press, 1968.

[87] Ozcan P, Eisenhardt M. Origin of alliance portfolios: Entrepreneurs, network strategies, and firm performance[J]. Academy of Management Journal, 2009 (2).

[88] Oigwen B. Conceptual fallibility in organizational science[J]. Academy of Management Review, 1989 (4).

[89] Oswivk C, Fleming P, Hanlon G. Form borrowing to blending: Rethinking the processes of organizational theory building[J]. Academy of Management Review, 2011(2).

[90] Santos M, Eisenhardt M. Constructing markets and shaping boundaries: Entrepreneurial power in nascent fields[J]. Academy of Management Journal, 2009 (4).

[91] Smith K. Dynamic decision making: A model of senior leaders managing strategic paradoxes[J]. Academy of Management Journal, 2014 (6).

[92] Sandberg J, Alvesson M. Ways of constructing research questions: Gap-spotting or problematization?[J]. Organization, 2011 (1).

[93] Sarasvathy D. Causation and effectuation. Toward a theoretical shift from economic inevita-bility to enterpreneurial contingency[J]. Academy of Management Review, 2001(2).

[94] Siggelkow N. Evolution toward fit[J]. Administrative Science Quarterly, 2002 (1).

[95] Siggelkow N. Persuasion with case studies[J]. Academy of Management Journal, 2007 (1).

[96] Sarker S, Xiao X, Beaulieu T. Qualitative studies in Information Systems: A

critical review and some guiding principles[J]. MIS Quarterly, 2013(4).

[97] Shepherd A, Sutcliffe M. Inductive top-down theorizing: A source of new theories of organization[J]. Academy of Management Review, 2011 (2).

[98] Strauss A, Corbin J. Basics of qualitative research: Grounded theory procedures and techniques[M]. Thousand Oaks, CA, Sage Publications, 1990.

[99] Suddaby R. From the editors: What grounded theory is not[J]. Academy of Management Journal, 2006 (4).

[100] Sutton I, Staw M. What theory is not[J]. Administrative Science, 1995 (3).

[101] Su N. Cultural sensemaking in offshore information technology service suppliers: A cultural frame perspective[J]. MIS Quarterly, 2015 (4).

[102] Valtakoski A. Explaining servitization failure and deservitization: A knowledge-based perspective[J]. Industrial Marketing Management, 2017.

[103] Vermeulen F. I shall not remain insignificant: Adding a second loop to matter more[J]. Academy of Management Journal, 2007 (4).

[104] Van Maanen, Sorensen B, Mitchell R. The interplay between theory and method[J]. Academy of Management Review, 2007 (4).

[105] Watson J. HRM and critical social science analysis[J]. Journal of Management Studies, 2004(3).

[106] Webster J, Watson T. Analyzing the past to prepare for the future: Writing a literature review[J]. MIS Quarterly, 2002 (2).

[107] Wagner G, Berger J. Do sociological theories grow? [J]. American Journal of Sociology, 1985 (4).

[108] Weick E. What theory is not, theorizing is[J]. Administrative Science Quarterly,1995(3).

[109] Whetten A. What constitutes a theoretical contribution? [J]. Academy of Management Review, 1989 (4).

[110] Yin K. Case study research: Design and methods[M]. Thousand Oaks, CA, Sage Publications, 2009.

[111] Yang M, Gabrielson P. Entrepreneurial marketing of international high-tech business-to-business new ventures: A decision-making process perspective[J]. Industrial Marketing Management, 2017(7).